高等职业教育财务会计类专业课程系列教材

会计岗位综合实训

KUAIJI GANGWEI ZONGHE SHIXUN

（第三版）

周卫红　刘朝晖　主编

东北财经大学出版社 Dongbei University of Finance & Economics Press　大连

图书在版编目（CIP）数据

会计岗位综合实训 / 周卫红，刘朝晖主编．—3版．—大连：东北财经大学出版社，2025.1.—（高等职业教育财务会计类专业课程系列教材）．—ISBN 978-7-5654-5388-5

Ⅰ.F230

中国国家版本馆CIP数据核字第2024PC2771号

东北财经大学出版社出版
（大连市黑石礁尖山街217号　邮政编码　116025）
网　　址：http://www.dufep.cn
读者信箱：dufep@dufe.edu.cn
大连天骄彩色印刷有限公司印刷　东北财经大学出版社发行

幅面尺寸：185mm×260mm　字数：370千字　印张：26.75

2025年1月第3版　2025年1月第1次印刷

责任编辑：王天华　责任校对：赵　楠

封面设计：原　皓　版式设计：原　皓

定价：59.00元

教学支持　售后服务　联系电话：（0411）84710309

如有印装质量问题，请联系营销部：（0411）84710711

第三版前言

“会计岗位综合实训”课程是大数据与会计、大数据与财务管理等财务会计类专业的核心能力课程，以培养高素质技能人才为教学目标，以职业能力为本位，突出职业素质的培养，夯实基本职业能力，强调学生在会计职业领域的可持续发展。基于这一教学目标，本教材在第一、二版的基础上进行修订，体现以下特色：

1. 思政融合，以习近平新时代中国特色社会主义思想和党的二十大报告为指导，以“明德善思”等小栏目的形式有机融入社会主义核心价值观和会计职业道德等思政元素，培养和提高学生综合职业素质，实现课程思政“三全育人”的目标。

2. 产教融合、校企合作，以《中华人民共和国职业教育法》及“技能强国”战略为指导，依据最新企业会计准则和税收政策等，与厦门网中网软件有限公司及兰州睿晴会计事务有限公司等企业深度合作，经过广泛调研与交流，对典型工作任务进行更新和修订，内容涵盖企业日常会计核算的基本内容和会计操作的全部基本技能，突出岗位性、综合性、完整性和系统性，能够对学生所学专业知识与技能进行一次综合性的演练和检验。在实训过程中，通过任务导向和角色扮演，实现“教、学、做”合一，一方面使学生系统地了解每个会计岗位的工作职责和业务流程；另一方面根据教材提供的各会计岗位核算业务的仿真原始凭证，完成包括填制与审核原始凭证、记账凭证，登记明细账、总账和编制会计报表等各个工作环节的会计处理任务，加深对会计基本理论的理解，加强对会计基本方法的实际运用和基本技能的训练，达到理论与实务相结合。通过实训，使学生对企业财务会计、成本核算与管理、税法、财经法规与会计职业道德等核心课程的知识、能力与素质进一步融会贯通，能够掌握会计的基本理论、基本知识和基本技能，并能达到初级职称应具备的会计理论水平和业务能力，以及分析问题、解决问题的综合能力。

3. 数字化资源丰富，提高学生实训积极性，改善实训效果。针对实训中的重点难点业务，制作了19个微课视频，以二维码的形式添加在教材中，用手机扫描二维码可以直接观看。同时，书后增加“微课索引”，便于查找相关微课。

本教材由甘肃农业职业技术学院会计教学团队编写，周卫红、刘朝晖担任主编，王轩、张桂芳、刘宗盛和赵建红参与编写。具体编写分工如下：项目一总述、岗位二、岗位三、岗位六、岗位七、岗位八、岗位九和岗位十由王轩编写，岗位一由张桂芳编写，岗位五和岗位十一由赵建红编写，岗位四由刘朝晖编写；项目二任务一和任务三由周卫红编写，任务二由刘朝晖编写；周卫红对实训程序进行总体设计并选取典型工作任务。周卫红和刘朝晖共同对本教材进行修改、校对并定稿，刘宗盛、赵淑琴、王霞为本教材提供许多参考意见和建议。

由于编者水平有限，对实际工作研究不够全面，书中难免存在疏漏和不当之处，请各位老师和同学在使用过程中提出意见和建议，以便今后不断完善。

编　者

2024年12月

目 录

项目一　会计岗位综合实训指导 / 1

总述 / 3
岗位一　往来款项核算岗位 / 5
岗位二　存货核算岗位 / 11
岗位三　投资核算岗位 / 14
岗位四　固定资产及无形资产核算岗位 / 22
岗位五　职工薪酬核算岗位 / 29
岗位六　筹资核算岗位 / 32
岗位七　销售（收入）核算岗位 / 41
岗位八　成本费用核算岗位 / 51
岗位九　财务成果核算岗位 / 54
岗位十　出纳岗位 / 60
岗位十一　总账与报表核算岗位 / 63

项目二　会计岗位综合实训业务 / 71

任务一　企业基本情况 / 73
任务二　11月业务核算 / 95
任务三　12月业务核算 / 255

微课索引 / 419

项目一

会计岗位综合实训指导

总　述

一、指导思想

以习近平新时代中国特色社会主义思想为指导，深入贯彻党的二十大精神，坚持和加强党对职业教育工作的全面领导，把推动现代职业教育高质量发展摆在更加突出的位置，坚持服务学生全面发展和经济社会发展，以提升职业学校关键能力为基础，以深化产教融合为重点，以推动职普融通为关键，以科教融汇为新方向，充分调动各方面积极性，统筹职业教育、高等教育、继续教育协同创新，有序有效推进现代职业教育体系建设改革，切实提高职业教育的质量、适应性和吸引力，培养更多高素质技术技能人才、能工巧匠、大国工匠，为加快建设教育强国、科技强国、人才强国奠定坚实基础。

二、教学目的与要求

通过分岗位综合实训使学生系统了解企业发生的经济业务及会计核算的流程和任务，强化对所学会计理论知识的理解与认识，实现从理论到实践，再从实践到理论的认知，从而掌握会计核算的基本原理、原则和方法，能够熟练进行企业日常经济业务的会计处理，进一步提高学生的会计职业判断能力及业务处理能力，同时培养良好的职业习惯，提高学生职业素养，提升综合素质。具体说明如下：

（1）坚持从我做起，牢固树立“诚信为本，操守为重”良好道德风尚，具备当代大学生服务社会的高度使命感、责任担当和爱国情怀，增强法治意识，熟悉并遵守国家财经、税收法规和企业内部规章制度，自觉遵守企业会计准则和会计职业道德规范；

（2）能够正确认知企业生产流程、会计职业、会计岗位分工和工作流程，并遵守各会计岗位职责；

（3）能够准确进行期初建账；

（4）能够正确判断企业一般经济事项的性质，熟练进行筹资、采购、销售、成本与费用、投资等日常业务的账务处理；

（5）能够正确进行期末账项调整，准确计算并结转当期损益；

（6）能够进行期末对账并结账，能够正确进行错账更正；

（7）能够编制会计报表，并进行相应财务分析，为企业决策提供高质量会计信息；

（8）能够正确编制各项纳税申报表；

（9）能够对会计档案进行有效管理；

（10）掌握现代信息技术手段，熟练运用信息搜集及加工处理的一般方法，对信息进行基本的加工处理。

微课

会计岗位综合实训简介

【明德善思】①养成爱岗敬业、诚实守信及认真、严谨、细致、负责的职业习惯和工作态度；②具有良好的部门、岗位之间互相沟通与协作能力；③具备一定的创新、创业意识及能力。

三、教学方法与教学设计

会计分岗位综合实训遵循“以学生为主体、以教师为主导”的现代教育思想，主要采用“项目（岗位）导向教学”方法，同时结合任务教学法和角色扮演法进行教学。本教材按照“体现会计工作过程特征，符合行动导向教学要求”的职业教育课程设计理念，构造过程完整的11个岗位，每个岗位均以企业典型会计工作任务为背景，设计1个过程完整的、综合性的学习任务。其内容包括认知企业及会计工作、建账、日常业务账务处理、成本核算、期末会计事项处理、会计报表编制等，具体设置往来款项核算岗位、存货核算岗位、投资核算岗位、固定资产及无形资产核算岗位、职工薪酬核算岗位、筹资核算岗位、销售（收入）核算岗位、成本费用核算岗位、财务成果核算岗位、出纳岗位、总账与报表核算岗位等教学项目。

四、教学组织与实施

（一）教学组织

实训教学可以采用两种组织形式：一是分岗位单项实训，即一人一岗，先分别按10个岗位独立完成工作任务，后综合完成总账登记和报表编制工作任务；二是分岗位综合实训，即一人多岗，分别设置存货核算岗位、出纳岗位、往来核算岗位、成本费用核算岗位等岗位，组建实训团队，团结协作，各负其责，共同完成实训任务，并定期（一个月）轮岗。

分岗位综合实训岗位设置及任务分配参考如下：

1.按岗位分工

（1）会计主管岗位：负责复核及筹资、投资、非流动资产、财务成果、总账与报表核算岗位工作。

（2）往来核算岗位：负责往来款项、职工薪酬、销售（收入）核算岗位工作。

（3）成本核算岗位：负责存货、成本费用核算岗位工作。

（4）出纳岗位：负责款项收付、相关原始凭证填制，以及库存现金日记账和银行存款日记账的登记等工作。

2.按工作任务分工

（1）总账会计岗位：负责复核、编制科目汇总表、登记总账，编制会计报表等工作。

（2）明细账会计岗位：负责登记所有明细账。

（3）制单会计岗位：负责编制所有记账凭证。

（4）出纳岗位：负责款项收付、相关原始凭证填制，以及库存现金日记账和银行存款日记账的登记等工作。

（二）教学实施

分岗位综合实训可按以下步骤组织和实施：

1. 组建实训团队

综合考虑团队成员的特长、能力、基本素质等因素进行合理分工，选举组长全面负责并协调组内成员的关系和分配工作任务，制订实训计划。说明团队意识、良好沟通协作的重要性，并在实训过程中加强培养团队精神和交流协作能力。要求严格遵守实训纪律，不迟到、不早退，养成良好的工作习惯。

2. 介绍实训内容

说明实训目的、要求及程序，熟悉实训资料，明确实训任务，强调会计人员的职业目标是努力成为一名有财务情怀、诚信和大局意识，具备响应能力、执行能力和前瞻能力的财务会计工作者。

3. 熟悉实训资料

引导学生明确各岗位工作职责和任务及各岗位间的衔接关系，逐步养成爱岗敬业、勤学多思、勤问多练的工作态度。

4. 完成建账任务

指导学生按组内分工完成总账及明细账等建账任务，要求在工作中严谨仔细，一丝不苟，严格按会计规范行事，既认真负责、精益求精，又积极主动、富有创造性。

（注：可以选择完成11月和12月两个月的业务核算，也可以选择完成11月或12月一个月的业务核算）

5. 布置实训任务

要求按实训计划各负其责完成任务，在进行业务处理时，熟悉并遵守相关法律法规，按照企业会计准则进行会计核算。针对各岗位的业务特点和要求，增强学生提高专业技能的自觉性和紧迫感，勤学苦练，刻苦钻研，不断进取，提高业务水平。

6. 分阶段进行总结

各组分阶段（如一个月）对本期出现的问题、原因及解决方法进行汇总分析，培养学生在做好本职工作的同时，努力钻研相关业务，全面熟悉经营活动和业务流程，主动提出合理化建议，进一步培养创新、创业意识和能力。

7. 实训结果考核

实训结束，对实训全过程及成果进行评估、考核，进一步明确学习目标，培养当代大学生服务社会的高度使命感和责任担当，树立服务意识，提高服务质量，努力维护和提升会计职业的良好社会形象。

岗位一　往来款项核算岗位

所谓往来款项就是指在双方经济往来中发生的应收应付款项。通常意义上的往来款项主要是指企业与外部单位、内部职工之间的往来业务核算，其内容包括与销售有关的应收、预收款项，与采购有关的应付、预付款项，以及与其他业务有关的各种应收、暂付款项。

加强往来款项的核算与管理对于企业加速资金周转、回避风险、提高经济效益具有重要意义。

一、岗位职责

（一）建立往来款项管理制度

按照国家有关制度规定，要对购销业务及其以外的应收、应付，暂收、暂付往来款项等建立必要的管理制度，加强管理，及时清算。

（二）办理往来款项结算业务

对各种应收、暂付款项，要及时催收结算；对各种应付、暂收款项，要抓紧清偿。对确实无法收回的应收款项和无法支付的应付款项，应查明原因，并按照规定报经批准后处理。

实行备用金制度的单位，要核对备用金定额，并及时办理领用和报销手续，加强管理。

对预借的差旅费，要督促并及时办理报销手续，收回余额，不得拖欠，不准挪用；要按照规定的开支标准，严格审查有关支出。

（三）负责往来款项明细核算

企业应做好往来款项的明细核算，正确设置并使用相关会计科目，按规定设置必要的明细账，做到记账清楚，余额准确，账表相符，并按规定编报季度和年度的债权、债务方面的报表。

（四）定期进行往来款项清查核对

企业应定期对其他应收款、其他应付款等账款进行清查核对，清查后要写出清查报告表，列明往来款项的单位名称（或个人姓名）、金额、发生的日期。在清查过程中，若发现确实无法收回的往来款项，要认真查明原因，分清责任，并按规定的程序报经有关部门批准后，方可进行账务处理。针对存在的问题和原因，提出加强往来款项管理的建议或措施。

（五）依据企业会计准则，提取坏账准备

企业对应收款项可以按规定的方法和比例计提坏账准备，当实际发生坏账损失时，可冲减已提的坏账准备，充分体现会计的稳健性原则。

二、岗位实务操作要点

（一）应收及预付账款核算

1.应收账款核算

应收账款是指企业因销售商品、提供劳务等经营活动，应向购货单位或接受劳务单位收取的款项，主要包括应向债务人收取的价款、税款及代购货方垫付的费用等。

在通常情况下，应收账款应按实际发生额入账，在有折扣的情况下，还应考虑商业折扣和现金折扣的因素。

（1）商业折扣。商业折扣是指企业为了促销，给顾客低于商品标价的优惠金额。通常以百分比来表示，如5%、10%等。当存在商业折扣时，企业应收账款应按扣除商业折扣后的实际售价金额入账，对应收账款的入账价值没有影响。

（2）现金折扣。现金折扣是指企业为了鼓励客户在一定期限内尽早偿还货款而给予客户的折扣优惠。现金折扣的表现形式如“2/10，1/20，n/30”，表示付款期为30天，10天内付款享受2%的现金折扣，11天至20天付款享受1%的现金折扣。

【提示】按我国现行企业会计准则规定对现金折扣等可变对价进行会计处理。

2.应收票据及其贴现核算

（1）应收票据核算

应收票据是指企业持有的还没有到期、尚未兑现的票据。应收票据是企业未来收取货款的权利，这种权利和将来应收取的货款金额以书面文件形式约定下来，因此它受法律的保护，具有法律约束力。一般在收到经承兑的商业汇票时按票面金额入账。

商业汇票按承兑人不同可以分为商业承兑汇票和银行承兑汇票，按是否计息分为不带息商业汇票和带息商业汇票。

（2）应收票据贴现核算

贴现是指持票人因急需资金，将未到期的商业汇票背书后转让给银行，银行受理后，从票面金额中扣除按银行的贴现率计算确定的贴息后，将余额付给持票人，作为银行对企业的短期贷款。其实质上是企业融通资金的一种形式。

在贴现过程中，企业付给银行的利息称为贴息，银行计算贴息的利率称为贴现率，企业从银行获得的票据到期值扣除贴息后的贴现所得称为票据贴现净额。

$$票据贴现净额=票据到期值-贴息$$

$$票据到期值=票据面值\times（1+年利率\times票据到期天数\div 360）$$

$$=票据面值\times（1+年利率\times票据到期月数\div 12）$$

$$贴息=票据到期值\times贴现率\times贴现天数\div 360$$

$$贴现天数=贴现日至票据到期日（算头不算尾或算尾不算头）$$

不带息应收票据的到期值就是其面值。

到期不能收回的带息应收票据，转入“应收账款”账户核算后，期末不再计提利息，其所包含的利息，在有关备查簿中登记，待实际收到时再冲减收到当期的财务费用。

企业应当设置“应收票据备查簿”，逐笔登记商业汇票的种类、号数、出票日、票面金额、交易合同号，以及付款人、承兑人、背书人的姓名或单位名称、到期日、背书转让日、贴现日、贴现率和贴现净额、收款日、收回金额、退票情况等资料。商业汇票到期结清票款或退票后，在备查簿中应予注销。

3.预付账款核算

预付账款是指企业按照合同规定预付的款项。企业应设置资产类的“预付账款”账户反映和监督预付账款的结算情况。预付账款情况不多的，也可以不设置本账户，将预付的款项直接记入“应付账款”账户。

（二）应付及预收账款核算

1.应付账款核算

应付账款是指企业因购买材料、商品和接受劳务供应等而发生的债务。应付账款应在企业取得所购材料、商品等的所有权和已接受劳务供应时确认。应付账款的入账依据为发票账单，入账价值应按未来应付的金额（即发票账单所记载的实际价款或按应付给供应单位价款的暂估价）确定，而不按到期应付金额的现值确定。

2.应付票据核算

应付票据是指企业购买材料、商品和接受劳务等而开出、承兑的商业汇票，包括银行承兑汇票和商业承兑汇票。

银行承兑汇票是由出票人签发的经银行承兑的汇票；商业承兑汇票是由出票人签发的经付款人（购买单位）承兑的汇票。银行承兑汇票的承兑人虽为银行，但由银行承兑的票据只是为收款人按期收回债权提供了可靠的信用保证，对付款人或承兑申请人而言，不会因为银行承兑而使这项负债转移。银行承兑汇票和商业承兑汇票一样，均是付款人在承兑到期日无条件支付确定金额的一项负债。

企业应设置“应付票据备查簿”，详细登记应付票据的种类、号数、签发日期、到期日、票面金额、票面利率、合同交易号、收款人姓名或单位名称，以及付款日期和金额等资料。应付票据到期结清时，应当在备查簿内予以注销。

3.预收账款核算

预收账款是企业按照合同规定预收的款项。企业预收的款项之所以构成企业的一项负债，是因为企业要根据合同，承诺在收款后一定日期发出商品或者提供劳务。如果企业到期无法履行合同上的承诺，就必须如数退回预收的款项。

预收账款情况不多的，也可以不设置本账户，将预收的款项直接记入“应收账款”账户。

（三）其他应收及应付款项核算

1.其他应收款核算

其他应收款是指除应收账款、应收票据和预付账款以外的其他各种应收、暂付款项，包括不设置“备用金”账户的企业拨出的备用金，应收的各种赔款、罚款、押金，应向职工收取的各种垫付款项等。

2.其他应付款核算

其他应付款是指企业除应付票据、应付账款、预收账款、应付职工薪酬、应交税费、应付股利等经营活动以外的其他各种应付、暂收的款项，具体包括应付经营租赁方式租入固定资产和包装物的租金，职工未按时领取的工资，存入保证金（如包装物押金），应付、暂收其他单位或个人的款项等。

（四）应收款项减值核算

企业应当定期或至少于年度终了时对应收款项进行检查，并预计可能发生的坏账损失。对预计可能发生的坏账损失，计提坏账准备。企业计提坏账准备的方法由企业自行确定。企业应当制定计提坏账准备的政策，明确计提坏账准备的范围、提取方法、账龄的划分和提取比例，按照法律、行政法规的规定报有关各方备案，并备置于企业所在地。坏账准备计提方法一经确定，不得随意变更，如需变更，应当在会计报表附注中予以说明。

坏账损失的核算方法有直接转销法和备抵法，根据我国现行企业会计准则，企业只能采用备抵法核算坏账损失。

在备抵法下，坏账准备可按下列公式计算：

当期按应收款项计算的坏账准备 = 应收款项账户期末余额 × 坏账准备计提比例

当期应提取的坏账准备 = 当期按应收款项计算的应提坏账准备金额 − “坏账准备”账户的贷方余额

备抵法下估计坏账损失的方法主要有三种：应收账款余额百分比法、账龄分析法、销货百分比法。

在备抵法下，企业为了核算应收款项坏账准备的计提、转销和收回情况需设置“坏账准备”账户，其账务处理如下：

1. 资产负债表日，发生减值的应收款项

按应减记的金额，借记“资产减值损失”账户，贷记“坏账准备”账户。本期应计提的坏账准备大于其账面余额的，应按其差额计提；应计提的坏账准备小于其账面余额的，应按其差额做相反的会计分录。

2. 确实无法收回的应收款项

按管理权限报经批准后作为坏账，转销应收款项，借记“坏账准备”账户，贷记“应收票据”“应收账款”“预付账款”“其他应收款”“长期应收款”等账户。

3. 收回已确认并转销的应收款项

转销的应收款项以后又收回的，应按实际收回的金额，借记“应收票据”“应收账款”“预付账款”“其他应收款”“长期应收款”等账户，贷记“坏账准备”账户；同时，借记“银行存款”账户，贷记“应收票据”“应收账款”“预付账款”“其他应收款”“长期应收款”等账户。

（五）应付利息及应付股利核算

1. 应付利息核算

应付利息是指企业按照合同约定应支付的利息，包括吸收存款、分期付息到期还本的长期借款、企业债券等应支付的利息。

2. 应付股利核算

股利是指企业在获得净利润后，按股份比例或事先约定分配给股东的投资报酬。在我国，股利的支付通常有两种基本形式，即现金股利和股票股利。现金股利是指企业经董事会或股东大会，或类似机构决议确定以现金形式分配的利润。

企业应设置“应付股利”账户核算企业分配的现金股利。该账户可按投资者进行明细核算。企业分配的股票股利，不通过“应付股利”账户核算。

三、实训目的与要求

（1）理解并熟悉往来核算岗位的职责和业务内容；

（2）准确理解并掌握往来款项确认标准和确认时间；

（3）能够审核和填制相关原始凭证，正确处理相关业务，编制记账凭证；

（4）熟练登记相关明细账。

【明德善思】往来账项作为资金流转的一种形式，与企业成本、资金、实物资产等方面有着密切的关联。往来账是企业在经营管理活动中形成的应收账款、预付账款、应付账款和预付账款等，是企业资产和负债的重要组成部分，是企业商业信用的重要表现。古人云："民无信不立。"做人如此，做企业更是如此。商业信用是企业的灵魂，一个没有信用的企业连生存都很困难，更别提发展壮大了。商业信用对卖方来说，其作用表现在能够扩大商品经营规模、开拓商品市场、提高竞争力；对买方来说，其作用主要表现在能够稳定货源、稳定供需关系；对卖方和买方接受者来说，其主要作用均表现为缓解资金短缺的困难。诚者，天之道也；思诚者，人之道也。诚信，就是诚实无欺，讲求信用，内诚于心、外信于人。诚信是一个人的立身之本，也是一个集体、一个国家、一个民族的生存之道，更是文明社会的根基。

四、实训任务

（1）根据债权、债务账户的期初余额及经济业务涉及的债权、债务账户开设相关明细账户；

（2）审核经济业务涉及的相关原始凭证；

（3）对应收款项采用应收账款余额百分比法计提坏账准备；

（4）编制相关业务记账凭证；

（5）登记往来款项明细账并结账。

五、实训程序

（1）设置往来款项明细账；

（2）审核往来款项相关原始凭证；

（3）编制相关记账凭证；

（4）登记往来款项明细账。

六、实训组织

独立或分岗完成实训任务，主要练习坏账准备的提取、应收账款和应收票据的核算。

七、实训材料

（1）相关原始凭证；

（2）坏账准备计提表；

（3）记账凭证：通用记账凭证共计60页；

（4）明细账：三栏式明细账15页。

八、实训资料

见本教材项目二实训资料提供的相关业务。

岗位二　存货核算岗位

存货是指企业在日常生产经营过程中持有以备出售，或者仍然处在生产过程，或者在生产或提供劳务过程中将消耗的材料或物料等，包括库存的、在加工的、在途的各类材料、商品、在产品、半成品、产成品、包装物、低值易耗品等。存货属于流动资产，为了保障生产经营过程连续不断地进行，企业要不断购入、储存、耗用、销售存货，因此，加强存货核算和监督管理，提高其流动性对企业有重要意义。

存货的核算主要是准确、全面地反映存货在收入、发出和保管过程中的各项经济业务，具体包括：计算存货购入成本，存货计价方法，存货收入和发出核算，成本费用计算和结转，期末清查和计价等。

存货的监督管理主要是建立、健全各项存货管理制度和方法，明确一般存货业务流程，规范相关原始凭证办理手续，加强岗位责任制等。

一、岗位职责

（1）熟悉国家及行业管理部门的相关法规、管理制度和规定。

（2）会同相关部门建立、健全存货管理制度，包括材料收发手续、购料规程、仓库管理制度、凭证传递程序、材料核算方法、财产清查的计量验收方法及制度等。

（3）复核或授权审核相关原始凭证，计算材料采购成本和发出材料的成本，合理分摊材料成本差异，进行材料收、发、存的明细核算；对在途材料督促清收，对已验收入库但尚未付款的存货，月末按暂估价入账并填制记账凭证，同时登记相关存货明细账。

（4）会同有关部门审查、汇编材料采购用款计划，控制采购成本；采用计划成本法的企业，编制材料计划成本目录，并配合有关部门制定材料消耗定额。

（5）期末合理确认存货价值并计提存货跌价准备。

（6）会同有关部门分析材料储备及保管情况，定期报告材料收、发、存情况。对材料超长期储备或长期积压及保管不善造成浪费的现象，要分析原因，并提出处理意见及建议，进而督促有关部门处理。

（7）协同有关部门对财产物资进行定期清查；查清盘盈、盘亏、毁损等情况及其原因，分清责任，并按权限直接进行处理或督促有关部门或相关责任人员及时处理。

二、岗位实务操作要点

（一）存货的初始成本的计量

企业会计准则规定，存货在取得时应按照实际成本入账，而存货实际成本的计量因其来源不同而有所不同，需根据具体情况分别处理（包括外购、自制、接受投资、接受捐赠、非货币性资产交换、债务重组等）。

（二）存货收入和领用、发出的计量

企业对于各项存货的日常收入、发出业务，应当根据有关收、发的原始凭证或原始

凭证汇总表及记账凭证，逐笔顺序登记数量金额式的明细账。具体方法如下：

1. 实际成本法

实际成本法一般适用于规模较小、存货品种较少、采购业务不多的企业。发出的存货可以根据实际情况选择采用先进先出法、加权平均法、移动加权平均法、个别计价法等确定其实际成本。

2. 计划成本法

计划成本法一般适用于规模较大、存货品种繁多、收发频繁的企业，具体核算程序如下：

（1）制定各种原材料的计划成本目录，即确定原材料的类别，各种原材料的名称、规格、编号、计量单位和计划单位成本。计划单位成本在年度内一般不作调整。

（2）日常收到原材料时，根据计划单位成本计算收入原材料的计划成本，填收料单，并登记原材料明细账，同时将实际成本与计划成本的差额，作为“材料成本差异”进行分类登记。

（3）日常领用、发出原材料时，也按计划成本计入相关成本费用账户，月份终了时对本月原材料的成本差异在发出材料和库存材料间进行分摊，并将发出原材料的计划成本调整为实际成本。

（4）按月分摊发出材料应负担的成本差异，除委托外部加工发出材料可按上月的成本差异率计算外，一般使用当月的实际成本差异率；如果上月的成本差异率与本月的成本差异率相差不大的，也可按上月的成本差异率计算。计算方法一经确定，不得任意变动。

相关计算公式如下：

$$\text{本月材料成本差异率}=\left(\text{月初结存材料的成本差异}+\text{本月收入材料的成本差异}\right)\div\left(\text{月初结存材料的计划成本}+\text{本月收入材料的计划成本}\right)\times 100\%$$

本月发出材料分摊的成本差异 = 本月发出材料计划成本 × 本月材料成本差异率

$$\text{本月发出材料实际成本}=\text{本月发出材料计划成本}+\text{超支差异（蓝字调整）}\left(-\text{节约差异（红字调整）}\right)$$

$$\text{月末结存材料分摊的成本差异}=\text{月初结存材料的成本差异}+\text{本月收入材料的成本差异}-\text{本月发出材料分摊的成本差异}$$

3. 商品流通企业的商品存货的日常核算

批发企业一般采用进价核算，存货发出时可以采用先进先出法、加权平均法、移动加权平均法、个别计价法或毛利率法进行核算；零售企业一般采用售价核算，通过设置“商品进销差价”账户，将“库存商品”中的售价调整成进价金额。（商品进销差价是库存商品购进实际成本与销售价格之间的差额，类似于材料成本差异，商品进销差价率与材料成本差异率相似，库存商品购进实际成本 = 商品销售收入 - 销售商品分摊的商品进销差价）

（三）存货期末计价

企业会计准则规定企业应当在期末对存货进行全面清查，如由于存货毁损、全部或部分陈旧过时或销售价值低于成本等原因，使存货成本高于可变现净值的，应按可变现净值低于存货成本的部分计提存货跌价准备，即期末存货按成本与可变现净值孰低计价。其中，成本是指存货的历史成本，可变现净值是指企业在正常经营过程中以预计售价减去预计完工成本及销售所必需的预计费用后的价值（持有存货目的不同，确定方法不同）。存货跌价准备应按单个存货项目的成本与可变现净值孰低计量。

期末，通过比较存货的成本与可变现净值，计算应计提的存货跌价准备，然后与“存货跌价准备”账户的余额进行比较，如果应提数大于已提数，应予补提；如果已提数大于应提数，则应予冲销多提数部分。提取存货跌价准备时，借记“资产减值损失”账户，贷记“存货跌价准备”账户；冲回时做相反的分录。

（四）存货的期末盘点和盘盈、盘亏及毁损的处理

存货应当定期盘点，如果账实不符，应调整账面记录，使账实相符；同时查明原因，并根据企业的管理权限，经股东大会或董事会，或经理（厂长）会议或类似机构批准后，在期末结账前处理完毕。企业存货发生盘盈、盘亏及毁损，一般应按下列规定进行会计处理：盘盈的存货，应冲减当期的管理费用；盘亏的存货，在减去过失人或者保险公司等赔款和残料价值之后，计入当期管理费用，属于非常损失的，计入营业外支出。

三、实训目的与要求

（1）熟悉存货核算和管理的相关法规和制度；

（2）能准确理解存货确认原则和方法，存货收入、发出计价方法及核算方法；

（3）能熟练进行存货收入、发出、期末清查及计价等核算；

（4）能熟练编制记账凭证，设置并登记存货明细账。

【明德善思】据有关数据统计，我国居民每年境外旅行、留学或就医期间购买的非居民货物和服务高达上万亿元人民币。巨大的消费购买力从我国流失出去，造成我国国内消费购买力的相对不足。我国不是需求不足或没有需求，而是需求变了但供给的产品没有变，质量、服务跟不上，出现了闲置资产、库存积压、高成本、低服务的现象，导致有效供给能力不足带来大量“需求外溢”、消费能力严重外流的问题。

2015年12月，中央经济工作会议强调，推进供给侧结构性改革，着力加强结构性改革。历经8年供给侧结构性改革发展形成迭代升级，即1.0版本“三去一降一补”；2.0版本“破、立、降”；3.0版本“巩固、增强、提升、畅通”。2023年12月召开的中央经济工作会议明确提出：“必须坚持深化供给侧结构性改革和着力扩大有效需求协同发力，发挥超大规模市场和强大生产能力的优势，使国内大循环建立在内需主动力的基础上，提升国际循环质量和水平。”供给侧结构性改革的根本，就是要使我国供给能力更好地满足广大人民日益增长的美好生活需要。（资料来源：根据《求是》杂志整理编写）

四、实训任务

（1）根据来源不同准确计算存货入账成本；

（2）在实际成本计价法下（全月一次加权平均法）计算发出存货的成本；

（3）在计划成本计价法下计算材料成本差异率及发出材料分摊的成本差异；
（4）编制相关业务记账凭证；
（5）设置、登记存货明细账并结账。

五、实训程序

（1）设置存货明细账；
（2）审核存货收入、发出的相关原始凭证，编制收、发料汇总表，以及领用材料成本差异计算表；
（3）编制相关记账凭证；
（4）登记存货明细账。

六、实训组织

独立或分岗完成实训任务，主要练习计划成本法的计价核算。

七、实训材料

（1）相关原始凭证；
（2）成本费用计算表；
（3）记账凭证：通用记账凭证共计60页；
（4）明细账：数量金额式明细账26页。

八、实训资料

见本教材项目二实训资料提供的相关业务。

岗位三　投资核算岗位

投资是指牺牲或放弃现在可用于消费的价值以获取未来更大价值的一种经济活动。企业会计准则按投资核算与管理的意图分类，将投资所形成的资产分为以公允价值计量且其变动计入当期损益的金融资产，以摊余成本计量的金融资产，以公允价值计量且其变动计入其他综合收益的金融资产，以及长期股权投资、投资性房地产等。

投资的核算主要是准确、全面地反映企业持有各种金融资产期间的经济业务，具体包括：确认各种金融资产的取得成本，后续计量的方法，收益或损失的确认，期末计价及处置的核算等。投资的监督管理主要是建立、健全各项管理制度和方法，准确进行金融资产的分类与重分类，规范相关原始凭证办理手续，加强岗位责任制等。

一、岗位职责

（1）拟订对外投资的计划，根据决策管理者的意图、企业资金的情况和理财的需要，做好各项股票投资、债权投资和与其他单位联营、合营的具体实施计划。

（2）协同相关职能部门做好投资工作，选择应投资的证券及做好款项的结算；与有关部门进行合营、联营的，应办理款项的支付及结算工作。

（3）保管各有价证券、合营、联营的有关协议与合同，对持有的各种证券按期、及时计算应收股利和应收利息，计算债券的溢折价摊销额和应确认的投资收益。

（4）进行对外投资的账务处理及各种明细分类核算。

（5）期末合理确认金融资产价值并计提减值准备。

二、岗位实务操作要点

（一）以公允价值计量且其变动计入当期损益的金融资产

交易性金融资产的主要账务处理可分为取得、确认收益、期末计量和出售等内容。

（1）企业取得交易性金融资产时，应当按照该金融资产取得时的公允价值作为其初始确认金额。取得交易性金融资产所支付价款中包含的已宣告但尚未发放的现金股利或已到付息期但尚未领取的债券利息，应当确认为应收项目处理；取得交易性金融资产所发生的相关交易费用应当在发生时计入投资收益，如取得增值税专用发票，其进项税额可以抵扣。

（2）在持有交易性金融资产期间被投资单位宣告发放现金股利或债券利息，借记“应收股利”或“应收利息”账户，贷记“投资收益”账户。对收到的属于取得交易性金融资产支付价款中包含的已宣告发放的现金股利或债券利息，借记“银行存款”或“其他货币资金——存出投资款”账户，贷记“应收股利”或“应收利息”账户。

（3）资产负债表日，交易性金融资产的公允价值高于其账面余额的差额，借记“交易性金融资产——公允价值变动”账户，贷记“公允价值变动损益”账户；交易性金融资产的公允价值低于其账面余额的差额，做相反的会计分录。

（4）出售交易性金融资产时，应按实际收到的金额，借记“银行存款”或“其他货币资金——存出投资款”账户，按该项交易性金融资产的成本，贷记“交易性金融资产——成本”账户，按该项交易性金融资产的公允价值变动，贷记或借记“交易性金融资产——公允价值变动”账户，按其差额，贷记或借记“投资收益”账户。同时，按该项交易性金融资产的公允价值变动，借记或贷记“公允价值变动损益”账户，贷记或借记“投资收益”账户。

（5）出售金融资产应交增值税处理（差额征税）。按照金融资产卖价与买价的差额进行价税分离，计算应缴纳的增值税税额。

（二）以摊余成本计量的金融资产

以摊余成本计量的金融资产通常是指企业持有的长期债券投资，购进债券时相关合同明确规定了投资者在确定的期间获得或应收取的利息金额和时间，即到期日固定、回收金额固定或可确定，属于债权投资。

以摊余成本计量的金融资产的主要账务处理可分为取得、后续计量、收取利息、出售等内容。

（1）初始确认及计量，即企业取得债权投资时，应当按照公允价值和相关交易费用之和作为初始入账金额。

【提示】因为名义利率与实际利率的差异，债券购进有平价购进、溢价购进和折价购进三种情况。当名义利率与实际利率相等时，按平价购进即发行价等于债券面值；当名义利率大于实际利率时，按溢价购进即发行价高于债券面值；当名义利率小于实际利率时，按折价购进即发行价低于债券面值。折价的金额是投资方少收到的利息部分的补偿；溢价的金额是发行方将来要多付出利息的补偿。

实际利率是指金融资产在预期存续期间或适用的更短期间的未来现金流量折现为该金融资产当前账面价值所使用的利率，是剔除通货膨胀率后投资者得到利息回报的真实利率；名义利率是债券的票面利率，是投资者名义上得到的利息回报。

企业取得债权投资时，应按该投资的面值，借记“债权投资——成本”账户，按支付的价款中包含的已到付息期但尚未领取的利息，借记“应收利息”账户，按实际支付的金额，贷记“银行存款”等账户，按其差额，借记或贷记“债权投资——利息调整”账户。

（2）企业应采用实际利率法按摊余成本进行后继计量。

实际利率法是指按照金融资产或金融负债的实际利率计算其摊余成本及各期利息收入或利息费用的方法，即每期的利息收入或费用按实际利率乘以期初债券摊余成本计算，按实际利率计算的利息收入或费用与按票面利率计算的应计利息的差额，即为本期摊销的溢价或折价。实际利率法的目的就是将溢价或折价金额在持有期间逐期确认、调整投资方的收益和发行方的费用。

在资产负债表日计算应收利息和确认利息收入。利息的计算如下：

$$\text{应收利息} = \text{债券面值} \times \text{票面利率} \times \text{期限}$$

$$\text{利息收入} = \text{债权投资摊余成本} \times \text{实际利率} \times \text{期限}$$

$$\text{溢折价摊销额} = \text{利息收入} - \text{应收利息}$$

①资产负债表日，债权投资为分期付息、一次还本债券投资的，应按票面利率计算确定的应收未收利息，借记“应收利息”账户，按债权投资期初摊余成本和实际利率计算确定的利息收入，贷记“投资收益”账户，按其差额，借记或贷记“债权投资——利息调整”账户。

$$\begin{matrix}\text{期末摊余}\\\text{成本}\end{matrix} = \begin{matrix}\text{期初摊余}\\\text{成本(本金)}\end{matrix} - \left[\begin{matrix}\text{现金}\\\text{流入}\end{matrix}\left(\text{面值}\times\begin{matrix}\text{票面}\\\text{利率}\end{matrix}\right) - \begin{matrix}\text{实际}\\\text{利息}\end{matrix}\left(\begin{matrix}\text{期初摊余}\\\text{成本}\end{matrix}\times\begin{matrix}\text{实际}\\\text{利率}\end{matrix}\right)\right] - \begin{matrix}\text{已发生的资产}\\\text{减值损失}\end{matrix}$$

这里可以将期初摊余成本理解为本金，而每期的现金流入可以理解为包含了本金和利息两部分，其中“现金流入-实际利息”可以理解为本期收回的本金。

②该投资为一次还本付息债券投资的，应于资产负债表日按票面利率计算确定的应收未收利息，借记“债权投资——应计利息”账户，按该投资期初摊余成本和实际利率计算确定的利息收入，贷记“投资收益”账户，按其差额，借记或贷记“债权投资——利息调整”账户。

$$\begin{matrix}\text{期末摊余}\\\text{成本}\end{matrix} = \begin{matrix}\text{期初摊余}\\\text{成本(本金)}\end{matrix} + \text{实际利息}\left(\begin{matrix}\text{期初摊余}\\\text{成本}\end{matrix}\times\begin{matrix}\text{实际}\\\text{利率}\end{matrix}\right) - \begin{matrix}\text{已发生的资产}\\\text{减值损失}\end{matrix}$$

因为是一次还本付息，所以此时的现金流入为零，实际利息增加了期末摊余成本。

（三）以公允价值计量且其变动计入其他综合收益的金融资产

1.特征

与前述两类金融资产相比，该金融资产具有以下特征：

（1）该资产有活跃市场，公允价值易于取得。

（2）该资产持有限期不定，即企业在初次确认时并不能确定是在短期内出售以获利，还是长期持有以获利，也就是其持有意图介于交易性金融资产与债权投资之间。

（3）由于该金融资产可能短期持有，也可能长期持有，为了保持计量的一致性，因此与交易性金融资产将公允价值变动计入当期损益不同，其公允价值变动计入其他综合收益。

2.账户设置

企业如购进债券类金融资产，可设置“其他债权投资”账户，并按照该金融资产的类别和品种，设置“成本”“利息调整”“公允价值变动”“应计利息”等明细账户进行核算；企业如购进股票类金融资产，可设置“其他权益工具投资”账户，并按照该金融资产的类别和品种，设置“成本”“公允价值变动”等明细账户进行核算。

3.账务处理说明

核算时，应划分为股票（权益工具）投资、债券（债务工具）投资等金融资产分别进行核算，当购进股票时同交易性金融资产核算一样，当购进债券时同债权投资核算一样，但它们之间又存在一些差别，具体总结如下：

（1）购进股票的交易费用计入投资成本，即借记“其他权益工具投资——成本”账户；购进债券的相关费用记入“其他债权投资——利息调整”账户。

（2）购进有价证券的公允价值变动记入“其他综合收益”账户。

（四）长期股权投资

长期股权投资是指通过投资取得被投资单位的股份。企业对其他单位的股权投资，通常是为了长期持有，以及通过股权投资达到控制被投资单位，或对被投资单位施加重大影响，或为了与被投资单位建立密切关系，以分散经营风险。相对于长期债权投资而言，投资风险较大。

1.长期股权投资的初始计量

长期股权投资应以取得时的成本确定。

2.成本法

成本法的核算范围：

（1）企业对被投资单位实施控制的长期股权投资，即企业对子公司的长期股权投资，编制合并财务报表时按照权益法进行调整。

【提示】控制是指有权决定一个企业的财务和经营政策，并能据以从该企业的经营活动中获取利益。

（2）企业对被投资单位不具有控制、共同控制或重大影响，且在活跃市场中没有报价、公允价值不能可靠计量的长期股权投资。

在成本法下，长期股权投资取得股权时按初始投资成本计价，以后追加或收回投资时应当调整长期股权投资的成本，除此之外，长期股权投资的账面价值保持不变。股权持有期间，企业应于被投资单位宣告发放现金股利或利润时确认投资收益。

3.权益法

（1）权益法的核算范围

① 企业对被投资单位具有共同控制的长期股权投资，即企业对其合营企业的长期股权投资。

② 企业对被投资单位具有重大影响的长期股权投资，即企业对其联营企业的长期股权投资。

在权益法下，投资单位长期股权投资的账面价值应与享有被投资单位所有者权益公允价值的份额相符，由此，当被投资单位所有者权益发生增减变动时，投资单位长期股权投资的账面价值要随之进行调整。

（2）权益法的核算要点

①企业进行投资时，长期股权投资的初始投资成本大于应享有被投资单位可辨认净资产公允价值份额的，不调整长期股权投资的初始投资成本；长期股权投资的初始投资成本小于应享有被投资单位可辨认净资产公允价值份额的，应按差额调增长期股权投资的成本，同时计入营业外收入。借记“长期股权投资——成本”账户，贷记“营业外收入”账户。

②期末，投资企业按应享有被投资单位净损益的份额调整长期股权投资账面价值，同时确认投资损益。

投资企业确认应享有被投资单位净损益的份额时，首先，以投资时被投资单位各项可辨认资产等的公允价值为基础，对被投资单位的净利润进行调整。然后，根据调整后的净利润确定应享有或应分担的份额，确认投资损益并调整长期股权投资的账面价值。当被投资单位获得净利润时，按应享有被投资单位净损益的份额借记“长期股权投资——损益调整”账户，贷记“投资收益”账户。

投资企业确认被投资单位发生的净亏损，应当以长期股权投资的账面价值以及其他实质上构成对被投资单位净投资的长期权益减记至零为限，投资企业负有承担额外损失义务的除外。被投资单位以后实现净利润的，投资企业在其收益分享额弥补未确认的亏损分担额后，恢复确认收益分享额。当被投资单位亏损时，做相反分录。

③在被投资单位进行利润分配时，应按照被投资单位宣告分派的利润或现金股利计算应分得的部分，相应减少长期股权投资的账面价值。借记“应收股利”账户，贷记“长期股权投资——损益调整”账户；实际收到现金股利或利润时，借记“银行存款”账户，贷记“应收股利”账户。

④在被投资单位发生除净损益以外所有者权益的其他变动时，应当相应调整长期股权投资的账面价值并计入所有者权益。被投资单位所有者权益增加时，按应享有被投资单位所有者权益的份额借记“长期股权投资——其他权益变动”账户，贷记“其他综合收益”账户。被投资单位所有者权益减少时，做相反分录。

4.长期股权投资减值

企业对子公司、合营企业及联营企业的长期股权投资在资产负债表日的可收回金额低于其账面价值的，应将该股权投资的账面价值减记至可收回金额。可收回金额为长期股权投资公允价值减去处置费用后的净额与按照类似金融资产当时市场收益率对未来现金流量折现确定的现值两者中较高者。

企业对被投资单位不具有控制、共同控制或重大影响、在活跃市场中没有报价、公允价值不能可靠计量的长期股权投资，应当将该股权投资在资产负债表日的账面价值与未来现金流量的现值之间的差额，确认为减值损失。

资产负债表日，按应减记的金额，借记“资产减值损失”账户，贷记“长期股权投资减值准备”账户。长期股权投资减值损失一经确认，在以后会计期间不得转回。处置长期股权投资时，应同时结转已计提的长期股权投资减值准备。

5. 处置长期股权投资

处置长期股权投资，其账面价值与实际取得价款的差额，应当计入当期损益。采用权益法核算的长期股权投资，因被投资单位除净损益以外所有者权益的其他变动而计入所有者权益的，处置该项投资时应当将原计入所有者权益的部分按相应比例转入当期损益。

处置长期股权投资时，应按实际收到的金额，借记“银行存款”等账户，按其账面余额，贷记本账户，按尚未领取的现金股利或利润，贷记“应收股利”账户，按其差额，贷记或借记“投资收益”账户。已计提减值准备的，还应同时结转减值准备。

采用权益法核算的长期股权投资处置时，结转原记入“其他综合收益”账户的相关金额，借记或贷记“其他综合收益”账户，贷记或借记“投资收益”账户。

（五）投资性房地产

投资性房地产，是指为赚取租金或资本增值，或两者兼有而持有的房地产，主要包括：已出租的土地使用权、持有并准备增值后转让的土地使用权和已出租的建筑物。

【提示】①用于出租的建筑物是指企业拥有产权的建筑物。企业以经营租赁方式租入再转租的建筑物不属于投资性房地产。②已出租的建筑物是指企业已经与其他方签订了租赁协议，约定以经营租赁方式出租的建筑物。一般应自租赁协议规定的租赁期开始日起，经营租出的建筑物才属于已出租的建筑物。在通常情况下，对企业持有以备经营出租的空置建筑物，如董事会或类似机构作出书面决议，明确表明将其用于经营出租且持有意图短期内不再发生变化的，即使尚未签订租赁协议，也应视为投资性房地产。③企业将建筑物出租，按租赁协议向承租人提供的相关辅助服务在整个协议中不重大的，应当将该建筑物确认为投资性房地产。

1. 初始计量

企业在取得投资性房地产时，应当按实际成本进行计量。其中：外购投资性房地产，其成本包括购买价款、相关税费和可直接归属于该资产的其他支出；自行建造投资性房地产，其成本由建造该项资产达到预定可使用状态前所发生的必要支出构成。

2. 后续计量

与投资性房地产有关的后续支出，满足投资性房地产确认条件的，应当计入投资性房地产成本；不满足的应当在发生时计入当期损益（其他业务成本）。

投资性房地产的后续计量，通常采用成本模式；只有在满足特定条件的情况下才可以采用公允价值模式，即有确凿证据表明投资性房地产的公允价值能够持续可靠取得的，可以对投资性房地产采用公允价值模式进行后续计量。

采用公允价值模式计量的投资性房地产，应当同时满足下列条件：①投资性房地产所在地有活跃的房地产交易市场。②企业能够从房地产交易市场上取得同类或类似房地产的市场价格及其他相关信息，从而对投资性房地产的公允价值作出合理估计。

【提示】①采用公允价值模式计量的，不对投资性房地产计提折旧或进行摊销，应当以资产负债表日投资性房地产的公允价值为基础调整其账面价值，公允价值与原账面价值之间的差额计入当期损益。②企业对投资性房地产的计量模式一经确定，不得随意变更，而且一个企业只能采用一种计量模式。从成本模式转为公允价值模式的，应当作为会计政策变更处理。已采用公允价值模式计量的投资性房地产，不得从公允价值模式转为成本模式。

3.成本模式计量的投资性房地产的主要账务处理说明

采用成本模式计量的投资性房地产比照固定资产或无形资产进行核算。采用成本模式计量的投资性房地产的核算包括取得、收取租金、计提折旧或摊销、转换、减值、处置等内容。

（1）取得投资性房地产。企业外购、自行建造等取得的投资性房地产，应按投资性房地产的成本，借记“投资性房地产”账户，贷记“银行存款”“在建工程”等账户。

（2）收取租金。企业出租房地产作为投资性房地产，按约定收取租金，借记“银行存款”账户，贷记“其他业务收入”账户。

（3）计提折旧或摊销。采用成本模式计量的投资性房地产应在入账时确定折旧方法、折旧期限及净残值或摊销方法、摊销期限等，按期计算折旧额或摊销额，借记“其他业务成本”账户，贷记“投资性房地产累计折旧（摊销）”账户。

（4）转换（用途发生改变）。企业有确凿证据表明房地产用途发生改变，如投资性房地产开始自用、作为存货的房地产改为出租、自用土地使用权停止自用而用于赚取租金或资本增值、自用建筑物停止自用而改为出租等，应当将投资性房地产转换为其他资产或者将其他资产转换为投资性房地产。在成本模式下，应当将房地产转换前的账面价值作为转换后的入账价值。

（5）投资性房地产减值。企业应当于每个会计期末对投资性房地产进行减值测试，若可收回金额低于账面价值，则计提减值准备，借记“资产减值损失”账户，贷记“投资性房地产减值准备”账户。减值准备一经提取不允许转回，待该投资性房地产转换或处置时一并转销。

（6）处置。当投资性房地产被处置，或者永久退出使用且预计不能从其处置中取得经济利益时，应当终止确认该项投资性房地产。出售投资性房地产时，应按实际收到的金额，借记“银行存款”等账户，贷记“其他业务收入”账户。按该项投资性房地产的账面价值借记“其他业务成本”账户（补差账户），按已提折旧（或摊销额）借记“投资性房地产累计折旧（摊销）”账户，若有减值借记“投资性房地产减值准备”账户，按该项投资性房地产的账面余额贷记“投资性房地产”账户。

4. 公允价值模式计量的投资性房地产的主要账务处理说明

采用公允价值模式计量的投资性房地产的核算主要有取得、期末计价、转换及处置等。

（1）企业外购、自行建造等取得的投资性房地产，应按投资性房地产的成本，借记“投资性房地产——成本”账户，贷记“银行存款”“在建工程”等账户。

（2）期末按公允价值调整投资性房地产账面价值，当期末公允价值高于原账面价值时，按两者差额借记“投资性房地产——公允价值变动”账户，贷记“公允价值变动损益”账户；当期末公允价值低于原账面价值时做相反分录。

（3）企业有确凿证据表明房地产用途发生改变，如投资性房地产改为自用房地产、自用房地产改为投资性房地产等，需进行转换核算。核算要点如下：

① 将自用土地使用权或建筑物转换为采用公允价值模式计量的投资性房地产，应按该项土地使用权或建筑物在转换日的公允价值，借记“投资性房地产——成本”账户，按已计提的累计折旧或累计摊销，借记“累计折旧”“累计摊销”账户，原已计提减值准备的，借记“无形资产减值准备”“固定资产减值准备”账户，按其账面余额，贷记“无形资产”“固定资产”账户，按其差额，贷记“其他综合收益”账户或借记“公允价值变动损益”账户。

② 将投资性房地产转换为自用土地使用权或建筑物，应按该项投资性房地产在转换日的公允价值，借记“无形资产”“固定资产”账户，贷记“投资性房地产——成本”账户，借记或贷记“投资性房地产——公允价值变动”账户，按借贷差额，借记或贷记“公允价值变动损益”账户。

（4）出售投资性房地产时，应按实际收到的金额，借记“银行存款”等账户，贷记“其他业务收入”账户；同时按该项投资性房地产的账面余额借记“其他业务成本”账户（补差账户），按该项投资性房地产的成本，贷记“投资性房地产——成本”账户，按该项投资性房地产的公允价值变动，贷记或借记“投资性房地产——公允价值变动”账户；按该项投资性房地产的公允价值变动，借记或贷记“公允价值变动损益”账户，贷记或借记“其他业务收入”账户。另外，转换时的差额随同转销，按该项投资性房地产在转换日计入其他综合收益的金额，借记“其他综合收益”账户，贷记“其他业务收入”账户。

三、实训目的与要求

（1）熟悉金融资产投资核算和管理的相关法规和制度；

（2）能准确理解各种金融资产的特点和确认、计量原则及方法；

（3）熟练进行交易性金融资产购进、期末计价和处置的核算；债权投资购进、期末计息及利息调整和到期收回的核算；长期股权投资下成本法和权益法的核算；投资性房地产两种计量模式下相关经济业务的核算等；

（4）熟练编制记账凭证，设置并登记相关明细账。

四、实训任务

（1）根据持有目的准确进行金融资产的分类，并确定核算方法；

（2）运用正确方法对企业持有的金融资产和投资性房地产进行核算；

（3）准确核算公允价值变动损益，确定本期摊余成本及利息调整金额；

（4）编制相关业务记账凭证；

（5）设置并登记交易性金融资产、债权投资、其他债权投资、长期股权投资、投资性房地产明细账。

五、实训程序

（1）设置交易性金融资产、债权投资、其他债权投资、长期股权投资、投资性房地产明细账；

（2）审核投资活动发生的相关原始凭证；

（3）编制记账凭证；

（4）登记相关明细账并结账。

六、实训组织

独立或分岗完成实训任务，主要练习各种投资活动的核算。

七、实训材料

（1）相关原始凭证；

（2）利息计算表；

（3）记账凭证：通用记账凭证共计20页；

（4）明细账：三栏式明细账60页。

八、实训资料

见本教材项目二实训资料提供的相关业务。

岗位四　固定资产及无形资产核算岗位

非流动性资产是指不能在1年或者超过1年的一个营业周期内变现或者耗用的资产，主要包括固定资产和无形资产，这是企业进行正常生产经营活动必不可少的资产，对企业持续经营和未来可持续发展具有重要意义。因此，企业必须加强固定资产管理，提高其使用效率，加大无形资产的创新和研发等。该核算岗位的主要任务包括：固定资产的购进和建造、折旧计提、后续支出、期末计量和处置等业务的核算；无形资产的研发和购进、价值摊销、期末计量和处置等业务的核算。

一、岗位职责

（1）遵照国家财经法规，会同企业有关部门建立、健全固定资产、在建工程、无形资产的管理制度与核算办法，依据企业非流动资产管理规定制定固定资产、无形资产目录，按照企业会计准则规定进行非流动资产的确认、计量和报告。

（2）建立非流动资产请购、建造、开发的审批程序；审查非流动资产采购计划、参与招标及合同签订工作，计算、控制非流动资产开发、购建成本并进行成本分析；健全非流动资产验收入库、保管、交付使用、盘点、处置等环节的管理规范。

（3）按照会计工作基础规范建立、健全固定资产总账、无形资产总账及其相应的明细账、资产卡片。

（4）加强非流动资产的日常核算和监督工作；严格审核和核对采购、建造、开发手续及发票等凭证，并及时登记入账；正确计算固定资产的购建成本，无形资产购置及开发成本。

（5）合理确定固定资产的折旧范围，按照非流动资产的经济效益预期实现方式，正确选择固定资产的折旧方法和无形资产的摊销方法，科学合理确定固定资产折旧年限和无形资产的摊销期限，正确计提固定资产折旧和进行无形资产摊销。

（6）参与非流动资产的清查、盘点；对于盘盈、盘亏、毁损的非流动资产要查明原因，明确责任，按规定办理报批手续，并进行相应的账务处理，保证非流动资产的账、卡、物、资金相符；对多余的、闲置的非流动资产提出意见，改进管理；计算、分析非流动资产的使用效率，了解非流动资产的使用情况，促进企业科学、合理使用非流动资产。

（7）使用到期或因特殊原因提前报废的非流动资产要及时办理报废申请，会同实物管理部门和人员进行清理、移交资产。

（8）合理进行非流动资产的期末计量，正确判断非流动资产的可收回金额，为核算非流动资产的减值损失提供真实的相关信息。

二、岗位实务操作要点

（一）固定资产

1.固定资产的初始计量

固定资产是指为生产产品、提供劳务、出租或经营管理而持有的、使用年限超过1年的资产。企业应当根据固定资产定义，结合本企业的具体情况，制定适合于本企业的固定资产目录、分类方法、每类或每项固定资产的折旧年限、折旧方法和预计净残值，并作为进行固定资产核算的依据。

固定资产应按其取得时的成本作为入账价值，取得时的成本包括买价、进口关税等税金、运输和保险等相关费用，以及为使固定资产达到预定可使用状态前所必要的支出。

2.与固定资产有关的后续支出

如果使可能流入企业的经济利益超过了原先的估计，如延长了固定资产的使用寿命、使生产的产品质量实质性提高或是生产产品的成本实质性降低等，应将发生的后续支出计入固定资产价值。可资本化的固定资产后续支出发生时，借记“在建工程”账户，贷记“银行存款”等账户。在固定资产的后续支出中，按上述原则不能计入固定资产价值的部分，应于发生时确认为当期费用。

3.固定资产减少

（1）盘亏的固定资产，按其账面净值，借记“待处理财产损溢”账户，按已提折旧，借记“累计折旧”账户，按固定资产原价，贷记“固定资产”账户。批准转销时将待处理财产损溢转入营业外支出。

（2）因出售、报废和毁损等原因减少的固定资产，按减少的固定资产账面净值，借记“固定资产清理”账户，按已提折旧和减值准备，借记“累计折旧”“固定资产减值准备”账户，按固定资产原价，贷记“固定资产”账户。处理完毕将固定资产清理净损益转入“资产处置损益”“营业外收入”“营业外支出”等账户。

（3）投资转出的固定资产，应按《企业会计准则第7号——非货币性资产交换》处理。

（4）捐赠转出的固定资产，应按固定资产净值，转入“固定资产清理”账户，对于应支付的相关税费，也应通过“固定资产清理”账户进行归集。按“固定资产清理”账户的余额，借记“营业外支出”账户，贷记“固定资产清理”账户。

4.固定资产折旧的计算

（1）年限平均法

年折旧率 =（1 − 预计净残值率）÷ 预计使用寿命（年限）× 100%

月折旧额 = 固定资产原价 × 年折旧率 ÷ 12

适用范围：一项固定资产在各期使用情况大致相同，其负荷程度也相同，修理和维护费在资产的使用期内没有显著变化，使用资产所取得的收入在整个使用年限内差不多，满足和部分满足这些条件时，选择年限平均法比较合理。在实际工作中，年限平均法适用于房屋、建筑物等固定资产折旧的计算。

（2）工作量法

单位工作量折旧额 = 固定资产原价 ×（1 − 预计净残值率）÷ 预计总工作量

某项固定资产月折旧额 = 该项固定资产当月工作量 × 单位工作量折旧额

适用范围：在实际工作中，运输企业和其他专业车队等的客货运汽车，某些价值大而又不经常使用或季节性使用的大型机器设备，可以用工作量法来计提折旧。

（3）双倍余额递减法

年折旧率 = 2 ÷ 预计使用寿命（年限）× 100%（暂不考虑预计净残值）

年折旧额 = 年初固定资产账面净值 × 年折旧率

【提示】通常在其折旧年限到期前两年内，将固定资产账面净值扣除预计净残值后的余额平均摊销。

（4）年数总和法

年折旧率 = 尚可使用寿命 ÷ 预计使用寿命的年数总和 × 100%

月折旧额 =（固定资产原价 − 预计净残值）× 年折旧率 ÷ 12

适用范围：（3）和（4）属于加速折旧方法，前期计提折旧多，后期逐渐减少，目的是减少固定资产提前报废带来的较大损失，主要适用于更新速度较快的资产。

【提示】折旧方法一经确定，不得随意变更，如果变更需在财务报表的附注中加以说明。

5.企业应当设置“固定资产登记簿”和“固定资产卡片”

企业设置“固定资产登记簿”和“固定资产卡片”，按固定资产类别、使用部门和每项固定资产进行明细核算。经营租入的固定资产，应当另设备查簿进行登记，不在“固定资产”账户核算。

（二）无形资产

1.无形资产的初始计量

无形资产通常按实际成本计量，即以取得无形资产并使之达到预定用途而发生的全部支出作为无形资产的成本。对于不同来源取得的无形资产，其成本构成不尽相同。

（1）外购的无形资产成本。外购的无形资产，其成本包括购买价款、相关税费以及直接归属于使该项资产达到预定用途所发生的其他支出。其中，直接归属于使该项资产达到预定用途所发生的其他支出包括使无形资产达到预定用途所发生的专业服务费用、测试无形资产是否能够正常发挥作用的费用等，但不包括为引入新产品进行宣传发生的广告费用、管理费用及其他间接费用，也不包括在无形资产已经达到预定用途以后发生的费用。无形资产达到预定用途后所发生的支出，不构成无形资产的成本。

（2）内部研究开发费用的确认和计量。《企业会计准则第6号——无形资产》规定，企业研究阶段的支出全部费用化，计入当期损益（管理费用）；开发阶段的支出符合资本化条件的才能资本化，不符合资本化条件的计入当期损益（管理费用）。只有同时满足该准则第九条规定的各项条件的，才能确认为无形资产。如果确实无法区分研究阶段的支出和开发阶段的支出，应将其所发生的研发支出全部费用化，计入当期损益。

2.无形资产的后续计量

（1）无形资产后续计量原则。无形资产初始确认和计量后，在使用该项无形资产期间应以成本减去累计摊销额和累计减值损失后的余额计量。需要强调的是，确定无形资产在使用过程中的累计摊销额，基础是估计其使用寿命，只有使用寿命有限的无形资产才需要在估计的使用寿命内采用系统合理的方法进行摊销。无形资产摊销方法包括直线法、生产总量法等。其中应摊销金额是指无形资产的成本扣除残值后的金额。

企业会计准则规定，企业应当于取得无形资产时分析判断其使用寿命。无形资产的使用寿命如为有限的，应当估计该使用寿命的年限或者构成使用寿命的产量等类似计量单位数量。源自合同性权利或其他法定权利取得的无形资产，其使用寿命不应超过合同性权利或其他法定权利的期限。企业至少应当于每年年度终了，对无形资产的使用寿命进行复核。

（2）摊销处理。无形资产的摊销期自其可供使用时（即其达到预定用途）开始至终止确认时止。无形资产的摊销费用一般应计入当期损益，但如果某项无形资产是专门用于生产某种产品的，所包含的经济利益是通过转入其所生产的产品中体现的，则无形资产的摊销费用构成产品成本的一部分。

（3）残值的确定。无形资产的残值一般为零，除非有第三方承诺在无形资产使用寿命结束时愿意以一定的价格购买该项无形资产，或者存在活跃的市场，通过市场可以得到无形资产使用寿命结束时的残值信息，并且从目前情况看，在无形资产使用寿命结束时，该市场还可能存在的情况下，可以预计无形资产的残值。

（4）使用寿命不确定的无形资产。根据可获得的情况判断，有确凿证据表明无法合理估计其使用寿命的无形资产，才能作为使用寿命不确定的无形资产。企业会计准则规定，对于使用寿命不确定的无形资产，在持有期间不需要摊销，如果期末重新复核后仍为不确定的，应当在每个会计期间进行减值测试，严格按照《企业会计准则第8号——资产减值》的规定，需要计提减值准备的，相应计提有关的减值准备，借记“资产减值损失”账户，贷记“无形资产减值准备”账户，该减值在以后期间不得转回，在该资产处置时一并转销。

3.无形资产的处置

无形资产的处置，主要是指无形资产出售、对外出租、对外捐赠，或者是当其无法为企业带来未来经济利益时，应予转销并终止确认。

（1）无形资产的出租。企业将所拥有的无形资产的使用权让渡给他人，并收取租金，属于与企业日常活动相关的其他经营活动取得的收入，在满足收入准则规定的确认标准的情况下，应确认相关的收入及成本。

（2）无形资产的出售。企业将无形资产出售，表明企业放弃无形资产的所有权。企业会计准则规定，企业在出售无形资产时，应将所取得的价款与该无形资产账面价值的差额作为资产处置利得或损失（营业外收入或营业外支出），与固定资产处置性质相同，计入当期损益。出售无形资产时，应按实际收到的金额，借记“银行存款”等账户，按已摊销的累计摊销额，借记“累计摊销”账户，原已计提减值准备的，借记“无形资产减值准备”账户，按应支付的相关税费，贷记“应交税费”等账户，按其账面余额，贷记“无形资产”账户，按其差额，贷记“资产处置损益——处置非流动资产利得”账户或借记“资产处置损益——处置非流动资产损失”账户。

（3）报废。如果无形资产预期不能为企业带来未来经济利益，不再符合无形资产的定义，应将其报废并转销，具体包括：无形资产已被其他新技术所替代，不能为企业带来经济利益；无形资产不再受到法律保护，且不能给企业带来经济利益等。例如，甲企业的某项无形资产法律保护期限已过，用其生产的产品没有市场，说明该无形资产无法为企业带来未来经济利益，应予报废并转销。无形资产在报废时，应按已摊销的累计摊销额，借记“累计摊销”账户；原已计提减值准备的，借记“无形资产减值准备”账户；按其账面余额，贷记“无形资产”账户；按其差额，借记“营业外支出”账户。

非流动资产会计核算工作流程如图1-1所示。

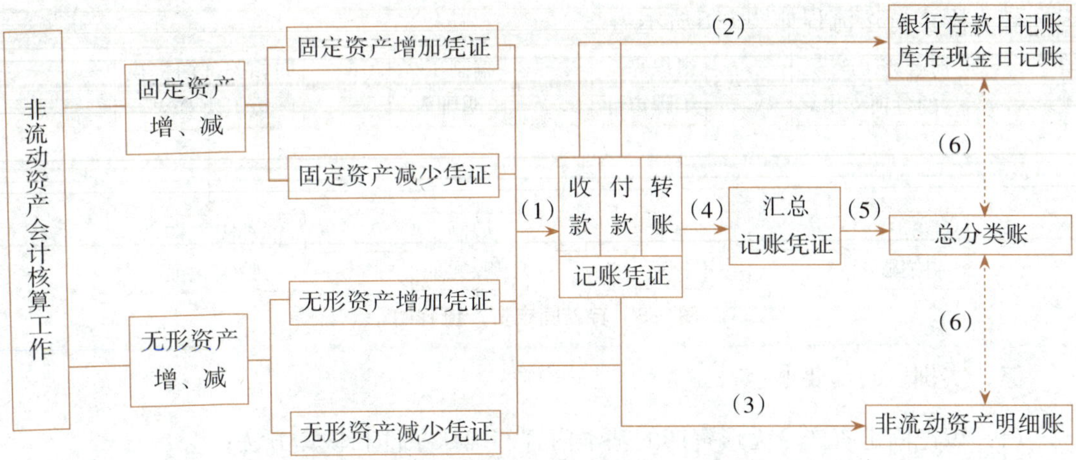

图1-1　非流动资产会计核算工作流程图

固定资产购进流程如图1-2所示。

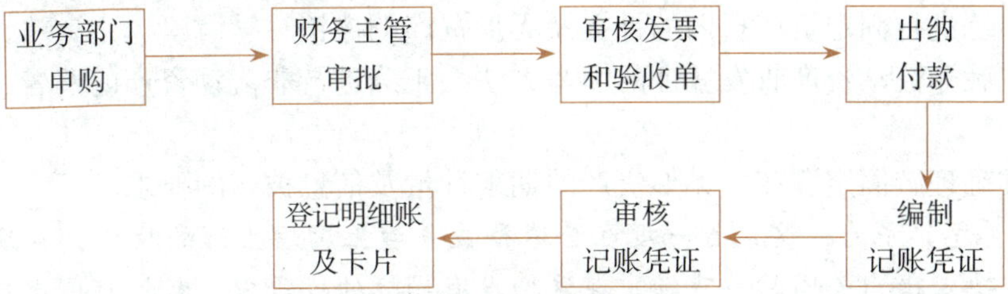

图1-2　固定资产购进流程图

【提示】①业务部门根据购销合同，对申购单、发票等固定资产报销凭证进行审核；②购进固定资产后须凭发票、验收单办理固定资产验收手续。

在建工程的工程招标流程如图1-3所示。

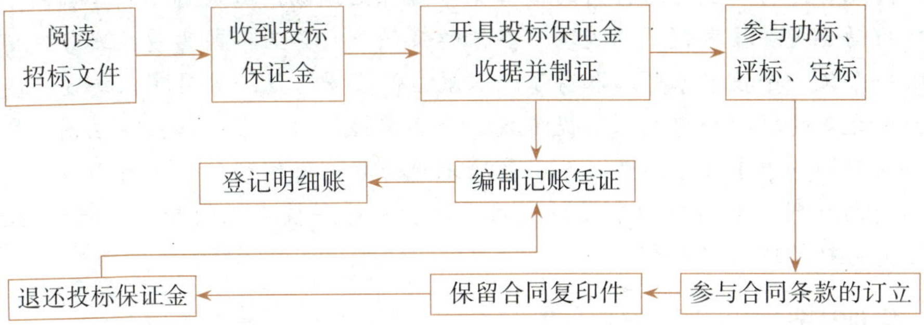

图1-3　在建工程的工程招标流程图

支付工程款流程如图1-4所示。

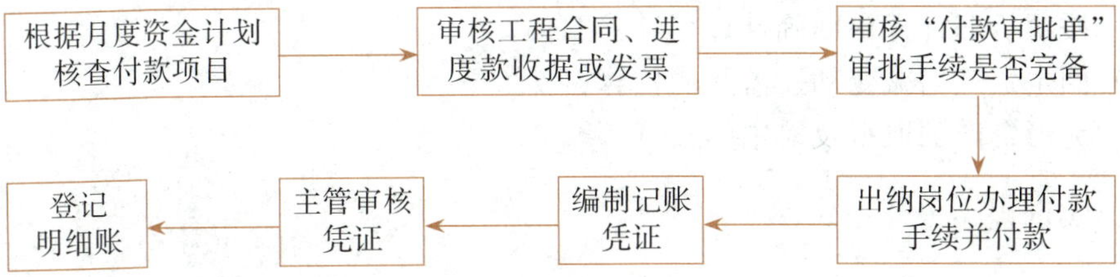

图1-4　支付工程款流程图

转入固定资产流程如图1-5所示。

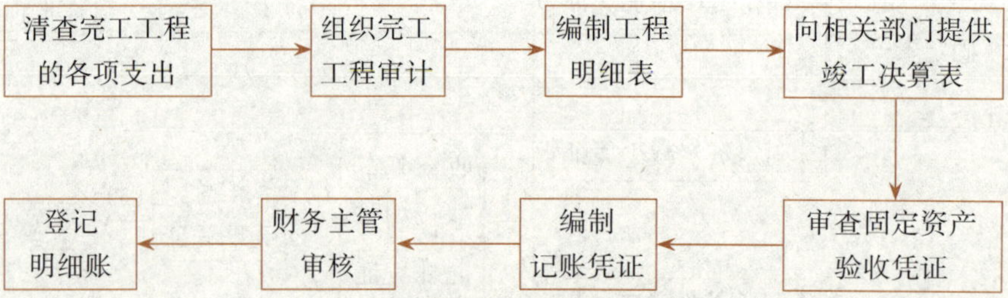

图1-5 转入固定资产流程图

三、实训目的与要求

（1）识记固定资产、无形资产的基本内容、确认条件和核算方法；

（2）明确非流动资产会计岗位职责、工作规范、业务核算流程，固定资产、无形资产的初始计量及账户设置；

（3）熟练进行固定资产折旧的计提及无形资产的摊销；

（4）熟悉非流动资产收发凭证的填写方法，正确进行非流动资产的购置、处置业务的核算；

（5）准确理解固定资产、无形资产的期末计量及信息披露的要求。

【明德善思】华为，这家曾一度在全球科技舞台上熠熠生辉的巨头，在遭受美国制裁后，毅然决定退出美国芯片市场。在这场没有硝烟的战争中，科技领域成为了双方博弈的焦点。面对美国政府的制裁，华为并未屈服。相反，它选择了坚定地走自主创新之路。华为深知，只有掌握核心技术，才能在激烈的市场竞争中立于不败之地。任正非，这位华为的创始人和领导者，在整个事件中发挥了关键作用。他深知自主创新对华为的重要性，因此始终将研发作为公司的核心竞争力。他鼓励团队成员要敢于创新、勇于突破，不断推动公司在技术领域的进步。在他的带领下，华为凝聚力量，充分发挥团队精神，克服一个又一个技术难题，取得了令人瞩目的成果。这一事件不仅彰显了我国企业走自主创新之路的决心和勇气，还提醒我们只有掌握核心技术、加强自主创新能力，才能在激烈的市场竞争中立于不败之地。展望未来，我们有理由相信会有更多中国企业加入自主创新的行列，共同推动中国科技的崛起和全球科技产业的繁荣。（资料来源：作者根据相关资料整理编写）

四、实训任务

（1）要求根据来源确认、计量固定资产初始成本；

（2）按照折旧计提率准确计算累计折旧；

（4）固定资产增减变动及盈亏的核算；

（5）无形资产的取得及摊销的核算。

五、实训程序

（1）设置固定资产、在建工程、累计折旧、无形资产、累计摊销等明细账，登记期初余额；

（2）根据发生的经济业务填制记账凭证；

（3）编制固定资产折旧计算表、无形资产摊销表，并据以填制记账凭证；

（4）根据记账凭证登记有关明细账并结账。

六、实训材料

（1）相关原始凭证；

（2）固定资产折旧计算表；

（3）记账凭证：通用记账凭证共计20页；

（4）明细账：三栏式明细账7页。

七、实训组织

独立或分岗完成实训任务。

八、实训资料

见本教材项目二实训资料提供的相关业务。

岗位五 职工薪酬核算岗位

职工薪酬，是指企业为获得职工提供的服务或解除劳动关系而给予的各种形式的报酬或补偿。职工薪酬包括短期薪酬、离职后福利、辞退福利和其他长期职工福利。企业提供给职工配偶、子女、受赡养人，已故员工遗属及其他受益人等的福利，也属于职工薪酬。

（1）短期薪酬，是指企业在职工提供相关服务的年度报告期间结束后12个月内需要全部予以支付的职工薪酬，因解除与职工的劳动关系给予的补偿除外。短期薪酬具体包括：职工工资、奖金、津贴和补贴，职工福利费，医疗保险费、工伤保险费和生育保险费等社会保险费，住房公积金，工会经费和职工教育经费，短期带薪缺勤，短期利润分享计划，非货币性福利以及其他短期薪酬。

带薪缺勤，是指企业支付工资或提供补偿的职工缺勤，包括年休假、病假、短期伤残、婚假、产假、丧假、探亲假等。利润分享计划，是指因职工提供服务而与职工达成的基于利润或其他经营成果提供薪酬的协议。

（2）离职后福利，是指企业为获得职工提供的服务而在职工退休或与企业解除劳动关系后，提供的各种形式的报酬和福利，短期薪酬和辞退福利除外。离职后福利分为设定提存计划和设定受益计划，如养老保险和失业保险等属于设定提存计划。

（3）辞退福利，是指企业在职工劳动合同到期之前解除与职工的劳动关系，或者为鼓励职工自愿接受裁减而给予职工的补偿。

（4）其他长期职工福利，是指除短期薪酬、离职后福利、辞退福利之外所有的职工薪酬，包括长期带薪缺勤、长期残疾福利、长期利润分享计划等。

职工，是指与企业订立劳动合同的所有人员，含全职、兼职和临时职工，也包括虽未与企业订立劳动合同但由企业正式任命的人员。未与企业订立劳动合同或未由其正式任命，但向企业提供的服务与职工所提供的服务类似的人员，也属于职工的范畴，包括通过企业与劳务中介公司签订用工合同而向企业提供服务的人员。

从广义上讲，职工薪酬是企业必须付出的人力成本，是吸收和激励职工的重要手段。也就是说职工薪酬既是职工对企业投入劳动获得的报酬，又是企业的成本费用。

一、岗位职责

职工薪酬核算岗位是资金核算系统中一个很重要的环节，人工费用核算工作在整体的会计核算中也起着很重要的作用。其岗位职责主要有：

（一）监督工资基金的使用

根据国家有关工资管理政策和劳动工资管理办法，会同劳资部门制定和贯穿工资分配核算的方法，参与制订工资计划，并根据工资管理部门审批的计划合理使用和监督工资基金。

（二）审核发放工资、奖金等职工薪酬

根据按劳分配原则，参与制定工资发放标准，组织各部室准确、及时计算并发放工资和奖金。

（三）办理代扣款项，准确计提五险一金等各项费用

审核有关工资的原始单据，及时办理各项代扣款项（包括计算个人所得税、住房公积金、养老保险、医疗保险、失业保险金、企业年金等）的扣缴。

（四）负责职工薪酬的明细核算

做好工资台账和应付职工薪酬明细账的登记工作。

（五）负责职工薪酬分配的核算

根据各项职工薪酬的用途和发生地点，按照合理的标准，按月分配工资费用，正确计算产品成本和当期费用。

（六）负责工资统发（代发）资料的传递和归档工作

按月装订工资核算资料，妥善保管，并定期如数归档。

二、岗位实务操作要点

（一）编制工资结算汇总表

财务部门应根据各车间、部门的工资计算单，汇总编制工资结算汇总表并加以分配，用以简化会计核算。

工资结算单一般按车间、部门分别编制，每月一张。在工资结算单中，按职工分别填列应付工资、代垫款项、代扣款项和实发金额等。

（二）编制工资费用分配表

工资费用的分配，就是将职工的工资作为一种费用，按照它的用途分配计入各种产品成本及相关费用。其中生产多种产品发生的共同生产工人的工资费用应在各种产品成

本之间进行分配。

工资费用的分配，通过编制工资费用分配表进行。工资结算凭证所列各车间、部门及其各种用途的应付工资额是分配工资费用的依据。分配的标准一般有生产工时、机器工时和定额工时等。

若企业各项消耗定额比较准确，则可按定额工时比例进行分配，其计算公式如下：

某种产品定额工时 = 该种产品的工时定额 × 该种产品的实际产量

分配率 = 待分配的工资费用 ÷ 各种产品定额工时之和

某种产品应负担的工资费用 = 某种产品的定额工时 × 分配率

（三）职工福利费的核算

职工福利费是企业为职工提供的福利，主要包括尚未实行分离办理社会职能或主辅分离、辅业改制的企业，如内设医务室、职工浴室、理发室、托儿所等集体福利机构人员的工资、医务经费，未实行医疗统筹企业职工的医疗费用，以及按规定发生的其他职工福利支出等，如生活困难职工的补助费、补助职工食堂的费用等。企业应根据福利费实际发放情况，按职工岗位及分工合理确认当期成本费用。

（四）五险一金及工会经费、职工教育经费的核算

社会保险费是企业按照国家规定的基准和比例计算，向社会保险经办机构缴纳的医疗保险费、养老保险费、失业保险费、工伤保险费和生育保险费。养老保险费包括基本养老保险费、补充养老保险费和商业养老保险费。向社会保险经办机构缴纳的养老保险费为基本养老保险费；根据企业年金管理办法有关规定，向年金基金账户管理单位缴纳的养老保险费为补充养老保险费；以商业保险形式提供给职工的各种保险待遇为商业养老保险费。

住房公积金是企业按照国家规定的基准和比例计算，向住房公积金管理机构缴存的公积金。

工会经费和职工教育经费是企业为了改善职工文化生活、提高职工业务素质，用于开展工会活动和职工教育及职业技能培训，根据国家规定的基准和比例，从成本费用中提取的金额。

企业确认职工福利费、五险一金及工会会费、职工教育经费时，借记“生产成本”“制造费用”“劳务成本”“管理费用”“销售费用”“在建工程”“研发支出”等账户，贷记“应付职工薪酬”相关明细账户。

（五）非货币性福利的确认

非货币性福利是企业以其自产产品或外购商品作为福利发给职工，或将拥有的房屋、小汽车等资产无偿提供给职工使用，或将租赁住房等资产供职工无偿使用等，企业会计准则规定应当以公允价值计量，但公允价值无法可靠取得时也可以用成本计量。具体核算时区分非货币性福利的形式分别核算：根据受益对象，以其自产产品作为福利发给职工的视同销售，确认主营业务收入并结转成本；外购商品作为福利发给职工的（进项税额不得抵扣），按照该产品的公允价值计入相关资产成本或当期损益。借记“生产成本”“制造费用”“管理费用”等账户，同时确认应付职工薪酬，贷记“应付职工薪酬——非货币性福利”账户。难以认定受益对象的非货币性福利，直接计入当期损益和应付职工薪酬。

三、实训目的与要求

（1）熟悉工资费用核算和管理的相关法规和制度；

（2）充分理解工资费用的归集和分配的原理及方法，特别是定额工时比例分配法；

（3）会编制工资结算汇总表和工资费用分配表等相关原始凭证，熟练编制相关记账凭证；

（4）设置并登记职工薪酬明细账。

四、实训任务

（1）编制工资结算汇总表，并根据该表发放工资；

（2）编制工资费用分配表，准确计提五险一金等相关费用；

（3）编制相关业务记账凭证；

（4）设置并登记职工薪酬明细账。

五、实训程序

（1）设置职工薪酬明细账；

（2）编制工资结算汇总表和费用分配表等相关原始凭证；

（3）编制相关记账凭证；

（4）登记职工薪酬明细账并结账。

六、实训组织

独立或分岗完成实训任务。

七、实训材料

（1）相关原始凭证；

（2）工资结算汇总表和工资费用分配表；

（3）记账凭证：通用记账凭证共计15页；

（4）明细账：多栏式明细账6页。

八、实训资料

见本教材项目二实训资料提供的相关业务。

岗位六　筹资核算岗位

所谓筹资，是指企业根据生产、对外投资的需要，通过筹资渠道和资本市场，合理运用各种筹资方式，有效筹集企业所需资金的财务活动，是企业财务管理工作的起点，关系到企业能否正常开展生产经营活动。筹资既要满足企业正常经营运转的资金需要，又要满足企业未来发展进行内部投资和外部投资的资金需要，合理安排筹资渠道和选择筹资方式可以降低资本成本并控制财务风险，所以企业应科学合理地进行筹资活动并加强管理和核算。

一、岗位职责

（1）筹资岗位会计人员应具备必要的筹资业务专业知识和良好的职业道德，熟悉国家有关法律法规、相关国际惯例和金融业务操作规程。

（2）建立筹资业务的岗位责任制，明确有关部门和岗位的职责、权限，确保办理筹资业务的不相容岗位相互分离、制约和监督，同一部门或个人不得办理筹资业务的全过程。筹资方案的拟订与审批、筹资合同的审核与签订、筹集资金的收取与使用、还本付息的审批与办理等工作需专人负责。

（3）做好筹资计划。筹资是企业重要的理财事项，应根据企业的发展规划做好统筹安排，以保证生产经营资金的需要。科学地确定筹资数量，控制资金投放时间，从数量上保证并在时间上衔接；认真选择筹资渠道和筹资方式，降低资本成本；注意安排筹资结构，降低筹资风险。

（4）按企业的理财规划，做好向银行借款、筹备各项资金的工作。了解申请银行借款的程序与要求，填写银行借款凭证；如果企业发行股票或债券，则必须按法定程序认真准备，尽量避免或减少筹资失败带来的损失。

（5）对企业负债筹资及权益筹资各项情况进行相关会计核算。

企业筹资岗位业务流程如图1-6所示。

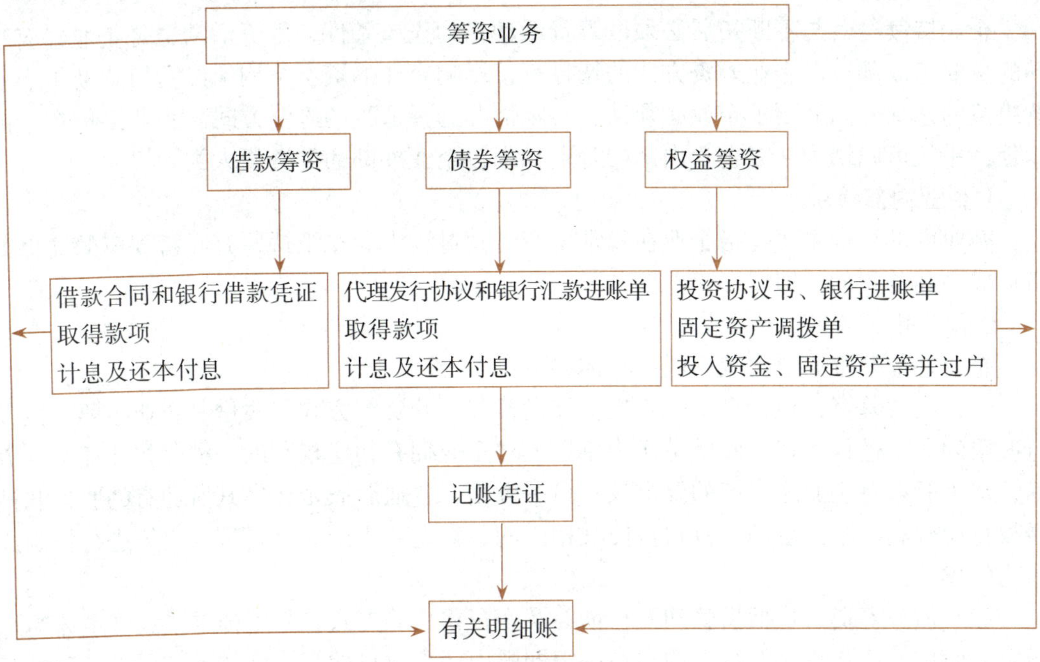

图1-6　企业筹资岗位业务流程图

资本资金会计岗位的核算内容如图1-7所示。

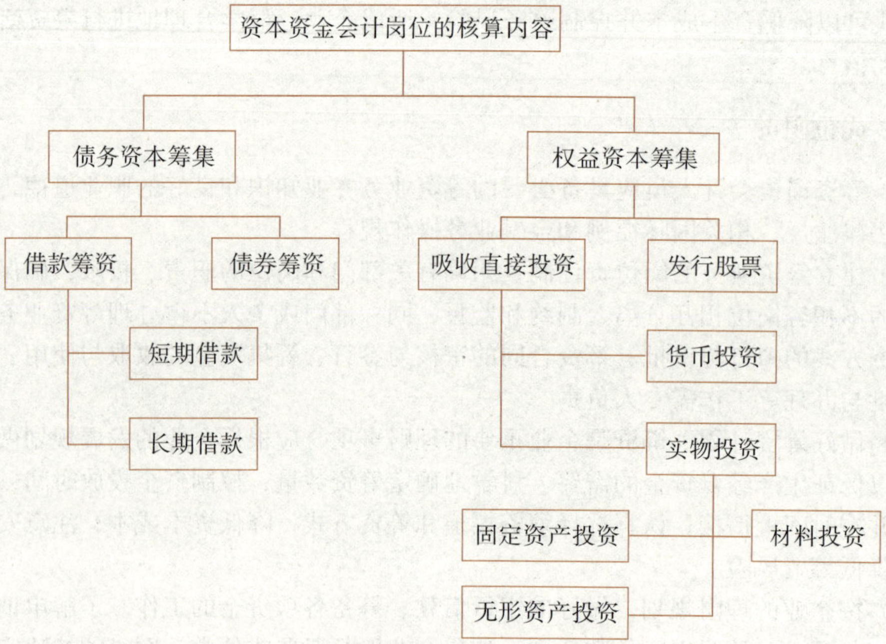

图1-7 资本资金会计岗位的核算内容

二、岗位实务操作要点

（一）筹资方式

企业持续经营与不断拓展必须以筹资活动作为先决条件，筹资活动也是企业经营活动的重要组成部分。企业筹资方式的选择直接影响企业的资本结构、经营模式及重大经营决策的选择，因而要求企业必须结合实际情况选择适当的筹资方式。企业筹措资金的途径，一般可归结为来自企业内部的筹资和来自企业外部的筹资两大类。

1.企业内部筹资

企业内部筹资主要是指企业在日常生产经营过程中、在维持原有经营规模的前提下所形成的利益积累，即留存收益部分。

2.企业外部筹资

企业外部筹资渠道比较广泛，具体如下：

（1）权益筹资，包括直接吸收投资和发行股票筹资等方式。股份制企业主要是以发行股票的方式进行筹资，股票是作为持有人对企业拥有相应权利的一种股权凭证。一方面，代表股东对企业净资产的要求权；另一方面，普通股股东凭借其所拥有的股份和被授权行使权利的股份总额，有权行使其相应的、对企业生产经营管理及决策进行控制或参与的权利。

（2）债务筹资，包括借款和发行债券及融资租赁等方式，其中债券是经济主体为筹措资金而依照法定程序发行、约定在一定期限内还本付息的有价证券，它属于一种标明债权关系的书面凭证。企业发行的债券一般称之为企业债券或公司债券，它又可分为不可转换债券和可转换债券。不可转换债券是指不能转换为发行企业股票的债券，大多数债券属于这种类型。不可转换债券作为一种重要的筹资手段和金融工具具有如下特征：偿还性、流通性、安全性和收益性。可转换债券是指债券持有者可以根据规定的价格转换为发行企业股票的债券。可转换公司债券是一种可以在特定时间、按特定条件转换为普通股股票的特殊企业债券。可转换债券兼具有债券和股票的特性。

（二）权益筹资核算

1. 实收资本

公司的实收资本是指投资者按照公司章程，或合同、协议的约定，实际投入公司的资本。根据公司的实际情况，实收资本可分为国家资本、法人资本、个人资本和外商资本等。

公司收到投资者投入的资金，超过其在注册资本中所占份额的部分，作为股本溢价或资本溢价，在“资本公积”账户核算。

（1）投资者以现金投入的资本，应当以投资者在注册资本中所占份额作为实收资本入账金额。实际收到或者存入开户银行的金额超过其在该公司注册资本中所占份额的部分，计入资本公积。

借：银行存款（实际收到的全部投资款）

　　贷：实收资本（在注册资本中所占份额）

　　　　资本公积（投资超出其在注册资本中所占份额的部分）

（2）投资者以非现金资产投入的资本，应按投资各方确认的价值作为实收资本入账金额。

借：固定资产、无形资产等（各方确认的价值：公允价值）

　　贷：实收资本（在注册资本中所占份额）

　　　　资本公积（资产价值超出其在注册资本中所占份额的部分）

（3）实收资本的变动。公司的实收资本除下列情况外，不得随意变动：

① 符合增资条件，并经集团公司或国家有关部门批准增资的，在实际取得投资者的出资时，登记入账。

② 公司按法定程序报经批准减少注册资本的，在实际返还投资时登记入账。经股东大会或类似权力机构的授权批准，根据经市场监督管理部门批准的变更登记、支票存根及授权批准文件等原始凭证，做会计分录。

借：实收资本

　　贷：银行存款

2. 股本

（1）发起式设立公司股票发行的核算。以发起式设立股份有限公司的，发起人以书面认足公司章程规定发行的股份后，应立即缴纳全部股款。企业收到发起人的认股款时，按所发行股票的面值作为股本，即应按股票的面值借记“银行存款”账户，贷记“股本”账户。同时，由于在发起式设立情况下股东是固定的，无须聘请证券商向社会发行，因此其筹资费用较低，一般可以直接将其计入当期损益。

（2）募集式设立公司股票发行的核算。根据《中华人民共和国公司法》（以下简称《公司法》）的规定，采用募集式设立股份有限公司的，发起人认购股份不得少于公司股份总数的35%，其余股份应向社会公开募集。股票的发行可以按面值发行，也可以溢价发行（折价发行在许多国家包括我国都是不被允许的）。面值发行时企业应在实际收到发起人和认股人的认股款时，按实际收到的股款借记“银行存款”等账户，按股票的面值贷记“股本”账户；溢价发行时应按实际收到的股款借记“银行存款”等账户，按股票的面值贷记“股本”账户，按其差额（股票发行收入超过所发行股票面值的部分扣除发行费用后的余额）记入“资本公积——股本溢价”账户。向社会发行股票，需要由发起人聘请证券商发行股票，发行费用一般较高。上市公司为发行权益性证券而发生的承销费、保荐费、上网发行费、招股说明书印刷费、申报会计师费、律师费、评估费等与发行权益性证券直接相关的新增外部费用，应自所发行权益性证券的发行收入中扣减，在权益性证券发行有溢价的情况下，自溢价收入中扣除，在权益性证券发行无溢价或溢价金额不足以扣减的情况下，应当冲减盈余公积和未分配利润；权益性证券在发行过程中发生的广告费、路演及财经公关费等其他费用应在发生时计入当期损益（财务费用）。

（3）非现金发行股票的核算。非现金发行股票一般是针对发起人的，根据《公司法》的规定，发起人可以用货币资金出资，也可以用实物、工业产权、非专利技术、土地使用权作价出资。对作为出资的实物、工业产权、非专利技术或土地使用权，必须进行评估作价，核实财产，并折合为股份。

股份有限公司接受发起人以房屋、建筑物、机器设备等固定资产抵缴股款时，应按投资各方确认的价值借记“固定资产”账户，按作价折合的股票面值贷记“股本”账户，差额部分扣除发行费用后贷记“资本公积——股本溢价”账户。

发起人以工业产权、非专利技术等无形资产作价出资的金额不得超过股份有限公司注册资本的20%，企业应在依法办理财产转移手续后，按发起人所投入无形资产折合的股票面值作为股本，财产作价高于折合股票面值的部分，扣除发行费用后作为股本溢价。

（4）股票回购的核算。股票回购是指上市公司利用现金等方式，从股票市场购回该公司发行在外的一定数额股票的行为。公司在股票回购完成后，可以将所回购的股票注销或作为库存股保留。库存股仍属于发行在外的股票，但不参与每股收益的计算和分配。库存股日后可移作他用，如发行可转换债券、雇员福利计划等，或在需要资金时将其出售。当公司回购发行在外的股份时，应按库存股的购买成本借记“库存股”账户，按实际支付的价款贷记“银行存款”等账户，如果需要注销该部分股份，则应按所注销的股份面值借记“股本”账户，按股票发行时原记入资本公积的溢价部分借记“资本公积”账户，回购价格超过上述“股本”及“资本公积”账户的部分，依次借记“盈余公积”“利润分配——未分配利润”等账户，按回购库存股的成本贷记“库存股”账户。

（三）债务筹资核算

1.短期借款

短期借款是指企业向银行或其他金融机构等借入的期限在1年以下（含1年）的各种借款。短期借款一般是企业为维持正常的生产经营所需的资金而借入的或者为抵偿某项债务而借入的款项。核算环节包括借入款项、按期计息、到期还本付息等。

短期借款的利息结算方式分为按月支付和按季支付等。若企业的短期借款利息按月支付，或者利息是在借款到期归还本金时一并支付，且数额不大的，可以在实际支付或收到银行的计息通知时，直接计入当期损益。若短期借款的利息按期支付（如按季），或者利息是在借款到期归还本金时一并支付，且数额较大的，为了正确计算各期的盈亏，应采用预提的办法，先按月预提，计入当期损益，到期时支付。

2.长期借款

长期借款是指企业向银行或其他金融机构借入的期限在1年以上（不含1年）或超过1年的1个营业周期的各项借款。我国股份制企业的长期借款主要是向金融机构借入的各项长期性借款，如从各专业银行、商业银行取得的贷款。除此之外，还包括向财务公司、投资公司等金融企业借入的款项。核算环节包括借入款项、按期计息、到期还本付息等。

与短期借款不同的是，对长期借款费用（包括利息、溢折价摊销、汇兑损益等）采用以下处理方法：

（1）用于企业生产经营正常周转而借入的长期借款所发生的借款费用，直接计入当期的财务费用。

（2）筹建期间发生的长期借款费用（购建固定资产所借款项除外）计入长期待摊费用。

（3）在清算期间发生的长期借款费用，计入清算损益。

（4）为购建固定资产而发生的长期借款费用，在该项固定资产达到预定可使用状态前，按规定予以资本化，计入所建造的固定资产价值；在固定资产达到预定可使用状态后，直接计入当期的财务费用。

3.应付债券

企业发行的一般公司债券，无论是按面值发行，还是溢价发行或折价发行，均按债券面值记入“应付债券——面值”账户，实际收到的款项与面值的差额，记入“应付债券——利息调整”账户。企业发行债券时，按实际收到的款项借记“银行存款”账户，按债券票面价值贷记“应付债券——面值”账户，按实际收到的款项与票面价值之间的差额，贷记或借记“应付债券——利息调整”账户。

利息调整应在债券存续期间采用实际利率法进行摊销。

资产负债表日，对于分期付息、一次还本的债券，企业应按应付债券的摊余成本和实际利率计算确定的债券利息费用，借记“在建工程”“制造费用”“财务费用”等账户，按票面利率计算确定的应付未付利息，贷记“应付利息”账户，按其差额，借记或贷记“应付债券——利息调整”账户。

资产负债表日，对于一次还本付息的债券，企业应按应付债券的摊余成本和实际利率计算确定的债券利息费用，借记“在建工程”“制造费用”“财务费用”等账户，按票面利率计算确定的应付未付利息，贷记“应付债券——应计利息”账户，按其差额，借记或贷记“应付债券——利息调整”账户。

4.借款费用

借款费用是指企业因借款而发生的利息和其他相关成本，包括借款利息、折价或者溢价的摊销、辅助费用（诸如手续费、佣金、印刷费），以及因外币借款而发生的汇兑差额等。对于企业发生的权益性融资费用，不应包括在借款费用中。核算时，符合条件的予以资本化，其余计入当期损益。

（1）借款的范围

借款包括专门借款和一般借款。专门借款应当有明确的专门用途，是指为购建或者生产符合资本化条件的资产而专门借入的款项，并通常应当具有标明该用途的借款合同。一般借款是指除专门借款之外的借款，相对于专门借款而言，一般借款在借入时，其用途通常没有特指用于符合资本化条件的资产的购建或者生产。

（2）符合资本化条件的资产

符合资本化条件的资产是指需要经过相当长时间（1年以上，含1年）的购建或者生产活动才能达到预定可使用或者可销售状态的固定资产、投资性房地产和存货（如房地产开发企业开发的商品房）等资产。建造合同成本、确认为无形资产的开发支出等在符合条件的情况下，也可以认定为符合资本化条件的资产。

符合资本化条件的存货，主要包括房地产开发企业开发的用于对外出售的房地产开发产品、企业制造的用于对外出售的大型机械设备等，这类存货通常需要经过相当长时间的建造或者生产过程，才能达到预定可销售状态。其中，“相当长时间”应当是指为资产的购建或者生产所必需的时间，通常为1年以上（含1年）。

（3）借款费用资本化条件和期间的确定

借款费用确认的基本原则：企业发生的借款费用，可直接归属于符合资本化条件的资产的购建或者生产的，应当予以资本化，计入相关资产成本；其他借款费用应当在发生时根据其发生额确认为费用，计入当期损益。企业只有发生在资本化期间的有关借款费用，才允许资本化。借款费用资本化期间，是指从借款费用开始资本化时点到停止资本化时点的期间，但不包括借款费用暂停资本化的期间。因此，借款费用资本化期间的确定包括3个时间的确定，即：借款费用开始资本化时点的确定、借款费用暂停资本化期间的确定和借款费用停止资本化时点的确定。

①借款费用开始资本化的时点。借款费用允许开始资本化必须同时满足3个条件，即资产支出已经发生、借款费用已经发生、为使资产达到预定可使用或者可销售状态所必要的购建或者生产活动已经开始。资产支出，是指企业已经发生了支付现金、转移非现金资产或者承担带息债务形式所发生的支出。借款费用已经发生，是指企业已经发生了因购建或者生产符合资本化条件的资产而专门借入款项的借款费用或者占用了一般借款的借款费用。为使资产达到预定可使用或者可销售状态所必要的购建或者生产活动已经开始，是指符合资本化条件的资产的实体建造或者生产工作已经开始。

②借款费用暂停资本化的期间。符合资本化条件的资产在购建或者生产过程中发生非正常中断，且中断时间连续超过3个月的，应当暂停借款费用的资本化。中断的原因必须是非正常中断，属于正常中断的，相关借款费用仍可资本化。非正常中断，通常是指由于企业管理决策上的原因或者其他不可预见的原因等所导致的中断。比如，企业因与施工方发生了质量纠纷，或者工程、生产用料没有及时供应，或者资金周转发生了困难，或者施工、生产发生了安全事故，或者发生了与资产购建、生产有关的劳动纠纷等

原因，导致资产购建或者生产活动发生中断，均属于非正常中断。

非正常中断与正常中断显著不同。正常中断通常仅限于因购建或者生产符合资本化条件的资产达到预定可使用或者可销售状态所必要的程序，或者事先可预见的不可抗力因素导致的中断。比如，某些工程建造到一定阶段必须暂停下来进行质量或者安全检查，检查通过后才可继续下一阶段的建造工作，这类中断是在施工前可以预见的，而且是工程建造必须经过的程序，属于正常中断。某些地区的工程在建造过程中，由于可预见的不可抗力因素（如雨季或冰冻季节等原因）导致施工出现停顿，也属于正常中断。

③借款费用停止资本化的时点。购建或者生产符合资本化条件的资产达到预定可使用或者可销售状态时，借款费用应当停止资本化。此后发生的借款费用，应当在发生时根据其发生额确认为费用，计入当期损益（财务费用）。购建或者生产符合资本化条件的资产达到预定可使用或者可销售状态，可从下列几个方面进行判断：一是符合资本化条件的资产的实体建造（包括安装）或者生产工作已经全部完成或者实质上已经完成；二是所购建或者生产的符合资本化条件的资产与设计要求、合同规定或者生产要求相符或者基本相符，即使有极个别与设计、合同或者生产要求不相符的地方，也不影响其正常使用或者销售；三是继续发生在所购建或生产的符合资本化条件的资产上的支出金额很少或者几乎不再发生。

所购建或者生产的资产分别建造、分别完工的，企业应当区别情况界定借款费用停止资本化的时点。

所购建或者生产的符合资本化条件的资产的各部分分别完工，且每部分在其他部分继续建造或者生产过程中可供使用或者可对外销售，且为使该部分资产达到预定可使用或可销售状态所必要的购建或者生产活动实质上已经完成的，应当停止与该部分资产相关的借款费用的资本化，因为该部分资产已经达到了预定可使用或者可销售状态。

如果企业购建或者生产的资产的各部分分别完工，但必须等到整体完工后才可使用或者对外销售的，应当在该资产整体完工时停止借款费用的资本化。在这种情况下，即使各部分资产已经完工，也不能够认为该部分资产已经达到了预定可使用或者可销售状态，企业只能在所购建固定资产整体完工时，才能认为资产已经达到了预定可使用或者可销售状态，借款费用方可停止资本化。例如，某企业在建设某一条涉及多项工程的生产线项目时，每个单项工程都是根据该条生产线的生产工序设计建造的，因此只有在每项工程都建造完毕后，整个生产线才能正式运转，达到生产和设计要求，所以每一个单项工程完工后不应认为资产已经达到了预定可使用状态，只有等到整个生产线项目全部完工，达到预定可使用状态时，才停止借款费用的资本化。

（4）借款费用资本化金额的确定和核算

①为购建或者生产符合资本化条件的资产而借入专门借款的，应当以专门借款当期实际发生的利息费用减去尚未动用的借款资金存入银行取得的利息收入或进行暂时性投资取得的投资收益后的金额，确定专门借款应予资本化的利息金额。

②为购建或者生产符合资本化条件的资产而占用了一般借款的，企业应当根据累计资产支出超过专门借款部分的资产支出加权平均数乘以所占用一般借款的资本化率，计

算确定一般借款应予资本化的利息金额。资本化率应当根据一般借款加权平均利率计算确定，即企业占用一般借款购建或者生产符合资本化条件的资产时，一般借款的借款费用的资本化金额的确定应当与资产支出相挂钩。有关计算公式如下：

$$\frac{\text{一般借款利息费用}}{\text{资本化金额}}=\frac{\text{累计资产支出超过专门借款部分}}{\text{的资产支出加权平均数}}\times\frac{\text{所占用一般借款}}{\text{的资本化率}}$$

$$\frac{\text{所占用一般借款}}{\text{的资本化率}}=\frac{\text{所占用一般借款}}{\text{加权平均利率}}=\frac{\text{所占用一般借款当期实际}}{\text{发生的利息之和}}\div\frac{\text{所占用一般借款本金}}{\text{加权平均数}}$$

$$\frac{\text{所占用一般借款本金}}{\text{加权平均数}}=\sum\text{所占用每笔一般借款本金}\times\frac{\text{每笔一般借款在}}{\text{当期所占用的天数}}\div\text{当期天数}$$

【提示】天数也可采用月数来表示。

$$\frac{\text{一般借款利息费用}}{\text{费用化金额}}=\frac{\text{一般借款}}{\text{利息总额}}-\frac{\text{一般借款利息}}{\text{资本化金额}}$$

③每一会计期间的利息费用资本化金额不应当超过当期相关借款实际发生的利息费用金额。

三、实训目的与要求

（1）全面熟悉筹资会计岗位基本职责、业务流程和有关规定；

（2）熟悉筹资岗位核算内容和操作技能；

（3）根据业务资料正确进行账务处理，编制记账凭证，其中涉及计算的业务先完成计算过程，然后再编制记账凭证；

（4）设置并登记相关明细账。

四、实训任务

（1）进行短期借款和长期借款的核算，包括借入、计息和还本等账务处理；

（2）进行应付债券的核算，包括发行、溢折价摊销（编制摊销表）、还本付息等账务处理；

（3）进行股权筹资核算，包括接受投资、发行股票和分配股利等账务处理。

五、实训程序

（1）设置筹资相关明细账，包括“短期借款”“长期借款”“应付债券”“股本”“资本公积”等账户；

（2）编制利息计算表、公司债券溢折价摊销表等相关原始凭证；

（3）编制相关记账凭证；

（4）登记相关明细账。

六、实训组织

独立或分岗完成实训任务。

七、实训材料

（1）相关原始凭证；

（2）利息计算表、公司债券溢折价摊销表；

（3）记账凭证：通用记账凭证共计20页；

（4）明细账：三栏式明细账10页。

八、实训资料

见本教材项目二实训资料提供的相关业务。

岗位七　销售（收入）核算岗位

收入是指企业在日常活动中形成的，会导致所有者权益增加的，与所有者投入资本无关的经济利益的总流入。收入可能表现为资产的增加或负债的减少，最终表现为所有者权益的增加。

一、岗位职责

（1）认真审核销售业务有关的单据，并根据销货发票等有关单据进行销售收入核算；

（2）准确确认本期各项收入，并及时核对和清收货款；

（3）与销售部门统计、核对发货明细，结转销售成本；

（4）结算各项运费等销售费用，并计算本期销售税金；

（5）会同有关部门制定产成品管理与核算办法，参与产成品的清查、盘点及库存结构分析；

（6）编制销售报表并分析完成情况。

二、岗位操作要点

（一）收入确认原则

企业会计准则规定的收入确认原则：企业应当在履行了合同中的履约义务，即在客户取得相关商品控制权时确认收入。

客户，是指与企业订立合同以向该企业购买其日常产出的商品并支付对价的一方；取得相关商品控制权，是指能够主导该商品的使用并从中获得几乎全部的经济利益，也包括有能力阻止其他方主导该商品的使用并从中获得经济利益。

取得商品控制权包括以下三个要素：

（1）能力，即客户必须拥有现时权利，能够主导该商品的使用并从中获得几乎全部经济利益。如果客户只能在未来的某一期间主导该商品的使用并从中获益，则表明其尚未取得该商品的控制权。

（2）主导该商品的使用。客户有能力主导该商品的使用，是指客户有权使用该商品，或者能够允许或阻止其他方使用该商品。

（3）能够获得几乎全部的经济利益。商品的经济利益，是指该商品的潜在现金流量，既包括现金流入的增加，也包括现金流出的减少。客户可以通过很多方式直接或间接地获得商品的经济利益。例如，使用、消耗、出售或持有该商品，使用该商品提升其他资产的价值，以及将该商品用于清偿债务、支付费用或抵押等。

（二）收入确认的前提条件

企业与客户之间的合同同时满足下列五个条件的，企业应当在客户取得相关商品控制权时确认收入：

（1）合同各方已批准该合同并承诺将履行各自义务；

（2）该合同明确了合同各方与所转让的商品相关的权利和义务；

（3）该合同有明确的与所转让的商品相关的支付条款；

（4）该合同具有商业实质，即履行该合同将改变企业未来现金流量的风险、时间分布或金额；

（5）企业因向客户转让商品而有权取得的对价很可能收回。

（三）收入确认计量的步骤

收入确认和计量分为以下五步（又称收入确认计量的五步法模型），其中，第一步、第二步和第五步主要与收入的确认有关，第三步和第四步主要与收入的计量有关。

第一步，识别与客户订立的合同

合同，是指双方或多方之间订立有法律约束力的权利义务的协议，包括书面形式、口头形式和其他可验证的形式（如隐含于商业惯例或企业以往的习惯做法中等）。有关企业与客户之间合同的会计处理一般是以单个合同为基础。

第二步，识别合同中的单项履约义务

合同开始日，企业首先应当对合同进行评估，识别该合同所包含的各单项履约义务，并确定各单项履约义务是在某一时段内履行，还是在某一时点履行，然后在履行了各单项履约义务时分别确认收入。

履约义务，是指合同中企业向客户转让可明确区分商品的承诺，包括销售商品、转让使用权、特殊经营许可等。例如，会计师事务所为客户提供审计服务并出具审计报告就是会计师事务所的履约义务。

第三步，确定交易价格

交易价格，是指企业因向客户转让商品而预期有权收取的对价金额。企业代第三方收取的款项（如增值税）及企业预期将退还给客户的款项，应当作为负债进行会计处理，不计入交易价格。合同标价并不一定代表交易价格，企业应当根据合同条款，并结合以往的习惯做法等确定交易价格。除此之外，对交易价格有影响的因素还包括：

（1）可变对价。企业与客户的合同中约定的对价金额可能会因折扣、价格折让、返利、退款、奖励积分、激励措施、业绩奖金、索赔等因素而变化。合同中存在可变对价的，企业应当对计入交易价格的可变对价进行估计，确定可变对价最佳估计数。对于可变对价的估计有下列两种方法：

① 预期价值，是按照各种可能发生的对价金额及相关概率计算确定的金额。如果企业拥有大量具有类似特征的合同，并估计可能产生多个结果时，通常按照期望值估计可变对价金额。

② 最可能发生金额，是一系列可能发生的对价金额中最可能发生的单一金额，即合同最可能产生的单一结果。当合同仅有两个可能结果时，通常按照最可能发生金额估计可变对价金额。

（2）合同中存在的重大融资成分。交易价格是假定客户在取得商品或服务时应支付的金额（现销价格）。大多时候，交易价格和“合同对价”的金额是一样的。但当“交付商品或服务”的时点和“收款”的时点的间隔在1年以上时，就会产生差额。例如，公司采用分期收款方式销售商品。

会计处理原则为：“合同对价”与“交易价格”之间的差额如果有融资成分的，企业应当按照假定客户在取得商品控制权时即以现金支付的应付金额（即现销价格）确定交易价格，使用将合同对价的名义金额折现为商品现销价格的折现率，对交易价格与合同承诺的对价金额之间的差额，在合同期间采用实际利率法摊销。为简化实务操作，如果实际取得商品控制权和支付时点之间的差异不超过1年，则可以忽略重大融资成分的考量。

（3）非现金对价。非现金对价包括实物资产、无形资产、股权、客户提供的广告服务等。客户支付非现金对价的，通常情况下，企业应当按照非现金对价在合同开始日的公允价值确定交易价格。非现金对价公允价值不能合理估计的，企业应当参照其承诺向客户转让商品的单独售价间接确定交易价格。

（4）应付客户对价。应付客户对价包括返利、折扣、优惠券等。除非该对价是为了向客户取得“能够明确区分”的商品或服务，应付客户对价应冲减交易价格，并在“确认收入”与“承诺支付对价”孰晚的时点冲减当期收入。

第四步，将交易价格分摊至各单项履约义务

当合同中包含两项或多项履约义务时，为了使企业分摊至每一单项履约义务的交易价格能够反映其因向客户转让已承诺的相关商品（或提供已承诺的相关服务）而预期有权收取的对价金额，企业应当在合同开始日，按照各单项履约义务所承诺商品的单独售价的相对比例，将交易价格分摊至各单项履约义务。

单独售价，是指企业向客户单独销售商品的价格。单独售价无法直接观察的，企业应当综合考虑其能够合理取得的全部相关信息，采用市场调整法、成本加成法、余值法等方法合理估计单独售价。市场调整法，是指企业根据某商品或类似商品的市场售价，考虑本企业的成本和毛利等进行适当调整后，确定其单独售价的方法。成本加成法，是指企业根据某商品的预计成本加上其合理毛利后的价格，确定其单独售价的方法。余值法，是指企业根据合同交易价格减去合同中其他商品可观察的单独售价后的余值，确定某商品单独售价的方法。

第五步，履行各单项履约义务时确认收入

企业应当在履行了合同中的履约义务，即客户取得相关商品控制权时确认收入。企业应当根据实际情况，首先判断履约义务是否满足在某一时段内履行的条件，如不满足，则该履约义务属于在某一时点履行的履约义务。对于在某一时段内履行的履约义务，企业应当选取恰当的方法来确定履约进度；对于在某一时点履行的履约义务，企业应当综合分析控制权转移的迹象，判断其转移时点。

（四）收入核算的账户

为了核算企业与客户之间的合同产生的收入及相关的成本费用，需要设置以下账户：

1."主营业务收入"账户

本账户属于损益类账户，核算企业确认的销售商品、提供劳务等主营业务的收入。确认收入时记入本账户贷方，期末将余额转入"本年利润"账户，结转后无余额。可按主营业务的种类进行明细核算。

2."主营业务成本"账户

本账户属于损益类账户，核算企业确认销售商品、提供劳务等主营业务收入时应结转的成本。计算出应结转的实际成本时记入本账户借方，期末将余额转入"本年利润"账户，结转后无余额。可按主营业务的种类进行明细核算。

3."其他业务收入"账户

本账户属于损益类账户，核算企业确认的除主营业务活动以外的其他经营活动实现的收入，包括出租固定资产、出租无形资产、出租包装物和商品、销售材料、用材料进行非货币性资产交换（非货币性资产交换具有商业实质且公允价值能够可靠计量）或债务重组等实现的收入。贷方登记企业确认的其他业务收入，期末将余额转入"本年利润"账户，结转后无余额。可按其他业务收入种类进行明细核算。

4."其他业务成本"账户

本账户属于损益类账户，核算企业确认的除主营业务活动以外的其他经营活动所发生的支出，包括销售材料的成本、出租固定资产的折旧额、出租无形资产的摊销额、出租包装物的成本或摊销额等。借方登记企业发生的其他业务成本，期末将余额转入"本年利润"账户，结转后无余额。可按其他业务成本的种类进行明细核算。

5."合同资产"账户

本账户核算企业已向客户转让商品而有权收取对价的权利，且该权利取决于时间流逝之外的其他因素（如履行合同中的其他履约义务），借记因已转让商品而有权收取的对价金额，贷记取得无条件收款权的金额，余额在借方为已转让商品而有权收取的对价金额。按合同进行明细核算。

【提示】合同资产，是指企业已向客户转让商品而有权收取对价的权利，且该权利取决于时间流逝之外的其他因素。应收款项是企业无条件收取合同对价的权利，该权利应当作为应收款项单独列示。两者的区别在于，应收款项代表的是无条件收取合同对价的权利，即企业仅仅随着时间的流逝即可收款，而合同资产并不是一项无条件收款权，该权利除了时间流逝之外，还取决于其他条件（如履行合同中的其他履约义务）才能收取相应的合同对价。因此，与合同资产和应收款项相关的风险是不同的，应收款项仅承担信用风险，而合同资产除信用风险之外，还可能承担其他风险，如履约风险等。合同资产减值的计量、列报和披露应当按照相关金融工具准则的要求进行会计处理。

6. “合同负债”账户

本账户核算企业已收或应收客户对价而应向客户转让商品的义务，企业在向客户转让商品之前，如果客户已经支付了合同对价或企业已经取得了无条件收取合同对价的权利，则企业应该在客户实际支付款项与到期应支付款项孰早时点，将该已收或应收的款项列示为合同负债。贷方登记在向客户转让商品之前，已经收到或取得无条件收取合同对价权利的金额，借记企业向客户转让商品时冲销的金额，期末贷方余额，反映企业在向客户转让商品之前，已经收到的合同对价或已经取得的无条件收取合同对价权利的金额。在收入准则规定范围内，取代原有的预收账款，但其核算方法与“预收账款”账户类似。

7. “合同履约成本”账户

本账户核算企业为履行当前或预期取得的合同所发生的、不属于其他企业会计准则规定范围且按照收入准则应当确认为一项资产的成本。该成本与当前或预期取得的一份合同直接相关，包括直接材料、直接人工及制造费用等明确由客户承担的成本，而且预期能够收回。借记发生的合同履约成本，贷记摊销的合同履约成本，期末借方余额，反映尚未结转的合同履约成本。可按合同，分别“服务成本”“工程施工”等账户进行明细核算。

8. “合同取得成本”账户

本账户核算企业取得合同发生的、预计能够收回的增量成本，即企业不取得合同就不会发生的成本（如销售佣金）。借记发生的合同取得成本，贷记摊销的合同取得成本，期末借方余额，反映尚未结转的合同取得成本。

此外，合同相关资产发生减值的，还应当设置“合同履约成本减值准备”“合同取得成本减值准备”“合同资产减值准备”等账户进行核算。

(五) 在某一时点履行履约义务的收入核算

当一项履约义务不属于在某一时段内履行的履约义务时，应当属于在某一时点履行的履约义务。对于在某一时点履行的履约义务，企业应当在客户取得相关商品控制权时点确认收入。在判断客户是否已取得商品控制权时，企业应当考虑下列迹象：

（1）企业就该商品享有现时收款权利，即客户就该商品负有现时付款义务。如果企业就该商品享有现时的收款权利，则可能表明客户已经有能力主导该商品的使用并从中获得几乎全部的经济利益。

（2）企业已将该商品的法定所有权转移给客户，即客户已拥有该商品的法定所有权。客户如果取得了商品的法定所有权，则可能表明其已经有能力主导该商品的使用并从中获得几乎全部的经济利益，或者能够阻止其他企业获得这些经济利益。

（3）企业已将该商品实物转移给客户，即客户已实物占有该商品。需要说明的是，客户占有了某项商品的实物并不意味着其就一定取得了该商品的控制权，反之亦然。

（4）企业已将该商品所有权上的主要风险和报酬转移给客户，即客户已取得该商品所有权上的主要风险和报酬。

与商品所有权有关的风险是指商品可能发生减值或毁损等形成的损失；与商品所有

权有关的报酬是指商品价值增值或使用过程形成的经济利益。

（5）客户已接受该商品。

（6）其他表明客户已取得商品控制权的迹象。

1.一般销售业务处理

（1）确认收入时：

借：银行存款

　　贷：主营业务收入

　　　　应交税费——应交增值税（销项税额）

（2）结转成本时：

借：主营业务成本

　　贷：库存商品

2.商品已经发出但不符合销售商品收入确认条件

（1）发出商品时：

借：发出商品

　　贷：库存商品

借：应收账款

　　贷：应交税费——应交增值税（销项税额）

（2）满足收入确认条件后：

借：应收账款

　　贷：主营业务收入

　　　　银行存款——代垫运费

借：主营业务成本

　　贷：发出商品

3.材料销售业务处理

企业销售原材料、包装物等存货也视同商品销售，其收入确认和计量原则比照商品销售，但账户不同。

借：银行存款

　　贷：其他业务收入

　　　　应交税费——应交增值税（销项税额）

借：其他业务成本

　　贷：原材料

4.销售折让的处理

销售折让是指企业因售出商品的质量不合格等原因而在售价上给予的减让。

如果发生在确认销售收入之前，则应在确认销售收入时直接按扣除销售折让后的金额确认；已确认销售收入的售出商品发生销售折让，应在发生时冲减当期销售商品收入，同时应冲减已确认的应交增值税销项税额（开具红字专用发票）。若属于资产负债表日后事项的，按日后事项进行处理。

借：主营业务收入

　　应交税费——应交增值税（销项税额）

　　贷：银行存款

5. 销售退回的处理

销售退回是指企业售出的商品由于质量、品种不符合销售合同规定条款的要求等原因而发生的退货。企业销售商品发生退货，表明企业履约义务的减少和客户商品控制权及其相关经济利益的丧失。已确认销售商品收入的售出商品发生销售退回的，除属于资产负债表日后事项之外，企业收到退回的商品时，应退回货款或冲减应收账款，并冲减主营业务收入和增值税销项税额，同时按照商品成本冲减当期销售商品成本。如该项销售退回已发生现金折扣，应同时调整相关财务费用的金额。

借：主营业务收入

　　应交税费——应交增值税（销项税额）

　　贷：银行存款

借：库存商品

　　贷：主营业务成本

若销售退回发生在收入确认之前，则不作账务处理，只将商品入库即可。

若当时不符合条件，没有确认收入，则按退回商品成本作如下账务处理：

借：库存商品

　　贷：发出商品

6. 委托代销商品的处理

（1）支付手续费方式，是指委托方在发出商品时不确认销售商品收入，在收到受托方开出的代销清单时确认收入，同时将应支付的代销手续费计入销售费用；受托方应在代销商品销售后，按合同或协议约定的方法计算确定代销手续费，确认收入。

◆委托方账务处理

①发出商品时：

借：发出商品

　　贷：库存商品

②收到代销清单，开出专用发票时：

借：应收账款

　　贷：主营业务收入

　　　　应交税费——应交增值税（销项税额）

借：销售费用——代销手续费

　　应交税费——应交增值税（进项税额）

　　贷：应收账款

借：主营业务成本

　　贷：发出商品

③收到款项时：

借：银行存款

贷：应收账款

◆受托方账务处理

①收到代销商品时：

借：受托代销商品

　　贷：代销商品款

②销售全部商品，开出销售发票时：

借：银行存款

　　贷：受托代销商品

　　　　应交税费——应交增值税（销项税额）

③开出代销清单，收到专用发票时：

借：应交税费——应交增值税（进项税额）

　　贷：应付账款

借：受托代销商品款

　　贷：应付账款

④支付款项时：

借：应付账款

　　贷：银行存款

　　　　主营业务收入/其他业务收入

　　　　应交税费——应交增值税（销项税额）

（2）视同买断代销方式，是指委托方和受托方签订代销协议，委托方按协议价款确认收入并收取代销的货款；受托方收到商品后自行确定实际售价进行销售并确认收入，实际售价与协议价之间的差额归受托方所有。

7.预收款销售核算

（1）收到预付款时：

借：银行存款

　　贷：合同负债

（2）公司发货，对方企业收到并验收合格时：

借：合同负债

　　贷：主营业务收入

　　　　应交税费——应交增值税（销项税额）

借：主营业务成本

　　贷：库存商品

（3）收到补付的货款时：

借：银行存款

　　贷：合同负债

（六）在某一时段内履行履约义务的收入核算

满足下列条件之一的，属于在某一时段内履行的履约义务，相关收入应当在该履约义务履行的期间确认：

（1）客户在企业履约的同时即取得并消耗企业履约所带来的经济利益。企业在履约过程中是持续地向客户转移该服务的控制权的，通常包括经常性或常规服务，如培训、旅游、运输、保洁等服务。

（2）客户能够控制企业在履约过程中创建的商品。企业在履约过程中创建的商品包括在产品、在建工程、尚未完成的研发项目、正在进行的服务等，如果客户在企业创建该商品的过程中就能够控制这些商品，应当认为企业提供该商品的履约义务属于在某一时段内履行的履约义务。

（3）企业在履约过程中所产出的商品具有不可替代用途，且该企业在整个合同期间有权就累计至今已完成的履约部分收取成本和合理利润。例如，由于商品是按照客户的特殊指示生产的，所以它的一部分不能被单独卖掉。

对于在某一时段内履行的履约义务，企业应当在该段时间内按照履约进度确认收入，履约进度不能合理确定的除外。企业应当考虑商品的性质，采用产出法或投入法确定恰当的履约进度，以使其如实反映企业向客户转让商品的履约情况，并且在确定履约进度时，应当扣除那些控制权尚未转移给客户的商品和服务。

1. 产出法

产出法是根据已转移给客户的商品对于客户的价值确定履约进度的方法。企业在评估是否采用产出法确定履约进度时，应当考虑所选择的产出指标是否能够如实地反映向客户转移商品的进度，主要包括按照实际测量的完工进度、评估已实现的结果、已达到的里程碑、时间进度、已完工或交付的产品等。

产出法是直接计量已完成的产出，一般能够客观地反映履约进度。当产出法所需要的信息可能无法直接通过观察获得，或者为获得这些信息需要花费很高的成本时，可采用投入法。

2. 投入法

投入法是根据企业履行履约义务的投入确定履约进度，主要包括以投入的材料数量、花费的人工工时或机器工时、发生的成本和时间进度等投入指标确定履约进度。实务中，企业通常按照累计实际发生的成本占预计总成本的比例（即成本法）确定履约进度。累计实际发生的成本包括企业向客户转移商品过程中所发生的直接成本和间接成本，如直接人工、直接材料、分包成本及其他与合同相关的成本。如均匀发生时，也可采用直线法。

资产负债表日，企业应当将按照合同的交易价格总额乘以履约进度扣除以前会计期间累计已确认的收入后的金额，确认为当期收入。计算公式如下：

本期确认收入 = 合同的交易价格 × 履约进度 − 以前期间已确认收入

本期确认费用 = 合同预计总成本 × 履约进度 − 以前期间已确认费用

（1）收到预付工程款时：

借：银行存款

　　贷：合同负债

　　　　应交税费——应交增值税（销项税额）

（2）确认本期实际发生成本时：

借：合同履约成本

　　贷：银行存款

　　　　应付职工薪酬

　　　　原材料

（3）期末按履约进度确认本期收入，结转成本：

借：合同负债

　　贷：主营业务收入

借：主营业务成本

　　贷：合同履约成本

【提示】当履约进度不能合理确定时，企业已经发生的成本预计能够得到补偿的，应当按照已经发生的成本金额确认收入，直到履约进度能够合理确定为止。每一资产负债表日，企业应当对履约进度进行重新估计。

三、实训目的与要求

（1）熟悉销售业务核算和管理的相关法规和制度；

（2）能准确确认本期各项收入，并结转成本；

（3）熟练编制相关记账凭证；

（4）设置并登记收入及成本等损益类明细账。

四、实训任务

（1）根据条件确认各项收入的入账时间、金额；

（2）及时结算销售费用，结转成本，计算税金；

（3）编制相关业务记账凭证；

（4）设置并登记收入及成本等损益类明细账。

五、实训程序

（1）设置收入及成本等损益类明细账；

（2）审核各项收入业务的相关原始凭证；

（3）编制相关记账凭证；

（4）登记收入及成本等损益类明细账。

六、实训组织

独立或分岗完成实训任务。

七、实训材料

（1）相关原始凭证；

（2）销售成本计算表；

(3) 记账凭证：通用记账凭证共计60页；

(4) 明细账：多栏式明细账10页。

八、实训资料

见本教材项目二实训资料提供的相关业务。

岗位八　成本费用核算岗位

费用是指企业在日常活动中发生的、会导致所有者权益减少的、与向所有者分配利润无关的经济利益的总流出。

费用的核算首先是准确区分支出、费用、成本的概念，明确三者之间的关系，进一步对费用进行分类，按照权责发生制和受益原则对本期发生的费用进行核算，全面反映企业生产经营过程中的各项费用，并准确计算、结转本期完工产品成本。

费用的监督管理主要是建立、健全费用核算、管理的制度和方法，明确成本核算的程序和报销业务等一般流程，规范相关原始凭证办理手续，加强岗位责任制等。

一、岗位职责

(1) 熟悉国家及行业管理部门的相关法规、管理制度和规定；

(2) 参与企业费用预算计划的制订，并监督执行；

(3) 严格审核费用发生的真实性、合理性，正确地确认和计量各项期间费用，并进行会计核算；

(4) 熟练编制各项费用计算表等相关原始凭证，登记相关成本明细账，准确计算本期完工产品成本。

二、岗位实务操作要点

(一) 按经济内容分类

费用按经济内容，可以分为以下费用要素：外购材料、外购燃料和动力、工资及职工福利费等职工薪酬、折旧费、利息支出、税金、其他费用。按上列费用要素反映的费用就称为要素费用。

(二) 按经济用途分类

费用按经济用途，可以分为生产费用（生产成本）和期间费用。

1. 生产费用（生产成本）

生产费用是指企业为生产一定种类和数量的产品所发生的费用，按构成项目即产品成本项目分为“直接材料”“直接人工”“制造费用”3个基本成本项目。

由于生产的特点、各种费用支出的比例及成本管理和核算的要求不同，各企业可根据具体情况，增设“废品损失”成本项目；如果企业耗用的燃料和动力较多，可增设“外购燃料和动力”成本项目等。

2. 期间费用

期间费用是指不计入产品生产成本、直接计入发生当期损益的费用，包括管理费用、财务费用和销售费用。

（三）成本核算程序

成本核算一般分为以下几个步骤：

1. 确定成本计算对象和成本项目，开设产品成本明细账

企业的生产类型不同，对成本管理的要求不同，成本计算对象和成本项目也就有所不同，应根据企业生产类型的特点和对成本管理的要求，确定成本计算对象（一般包括品种、批次和步骤）和成本项目，并根据确定的成本计算对象开设产品成本明细账。

2. 对要素费用进行审核、归集和分配

（1）企业应正确划分应计入产品成本和不应计入产品成本的生产费用界限。

（2）企业应根据发生的各项要素费用的原始凭证和其他有关资料，编制各项费用分配表，按照用途分配各项费用，并计入相关成本和费用账户。对能确认由某一成本计算对象耗用的应直接计入费用，借记“生产成本——基本生产成本”账户及其有关的产品成本明细账；对不能确认由某一成本计算对象耗用的应间接计入费用，需要按一定比例在各受益对象之间进行分配。

3. 归集和分配辅助生产费用

计算并确定辅助生产费用或成本，并采用一定的方法分配转入各受益对象的相应账户。

4. 归集和分配基本生产车间的制造费用

对记入“制造费用”账户借方的费用，月终采用一定的分配方法进行分配，借记“生产成本——基本生产成本”及有关的产品成本明细账。

5. 分配、计算完工产品和月末在产品成本

对既有完工产品又有在产品的产品，将月初在产品成本和本月生产费用之和，在完工产品与月末在产品之间进行分配，并最终确定本期完工产品总成本和单位成本。

账户结转关系如图1-8所示。

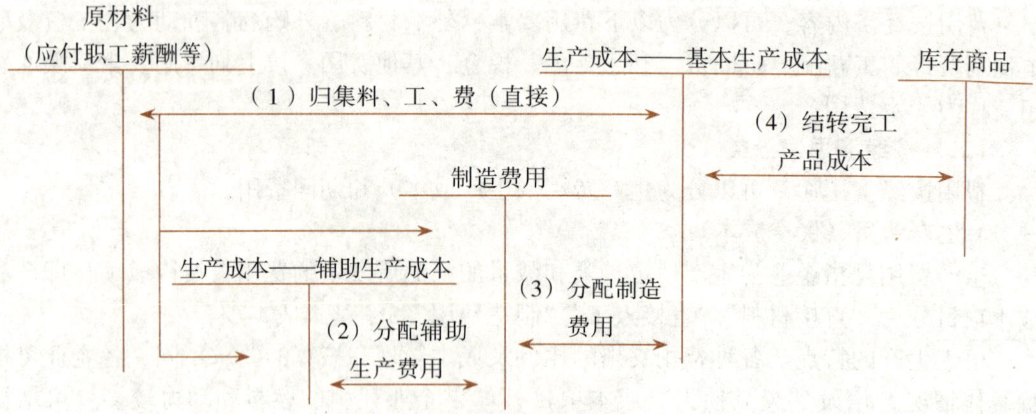

图1-8　账户结转关系

三、实训目的与要求

（1）熟悉成本费用核算和管理的相关法规和制度；
（2）能准确区分支出、费用、成本，并进行确认；
（3）熟练核算本期发生的各项费用；
（4）正确编制各种费用汇总表和分配表，进行费用的归集和分配；
（5）熟练编制记账凭证，设置并登记成本费用明细账；
（6）准确计算并结转本期完工产品成本。

四、实训任务

（1）编制各种费用汇总表和分配表，进行要素费用的归集和分配；
（2）分配辅助生产费用、制造费用；
（3）计算并结转本期完工产品成本；
（4）编制相关业务记账凭证；
（5）设置并登记成本费用明细账。

五、实训程序

（1）设置基本生产成本、辅助生产成本、制造费用、管理费用、销售费用等明细账；

（2）审核要素费用发生的相关原始凭证，编制各种费用汇总表和分配表，进行要素费用的归集和分配；

（3）采用交互分配法分配辅助生产费用；
（4）根据定额工时分配制造费用；
（5）采用约当产量法分配、计算完工产品成本和期末在产品成本；
（6）编制相关记账凭证；
（7）登记各成本费用明细账。

六、实训组织

独立或分岗完成实训任务。

七、实训材料

（1）相关原始凭证；
（2）费用计算表；
（3）记账凭证：通用记账凭证共计50页；
（4）明细账：生产成本明细账4页，多栏式明细账20页。

八、实训资料

见本教材项目二实训资料提供的相关业务。

岗位九 财务成果核算岗位

财务成果是企业一定生产期间经营活动的最终财务成果，包括企业在一定会计期间所实现的各种收入（收益）大于相关费用（支出等）的差额，如果收入小于费用，其差额为企业的亏损。企业在一定会计期间从事全部生产、经营活动所取得的利润或发生的亏损综合反映企业生产、经营活动情况，是考核企业经营管理水平的一个综合指标。

一、岗位职责

（1）负责编制收入、费用、利润计划；
（2）办理除日常业务以外的收入与支出业务（营业外收入和营业外支出）；
（3）准确计算确认当期应交所得税和所得税费用；
（4）负责收入、费用的结转和利润的明细核算；
（5）负责利润分配的明细核算；
（6）编制利润表。

二、岗位实务操作要点

（一）利润

1. 利润的构成

利润是指企业在一定会计期间的经营成果，包括收入减去费用的差额和直接计入当期损益的利得和损失。不同层次的利润计算公式为：

营业利润 = 营业收入 - 营业成本 - 税金及附加 - 销售费用 - 管理费用 - 研发费用 - 财务费用 - 信用减值损失 - 资产减值损失 + 其他收益 ± 公允价值变动收益 ± 投资收益 ± 资产处置收益

式中：营业收入 = 主营业务收入 + 其他业务收入

营业成本 = 主营业务成本 + 其他业务成本

利润总额 = 营业利润 + 营业外收入 - 营业外支出

净利润 = 利润总额 - 所得税费用

2. 期末本年利润的结转

会计期末结转本年利润的方法有表结法和账结法两种。

（1）在表结法下，各损益类账户每月月末只需结计出本月发生额和月末累计余额，不结转到“本年利润”账户，只有在年末时一次性地将全年累计余额结转入“本年利润”账户。但每月月末要将损益类账户的本月发生额合计数填入利润表的本月数栏，同时将本月月末累计余额填入利润表的本年累计数栏，通过利润表计算反映各期的利润（或亏损）。在表结法下，年中损益类账户无须结转入“本年利润”账户，从而减少了转账环节和工作量，同时并不影响利润表的编制及有关损益指标的利用。

（2）在账结法下，每月月末均需编制转账凭证，将在账上结计出的各损益类账户的余额结转入“本年利润”账户。结转后“本年利润”账户的本月余额反映当月实现的利润或发生的亏损，“本年利润”账户的本年余额反映本年累计实现的利润或发生的亏损。账结法在各月均可通过“本年利润”账户提供当月及本年累计的利润（或亏损）额，但增加了转账环节和工作量。

本年利润的结转步骤及账务处理如下：

①结转收入。

借：主营业务收入
　　其他业务收入
　　营业外收入
　　公允价值变动损益（或贷方）
　　投资收益（或贷方）
　　资产处置损益（或贷方）
　　其他收益
　　贷：本年利润

②结转成本、费用和税金。

借：本年利润
　　贷：主营业务成本
　　　　其他业务成本
　　　　税金及附加
　　　　销售费用
　　　　管理费用
　　　　财务费用
　　　　信用减值损失
　　　　资产减值损失
　　　　营业外支出
　　　　所得税费用

③年终结转本年利润。

年终将本年利润转入“利润分配”账户：

借：本年利润
　　贷：利润分配——未分配利润

如果是亏损，则：

借：利润分配——未分配利润
　　贷：本年利润

（二）所得税费用的核算

1.资产负债表债务法核算原理

资产负债表债务法下，要求企业从资产负债表出发，通过比较按企业会计准则确认的资产、负债的“账面价值”和按税法确认的资产、负债的“计税基础”，得出应纳税暂时性差异或可抵扣暂时性差异，进而确定递延所得税负债或递延所得税资产，最后确定利润表中的所得税费用。

采用资产负债表债务法进行所得税费用核算时通常遵循以下6个步骤：①确定一项资产或负债的账面价值；②确定一项资产或负债的计税基础；③分析、计算暂时性差异；④确定递延所得税资产和递延所得税负债的期末余额；⑤确定递延所得税资产和递延所得税负债的本期发生额；⑥确定利润表中的所得税费用。

2.资产、负债的计税基础

（1）资产的计税基础。资产的计税基础，是指企业在收回资产账面价值的过程中，计算应纳税所得额时按照税法规定可以自应税经济利益中抵扣的金额。

（2）负债的计税基础。负债的计税基础，是指负债的账面价值减去未来期间计算应纳税所得额时按照税法规定可予以抵扣的金额。

3.暂时性差异的类型

暂时性差异是指资产或负债的账面价值与其计税基础之间的差额。根据暂时性差异对未来期间应税金额影响的不同，分为应纳税暂时性差异和可抵扣暂时性差异。

（1）应纳税暂时性差异。应纳税暂时性差异，是指在确定未来收回资产或清偿负债期间的应纳税所得额时，将导致产生应税金额的暂时性差异。应纳税暂时性差异通常产生于以下情况：资产的账面价值大于其计税基础或负债的账面价值小于其计税基础。

（2）可抵扣暂时性差异。可抵扣暂时性差异是指在确定未来收回资产或清偿负债期间的应纳税所得额时，将导致产生可抵扣金额的暂时性差异。可抵扣暂时性差异通常产生于以下情况：资产的账面价值小于其计税基础或负债的账面价值大于其计税基础。

【总结】暂时性差异是资产负债表产生的差异，资产和负债项目在会计与税法上产生差异的因素主要包括：①折旧差异；②摊销差异；③资产减值损失；④公允价值的变动。

4.所得税费用的核算

利润表中的所得税费用由两个部分组成：当期所得税和递延所得税。

（1）当期所得税。

$$\text{应交所得税} = \text{应纳税所得额} \times \text{所得税税率}$$

$$\text{应纳税所得额} = \text{税前会计利润} + \text{纳税调整增加额} - \text{纳税调整减少额}$$

（2）递延所得税。

$$\text{递延所得税资产} = \text{可抵扣暂时性差异} \times \text{适用所得税率}$$

$$\text{递延所得税负债} = \text{应纳税暂时性差异} \times \text{适用所得税率}$$

$$\text{递延所得税} = \begin{matrix}\text{递延所得税}\\ \text{负债}\end{matrix}\left(\begin{matrix}\text{期末}\\ \text{余额}\end{matrix} - \begin{matrix}\text{期初}\\ \text{余额}\end{matrix}\right) - \begin{matrix}\text{递延所得税}\\ \text{资产}\end{matrix}\left(\begin{matrix}\text{期末}\\ \text{余额}\end{matrix} - \begin{matrix}\text{期初}\\ \text{余额}\end{matrix}\right)$$

（3）所得税费用。

$$\text{所得税费用} = \text{当期所得税} + \text{递延所得税}$$

编制会计分录如下：

借：所得税费用

　　递延所得税资产（本期增加额）

　　贷：应交税费——应交所得税

　　　　递延所得税负债（本期增加额）

如果某项交易或事项按照企业会计准则规定应计入所有者权益，由该交易或事项产生的递延所得税资产或递延所得税负债及其变化亦应计入所有者权益，不构成利润表中的所得税费用。

5.账户设置和账务处理说明

（1）“所得税费用”账户，核算企业确认的应从当期利润总额中扣除的所得税费用。资产负债表日，企业按照税法规定计算确定的当期应交所得税，借记“所得税费用”（当期所得税费用）账户，贷记“应交税费——应交所得税”账户。期末，应将本账户的余额转入“本年利润”账户，结转后无余额。

（2）“递延所得税资产”账户，核算企业根据所得税准则确认的可抵扣暂时性差异产生的所得税资产。根据税法规定可用以后年度税前利润弥补的亏损产生的所得税资产，也在本账户核算。资产负债表日，企业根据所得税准则应予确认的递延所得税资产大于“递延所得税资产”账户余额的，借记“递延所得税资产”账户，贷记“所得税费用”“其他综合收益”等账户；应予确认的递延所得税资产小于“递延所得税资产”账户余额的，做相反的会计分录。“递延所得税资产”账户期末借方余额，反映企业已确认的递延所得税资产的余额。

（3）“递延所得税负债”账户，核算企业根据应纳税暂时性差异计算的未来期间应交所得税的金额。资产负债表日，企业根据所得税准则应予确认的递延所得税负债大于“递延所得税负债”账户余额的，即当期末递延所得税负债大于期初时，按差额调增递延所得税负债，借记“所得税费用”“其他综合收益”等账户，贷记“递延所得税负债”账户；应予确认的递延所得税负债小于“递延所得税负债”账户余额的，做相反的会计分录。“递延所得税负债”账户期末的贷方余额，反映企业已确认的递延所得税负债的余额。

6.所得税的缴纳

企业所得税采取按期预缴、年终汇算清缴的办法。预缴的计算方法有两种：①按本年一个月或一个季度实际的应纳税所得额计算缴纳；②以上一年度应纳税所得额按月或按季的平均值计算缴纳。

企业应纳的所得税，都应在按月（季）预缴的基础上，于年度终了后，在规定的期限内汇算清缴，多退少补。计算公式为：

$$\text{全年应纳所得税税额}=\text{全年应纳税所得额}\times\text{适用税率}$$

$$\begin{matrix}\text{汇算应补（退）}\\\text{所得税税额}\end{matrix}=\begin{matrix}\text{全年应纳}\\\text{所得税税额}\end{matrix}-\begin{matrix}\text{各月（季）预缴}\\\text{所得税税额合计}\end{matrix}$$

纳税人不能提供完整的、准确的收入及成本、费用凭证，不能正确计算应纳税所得额，应由税务机关核定应纳税所得额。在这种情况下，企业所得税的计算公式为：

$$\text{应纳所得税税额}=\text{税务机关核定应纳税所得额}\times\text{适用税率}$$

（三）利润分配

1.利润分配顺序

企业当年实现的利润总额在缴纳完所得税后，其净利润可按以下顺序进行分配：

（1）弥补以前年度亏损；

（2）提取法定盈余公积；

（3）提取任意盈余公积；

（4）应付现金股利或利润；

（5）转作股本的股利。

在会计处理上，未分配利润是通过“利润分配”账户进行核算的，“利润分配”账户应当分别按“提取法定盈余公积”“提取任意盈余公积”“应付现金股利（或利润）”“转作股本的股利”“盈余公积补亏”“未分配利润”等进行明细核算。

2.弥补亏损的会计处理

以当年实现的利润弥补以前年度结转的未弥补亏损，不需要进行专门的账务处理。企业应将当年实现的利润自“本年利润”账户转入“利润分配——未分配利润”账户的贷方，其贷方发生额与“利润分配——未分配利润”账户的借方余额自然抵补。

企业用盈余公积弥补亏损，借记“盈余公积——盈余公积补亏”账户，贷记“利润分配——盈余公积补亏”账户。

3.分配股利

经股东大会或类似机构决议，分配给股东或投资者的现金股利或利润，应借记“利润分配——应付现金股利（或利润）”账户，贷记“应付股利”账户。

经股东大会或类似机构决议，分配给股东的股票股利，应在办理增资手续后，借记“利润分配——转作股本的股利”账户，贷记“股本”账户，如有差额，贷记“资本公积——股本溢价”账户。

4.期末结转

将“利润分配”账户所属的其他明细账的余额，转入“未分配利润”账户。结转后，“未分配利润”账户的贷方余额，就是未分配利润的金额；如出现借方余额，则表示未弥补亏损的金额。“利润分配”账户所属的其他明细账应无余额。

三、实训目的与要求

（1）熟悉营业外收入、营业外支出、所得税、利润及利润分配核算和管理的相关法规和制度；

（2）理解利润的构成及计算、利润分配的程序；

（3）准确理解资产负债表债务法的基本原理、计算程序及账务处理方法；

（4）熟练运用所学知识进行营业外收入、营业外支出、所得税、利润及利润分配的核算；

（5）熟练编制记账凭证，设置并登记相关明细账。

【明德善思】曾经的“4S店之王”庞大汽贸集团，成立于2003年，是一家集汽车销售及售后服务为主营业务的全国性汽车经销商集团。2011年4月，庞大汽贸集团在上交所挂牌，成为国内第一家通过IPO登陆A股的汽贸集团。上市之后，庞大汽贸集团通过自购土地建店方式快速扩张，销售端获取的利润大部分投入购地建店。俗话说："欲速则不达。"这种重资产运营模式使庞大汽贸集团面临较大的运营压力和现金流负担，导致企业财务风险增加。为了隐瞒资金链断裂的问题，庞大汽贸集团于2018年至2022年披露多项虚假信息：在2018年债务重组、股权转让等过程中，不当确认投资收益、计提预计负债，影响利润总额22.64亿元；在2022年8月披露的半年度报告中，未披露涉及自身的一宗重大诉讼，涉案金额15.73亿元；2022年末庞大汽贸集团有三宗涉及公司的重大诉讼、仲裁未及时披露，涉案金额28.66亿元。庞大汽贸集团未反映企业真实现状的行为，不仅违反企业会计准则，还扰乱市场信息披露秩序，损害投资者合法权益。河北证监局于2023年5月，对庞大汽贸集团涉嫌信息披露违法违规行为立案调查。2023年6月上交所发布《关于庞大汽贸集团股份有限公司股票终止上市的决定》，并于6月30日对公司股票予以摘牌，公司股票终止上市。诚信是市场经济的基石，作为市场主体的企业，诚信是其生存之本，也是会计工作的生命线，更是会计从业人员的安身之本、立业之基。不做假账，保证会计信息质量，是会计诚信之本。（资料来源：作者根据公开信息、证券时报、经济参考网等整理编写）

四、实训任务

（1）正确填制和审核确认的各种营业外收入、营业外支出结算凭证；
（2）准确计算本期利润和应交所得税；
（3）编制暂时性差异及递延所得税资产、递延所得税负债计算表；
（4）编制相关业务记账凭证；
（5）登记营业外收入、营业外支出、本年利润等相关明细账。

五、实训程序

（1）设置营业外收入、营业外支出、本年利润、所得税费用、利润分配等明细账；
（2）审核确认的营业外收入、营业外支出相关原始凭证；
（3）编制相关记账凭证；
（4）登记相关明细账。

六、实训组织

独立或分岗完成实训任务，主要练习营业外收入、营业外支出核算，利润结转，所得税计算与结转等业务。

七、实训材料

（1）相关原始凭证；
（2）所得税费用计算表；
（3）记账凭证：通用记账凭证共计20页；
（4）明细账：三栏式明细账、多栏式明细账各10页。

八、实训资料

见本教材项目二实训资料提供的相关业务。

岗位十 出纳岗位

货币资金是指企业拥有的生产经营资金中处于货币形态的那部分资金，包括库存现金、银行存款和其他货币资金等。

货币资金是企业最重要的资产之一，一个企业拥有货币资金的多少，标志着其偿债能力和支付能力的大小，是会计信息使用者判断企业财务状况好坏的重要指标。因此，加强对货币资金的管理，正确、及时、完整地反映货币资金的收、付、存情况，严格监督、检查货币资金管理制度的执行情况，合理使用货币资金，提高资金周转速度，保护货币资金的安全完整，对企业有十分重要的意义。

一、岗位职责

（一）办理库存现金收付和银行结算业务

（1）严格按照国家有关库存现金和银行结算制度的规定，根据审核无误的原始凭证和收、付款凭证办理款项收付。

（2）收付款项之后必须加盖“收讫”“付讫”章。

（3）库存现金不得超过银行核定的限额。单位库存现金收入应于当日送存银行，不得坐支库存现金。

（4）在国家规定范围内使用现金。

（5）不得以白条抵现，更不得任意挪用库存现金。

（6）妥善保管和严格控制签发空白支票。

（7）企业内部实行钱账分管，即出纳员不得兼管收入、费用、债权、债务等账簿的登记和会计档案管理工作；负责库存现金总账记录的会计人员，不得兼管现金。

（8）实行印鉴分管制度，即填写银行结算凭证的有关印鉴不能由出纳一人集中保管。

（二）登记库存现金日记账和银行存款日记账

（1）根据办理好的收付款凭证，逐笔顺序登记库存现金日记账和银行存款日记账，并结出余额，做到日清日结。

（2）每日营业结束及月末，库存现金的账面金额要与库存现金核对相符。

（3）月末要编制“银行存款余额调节表”，使账面余额与对账单上余额调节相符，对未达账项，要及时查询。

二、岗位实务操作要点

（一）库存现金日记账登记要点

为了保证库存现金的安全完整，实行钱账分离，企业应分别设置库存现金日记账和库存现金总账进行核算。库存现金日记账登记要点为：

（1）库存现金日记账由出纳人员根据收、付款凭证，按照业务发生顺序逐日逐笔登记。

（2）每日终了，加计收、支总数，结出库存现金余额，并与库存现金实有数进行核对，做到账款相符。

（3）每月终了结出期末余额，经核对后，做到总账和日记账相符。

（二）库存现金清查

库存现金清查是对库存现金的盘点和核对，目的是保证库存现金的安全完整，做到账实相符。

库存现金清查包括两方面：一是出纳人员在每日营业结束时进行的库存现金日记账余额和库存现金实有数额的核对，以保证账实相符；二是专门清查小组对库存现金进行的定期和不定期盘点、核对。

企业应当按规定进行库存现金清查，一般采用实地盘点法，清查时要有出纳人员同时在场。清查内容包括库存现金账实是否相符，是否有挪用、侵占、贪污、盗取库存现金、白条借条顶库、超限额留用库存现金、超范围使用库存现金及坐支现金的情况等。对于清查的结果应当编制现金盘点报告单，注明实存数和账面余额。若出现短缺（短款）或溢余（长款）等现象，应及时报告领导，并按批示作出账务处理，既保证账实相符，又落实相关部门和人员的责任。

（三）银行存款序时核算

为了准确、及时、连续和系统地反映银行存款收支、结存情况，了解并掌握企业每日银行存款的收支动态和余额，为日常分析、检查企业银行存款收支活动提供资料，企业需设置并登记银行存款日记账和银行存款总账，银行存款日记账登记要点如下：

（1）银行存款日记账由出纳人员根据收、付款凭证，按照业务发生顺序逐日逐笔登记。

（2）每日终了，应结出余额。

（3）银行存款日记账应定期与银行对账单核对，至少每月核对一次。

（四）银行存款的清查（核对）

为了保证银行存款的安全完整，正确掌握银行存款的实有数等，企业必须定期将银行存款日记账和银行转来的对账单进行核对，每月至少核对一次，如有不相符的情况，应查明原因，予以处理。

一般情况下银行存款日记账和银行对账单的记录应该是相符的，但也可能存在不相符的情况，出现不相符的原因有两个方面：

（1）记账差错，即企业与银行一方或双方同时记账错误。

（2）存在未达账项，是指由于企业间的交易采用的结算方式涉及的收付款凭证在企业和银行之间的传递上存在着时间的先后差别，造成一方已收到凭证并入账，另一方尚未收到凭证而未入账的账项。

未达账项的类型：

① 企业已收，银行未收：如企业将收到的转账支票送存银行，但银行尚未转账（企业银行存款日记账余额大于银行对账单余额）。

② 企业已付，银行未付：如企业已开出现金支票并根据支票存根记账，但持票人尚未到银行取款（企业银行存款日记账余额小于银行对账单余额）。

③ 银行已收，企业未收：如企业托收货款，银行已收到款项入账，但尚未通知企业（企业银行存款日记账余额小于银行对账单余额）。

④ 银行已付，企业未付：如电力部门委托银行收取电费，银行已付款，但尚未通知企业（企业银行存款日记账余额大于银行对账单余额）。

为了反映银行存款收付的真实情况，企业需要对两者进行逐笔核对，找出不符的账项。对于错账，应及时进行更正处理；对于未达账项，应编制“银行存款余额调节表”进行调节，即在银行对账单余额与企业账面余额的基础上，各自加上对方已收、本单位未收账项数额，减去对方已付、本单位未付账项数额，以调整双方余额，使其一致，其计算公式如下：

$$\text{银行对账单存款余额}+\text{企业已收而银行未收账项}-\text{企业已付而银行未付账项}=\text{企业账面存款余额}+\text{银行已收而企业未收账项}-\text{银行已付而企业未付账项}$$

经过核对调节，如果“银行存款余额调节表”上的双方余额相等，则说明双方记账没有差错；如果不相等，要么是未达账项未全部查出，要么是一方或双方记账出现差错，需要进一步采用对账方法查明原因，加以更正，一定要核对到调节表中双方余额相等为止。调节相等后的银行存款余额是当日可以动用的银行存款实有数。对于银行已经划账，而企业尚未入账的未达账项，要待银行结算凭证到达后，才能据以入账，不能以“银行存款余额调节表”作为记账依据。

三、实训目的与要求

（1）明确货币资金的性质与范围，理解货币资金内部控制制度、库存现金与银行存款管理的主要内容；

（2）正确填制和审核货币资金收支的各种结算凭证，办理各种结算业务；

（3）熟练登记库存现金日记账和银行存款日记账；

（4）按期进行财产清查，编制库存现金盘点表和银行存款余额调节表。

【明德善思】欲望的口子一旦打开，只会不可遏制地越张越大。张艺是贵州省思南县社会保险事业局的会计兼出纳，工作不到一年，她就利用职务之便贪污了40余万元民生领域资金，案发时她不过25岁。最终张艺被判刑一年六个月，并处罚金人民币10万元。《中华人民共和国会计法》第三十八条规定：“因有提供虚假财务会计报告，做假账，隐匿或者故意销毁会计凭证、会计账簿、财务会计报告，贪污，挪用公款，职务侵占等与会计职务有关的违法行为被依法追究刑事责任的人员，不得再从事会计工作。”朱镕基在世界会计师大会上曾经告诫：“要求所有会计审计人员必须做到‘诚信为本，操守为重，坚持准则，不做假账。’恪守独立、客观、公正的原则，不屈从和迎合任何压力与不合理要求，不以职务之便谋取一己私利，不提供虚假会计信息。”会计人员在处理会计事务时，要客观、真实、公正地反映各项经济业务，不做假账，从源头上确保会计资料的真实性和可靠性。（资料来源：作者根据会计职业道德案例整理编写）

四、实训任务

（1）根据收、付款凭证收、付各种款项；

（2）登记库存现金日记账和银行存款日记账。

五、实训程序

（1）设置库存现金日记账和银行存款日记账；

（2）审核并填制各项货币资金收支业务的相关原始凭证；

（3）登记库存现金日记账和银行存款日记账并结账。

六、实训组织

独立或分岗完成实训任务。

七、实训材料

（1）相关原始凭证；

（2）记账凭证：前述业务提供的通用记账凭证共计200页；

（3）日记账：三栏式库存现金日记账2页，银行存款日记账9页。

八、实训资料

见本教材项目二实训资料提供的相关业务。

岗位十一　总账与报表核算岗位

财务报告是指企业对外提供的反映企业某一特定日期的财务状况和某一会计期间的经营成果、现金流量等会计信息的文件。财务报告包括财务报表和其他应当在财务报告中披露的相关信息和资料，财务报告的主体是财务报表。

财务报告的主要目标是向财务报告使用者（投资者、债权人、政府及其有关部门和社会公众等）提供与企业财务状况、经营成果和现金流量等有关的会计信息，有助于财务报告使用者作出经济决策。另外，财务报告应当反映企业管理层受托责任的履行情况，可以用来评价企业的经营管理责任和资源使用的情况。

财务报表是对企业财务状况、经营成果和现金流量的结构性表述。一套完整的财务报表至少应当包括资产负债表、利润表、现金流量表、所有者权益变动表及附注。

一、岗位职责

（1）按照企业会计准则的规定，设置会计科目、会计凭证和会计账簿，并记账、结账和对账。在设置会计科目、会计凭证和会计账簿时，要结合本行业、本企业的生产经营和财务核算的特点，在不违反会计制度的前提下，可以做适当的变动，比如增加、减少或合并某些会计科目等。凭证和账簿要按统一印制的格式设置，并按一定规则记账、结账和对账。

（2）正确、及时地进行会计业务综合汇总工作，编制和审核科目汇总表，及时登记总账。如果发现账账不符，应查明原因，及时处理。总账报表人员要熟悉其他岗位核算人员所应掌握的知识，熟悉本企业会计核算规程、凭证传递路线和手续、会计核算工作细则及会计核算形式等方面的知识。

（3）每月终了，要根据总账和有关明细账的记录编制资产负债表、利润表、现金流量表等报表。财务报表要互相核对，有对应关系的数字必须保持一致。核对无误后，将各种报表连同附注加具封面，装订成册，送交财务科（处）长、总会计师和单位负责人审核签章，及时报出。

（4）复核会计凭证是否合法，内容是否真实，手续是否完备，数字是否正确。对于记账凭证还要复核其记账分录是否符合企业会计准则的规定。对账簿记录要进行抽查，是否符合记账要求。在复核过程中发现问题和差错，应通知有关人员查明、更正和处理。

（5）对各个业务组记账凭证的编号、整理、装订提出规范化要求。每月终了，整理装订会计资料，集中保管。年终办完决算后，应将全年的会计凭证、财务报表收集齐全，整理清楚，分类排列，以便查阅。需要归档的会计资料，应按照《会计档案管理办法》的规定，办理会计资料归档手续，并管理会计档案。

二、岗位实务操作要点

（一）科目汇总表账务处理程序

定期（每10天）编制科目汇总表，登记总账，期末结账。

（二）财务报告的编制要求

数字真实，内容完整，项目齐全，手续完备，编报及时。

（三）资产负债表的编制

资产负债表是反映企业在某一特定日期财务状况的财务报表。资产负债表主要反映资产、负债和所有者权益三方面的内容。

在我国，资产负债表采用账户式结构，报表分为左右两方：左方列示资产各项目，反映全部资产的分布及存在形态；右方列示负债和所有者权益各项目，反映全部负债和所有者权益的内容及构成情况。资产负债表左右两方平衡，即“资产总计 = 负债总计 + 所有者权益总计”。

资产负债表各项目均需填列“年初余额”和“期末余额”两栏。其中：“年初余额”栏数字，应根据上年末资产负债表的“期末余额”栏内所列数字填列。如果上年度资产负债表规定的各个项目的名称和内容与本年度不一致的，应对上年末资产负债表各项目的名称和数字按照本年度的规定进行调整，填入表中“年初余额”栏内。

“期末余额”栏主要有如下几种填列方法：

（1）根据总账账户余额填列，如“以公允价值计量且其变动计入当期损益的金融资产”“短期借款”“应付职工薪酬”等项目，分别根据“交易性金融资产”“短期借款”“应付职工薪酬”各总账账户的余额直接填列。

（2）根据几个总账账户的期末余额计算填列，如“货币资金”项目，需根据“库存现金”“银行存款”“其他货币资金”3个总账账户的期末余额合计数填列。

（3）根据明细账账户余额计算填列，如“预付款项”项目根据“应付账款”和“预付账款”账户所属的相关明细账的期末借方余额计算填列；“预收款项”项目根据“应收账款”和“预收账款”两个账户所属的相关明细账的期末贷方余额计算填列。

（4）根据总账账户和明细账账户的余额分析计算填列，如“长期借款”项目应根据“长期借款”总账账户余额扣除“长期借款”账户所属明细账中将在1年内到期且企业不能自主地将清偿义务展期的长期借款后的金额计算填列，“应付债券”“长期应付款”等项目中将在1年内到期的也要扣除，记入“1年内到期的非流动负债”项目。

（5）根据有关账户余额减去其备抵账户余额后的净额填列，如资产负债表中的“债权投资”“长期股权投资”“在建工程”等项目，应根据“债权投资”“长期股权投资”“在建工程”等账户的期末余额分别减去“债权投资减值准备”“长期股权投资减值准备”“在建工程减值准备”等账户余额后的金额填列；“投资性房地产”“固定资产”项目应根据“投资性房地产”“固定资产”账户的期末余额分别减去“投资性房地产累计折旧”“累计折旧”“投资性房地产减值准备”“固定资产减值准备”账户余额后的金额填列；“无形资产”项目应根据“无形资产”账户的期末余额减去“累计摊销”“无形资产减值准备”账户余额后的金额填列；“长期应收款”项目应根据“长期应收款”账户的期末余额，减去相应的“未实现融资收益”账户和“坏账准备”账户所属相关明细账期末余额后的金额填列；“长期应付款”项目应根据“长期应付款”账户的期末余额，减去相应的“未确认融资费用”账户期末余额，以及1年（含1年）内到期的长期应付款后的金额填列。

（6）综合运用上述填列方法分析填列，如“存货”项目应根据“原材料”“库存商品”“生产成本”“委托加工物资”“周转材料”“材料采购”“在途物资”“发出商品”“材料成本差异”等总账账户余额的分析汇总数，再减去“存货跌价准备”账户余额后的金额填列。

（四）利润表的编制

利润表是反映企业在一定会计期间的经营成果的报表，通过利润表可以反映企业在一定会计期间收入、费用、利润（或亏损）的数额及构成情况，帮助财务报表使用者全面了解企业的经营成果，分析企业的获利能力及盈利增长趋势，从而为其作出经济决策提供依据。

企业会计准则规定，企业应当采用多步式列报利润表，便于使用者了解企业经营成果的不同来源。利润表主要反映以下几方面的内容：

（1）营业利润 = 营业收入 − 营业成本 − 税金及附加 − 销售费用 − 管理费用 − 研发费用 − 财务费用 − 资产减值损失 − 信用减值损失 + 其他收益 ± 公允价值变动收益 ± 投资收益 ± 资产处置收益

（2）利润总额 = 营业利润 + 营业外收入 − 营业外支出

（3）净利润 = 利润总额 − 所得税费用

（4）每股收益。普通股或潜在普通股已公开交易的企业，以及正处于公开发行普通股或潜在普通股过程中的企业，还应当在利润表中列示每股收益信息，包括基本每股收益和稀释每股收益两项指标。"基本每股收益"项目，反映当期实际发行在外的普通股股份按照归属于普通股股东的当期净利润除以当期实际发行在外普通股的加权平均数计算确定的每股收益。"稀释每股收益"项目，反映以基本每股收益为基础，假设企业所有发行在外的稀释性潜在普通股均已转换为普通股，则分别调整对属于普通股股东的当期净利润及发行在外普通股的加权平均数计算确定的每股收益。

（5）综合收益。综合收益包括其他综合收益和综合收益总额。其中，其他综合收益反映企业根据企业会计准则规定未在损益中确认的各项利得和损失扣除所得税影响后的净额；综合收益总额是企业净利润与其他综合收益的合计金额。

根据我国《企业会计准则第30号——财务报表列报》的规定，企业需要提供"比较利润表"，以使报表使用者通过比较不同期间利润的事项情况，判断企业经营成果的未来发展趋势。所以，利润表分"本期金额"和"上期金额"两栏填列，"本期金额"栏内各项数字一般应根据损益类账户本期发生额分析填列，"上期金额"栏内各项数字应根据上年该期利润表"本期金额"栏内所列数字填列。如果上年该期利润表规定的各个项目的名称和内容与本期不一致，应对上年该期利润表各项目的名称和数字按本期的规定进行调整，填入利润表"上期金额"栏内。

（五）现金流量表的编制

现金流量表是反映企业在一定会计期间现金和现金等价物流入和流出的报表，它便于财务报表使用者理解和评价企业获取现金和现金等价物的能力，并据以预测企业未来现金流量。

现金流量表以现金和现金等价物为基础，按照收付实现制原则编制，将权责发生制下的盈利信息调整为收付实现制下的现金流量信息。现金流量是指一定会计期间企业现金的流入和流出，可以分为三类，即经营活动产生的现金流量、投资活动产生的现金流量和筹资活动产生的现金流量。

现金流量表分为现金流量表（正表）及现金流量表补充资料（附表）。

1.现金流量表（正表）的填列

现金流量表（正表）是现金流量表的主体，企业一定会计期间现金流量的信息主要由正表提供。正表采用报告式的结构，按照现金流量的性质，依次分类反映经营活动产生的现金流量、投资活动产生的现金流量和筹资活动产生的现金流量，最后汇总反映企业现金及现金等价物净增加额。在有外币现金流量及境外子公司的现金流量折算为人民币的企业，正表中还应单设"汇率变动对现金及现金等价物的影响"项目，以反映企业将外币现金流量及境外子公司的现金流量折算为人民币时，所采用的现金流量发生日的汇率或平均汇率折算的人民币金额与“现金及现金等价物增加额”中外币现金净增加额按期末汇率折算的人民币金额之间的差额。

其中，经营活动产生的现金流量通常可以采用直接法和间接法两种方法反映。直接法是指通过现金收入和现金支出的主要类别直接反映企业经营活动产生的现金流量。采用直接法编制时，一般以利润表中的营业收入为起算点，调整与经营活动有关项目的增减变动，然后计算出经营活动产生的现金流量。采用直接法编报的现金流量表，便于分析企业经营活动产生的现金流量的来源和用途，预测企业现金流量的未来前景，所以，《企业会计准则第31号——现金流量表》规定，企业应当采用直接法编报现金流量表，同时要求在附注中提供以净利润为基础调节到经营活动现金流量的信息。

【总结】①“销售商品、提供劳务收到的现金”项目，反映企业销售商品、提供劳务实际收到的现金（含销售收入和应向购买者收取的增值税税额），计算公式为：

销售商品、提供劳务收到的现金 = 当期销售商品、提供劳务收到的现金（价、税）+ 当期收回前期的应收票据及应收账款（期初余额 - 期末余额）+ 当期预收的款项（期末余额 - 期初余额）- 当（前）期销售当期退回而支付的现金 + 当期收回前期核销的坏账损失

②“购买商品、接受劳务支付的现金”项目，反映企业购买材料、商品和接受劳务实际支付的现金，计算公式为：

购买商品、接受劳务支付的现金 = 当期购买商品、接受劳务支付的现金 + 当期支付前期的应付账款和应付票据（期初余额 - 期末余额）+ 当期预付的款项（期末余额 - 期初余额）- 当期因购货退回收到的现金

2.现金流量表补充资料（附表）的填列

在我国，现金流量表补充资料应采用间接法反映企业经营活动产生的现金流量情况，以便于对现金流量表中采用直接法反映的企业经营活动产生的现金流量进行核对和补充说明。

间接法是指以本期净利润为起算点，调整不涉及现金的收入、费用、营业外收支等有关项目的增减变动，剔除投资活动、筹资活动对现金流量的影响，据此计算并列示经营活动产生的现金流量的一种方法。采用间接法编报现金流量表，便于将净利润与经营活动产生的现金流量净额进行比较，理解净利润与经营活动产生的现金流量差异的原因，从现金流量的角度分析净利润的质量。

采用间接列报法将净利润调节为经营活动的现金流量净额时，主要需要调整四大类项目：实际没有支付现金的费用；实际没有收到现金的收益；不属于经营活动的损益；经营性应收、应付项目的增减变动。

具体说明如下：

（1）“资产减值准备”“无形资产摊销”“长期待摊费用摊销”项目，在利润表中属于利润的减除项目，但其没有发生现金流出，在将净利润调节为经营活动现金流量时，需要加回。

（2）“处置固定资产、无形资产和其他非流动资产的损失（减：收益）”“固定资产报废损失（减：收益）”“投资损失（减：收益）”项目，属于投资活动产生的损益，不属于经营活动产生的损益，所以在将净利润调节为经营活动现金流量时，需要予以剔除。

（3）“公允价值变动损失（减：收益）”“财务费用（减：收益）”项目，通常与企业的投资活动或筹资活动有关，而且并不影响企业当期的现金流量。为此，当将净利润调节为经营活动现金流量时，需要予以剔除。

3.现金流量表的编制方法

在具体编制现金流量表时，企业可根据业务量的大小及复杂程度，采用工作底稿法、T形账户法、分析填列法。

（1）工作底稿法

工作底稿法是以工作底稿为手段，以利润表和资产负债表数据为基础，结合有关账户的记录，对现金流量表的每一个项目进行分析并编制调整分录，从而编制现金流量表的一种方法。工作底稿法编制现金流量表的步骤如下：

① 将资产负债表的期初数和期末数过入工作底稿的期初数和期末数栏。

② 对当期业务进行分析并编制调整分录。调整分录大体有以下三类：一是涉及利润表中的收入、成本和费用项目，以及资产负债表中的资产、负债及所有者权益项目，通过调整，将权责发生制下的收入与费用转换为收付实现制下经营活动的现金流入与流出。二是涉及资产负债表和现金流量表中的投资和筹资项目，反映投资和筹资活动的现金流量。三是涉及利润表和现金流量表中的投资和筹资项目，目的是将利润表中有关投资和筹资方面的收入和费用列入现金流量表投资和筹资现金流量中去。此外，还有一些调整分录并不涉及现金收支，只是为了核对资产负债表项目期末数的变动。在调整分录中，有关现金和现金等价物的事项，并不直接借记或贷记现金，而是分别记入“经营活动产生的现金流量”“投资活动产生的现金流量”“筹资活动产生的现金流量”有关项目，借记表明现金流入，贷记表明现金流出。

③ 将调整分录过入工作底稿中的相应部分。

④ 核对调整分录，借贷合计应当相等，资产负债表项目期初数加减调整分录中的借贷金额以后，应当等于期末数。

⑤ 根据工作底稿中的现金流量表项目部分编制正式的现金流量表。

（2）T形账户法

T形账户法是以利润表和资产负债表数据为基础，结合有关账户的记录，对现金流量表的每一个项目进行分析并编制调整分录，通过“T形账户”编制出现金流量表的一种方法。T形账户法编制现金流量表的步骤：

① 为所有的非现金项目（包括资产负债表项目和利润表项目）分别开设T形账户，并将各自的期末、期初变动数过入各账户。如果项目的期末数大于期初数，则将其差额过入和项目余额相同的方向；反之，过入相反的方向。

② 开设一个“现金及现金等价物”T形账户。每边分为经营活动、投资活动和筹资活动三个部分，左边记现金流入，右边记现金流出。与其他账户一样，过入期末期初变

动数。

③ 以利润表项目为基础，结合资产负债表分析每一个非现金项目的增减变动，并据此编制调整分录。

④ 将调整分录过入各T形账户，并进行核对，该账户借贷相抵后的余额与原先过入的期末期初变动数应当一致。

⑤ 根据“现金及现金等价物”T形账户编制正式的现金流量表。

（3）分析填列法

分析填列法是直接根据资产负债表、利润表和有关会计账户明细账的记录，分析计算现金流量表各项目的金额，并据以编制现金流量表的一种方法。

（六）所有者权益变动表的编制

所有者权益变动表是指反映构成所有者权益的各组成部分当期增减变动情况的报表。所有者权益变动表应当全面反映一定时期的所有者权益变动的情况，不仅包括所有者权益总量的增减变动，还包括所有者权益增减变动的重要结构性信息，特别是反映直接计入所有者权益的利得和损失，让报表使用者准确理解所有者权益增减变动的根源。

为了清楚地表明构成所有者权益的各组成部分当期的增减变动情况，所有者权益变动表应当以矩阵的形式列示。一方面，列示导致所有者权益变动的交易或事项，改变以往仅仅按照所有者权益的各组成部分反映所有者权益变动情况，从所有者权益变动的来源对一定时期所有者权益变动情况进行全面反映；另一方面，按照所有者权益各组成部分（包括实收资本、资本公积、盈余公积、未分配利润和库存股）及其总额列示交易或事项对所有者权益的影响。此外，企业还需要提供比较所有者权益变动表，所有者权益变动表还就各项目再分为“上年金额”和“本年金额”两栏分别填列。

1.“上年金额”栏的填列方法

所有者权益变动表“上年金额”栏内各项数字，应根据上年度所有者权益变动表“本年金额”栏内所列数字填列。如果上年度所有者权益变动表规定的各个项目的名称和内容与本年度不一致，应对上年度所有者权益变动表各项目的名称和数字按本年度的规定进行调整，填入所有者权益变动表“上年金额”栏内。

2.“本年金额”栏的填列方法

所有者权益变动表“本年金额”栏内各项数字一般应根据“实收资本（或股本）”“资本公积”“盈余公积”“利润分配”“库存股”“以前年度损益调整”等账户的发生额分析填列。

（七）财务报表附注

附注是财务报表不可或缺的组成部分，是对在资产负债表、利润表、现金流量表和所有者权益变动表等报表中列示项目的文字描述或明细资料，以及对未能在这些报表中列示项目的说明等。附注披露的基本要求：

（1）附注披露的信息应是定量、定性信息的结合，它能从量和质两个角度对企业经济业务事项完整地进行反映，这样才能满足信息使用者的决策需求。

（2）附注应当按照一定的结构进行系统合理排列和分类，有顺序地披露信息。由于附注的内容繁多，因此更应按逻辑顺序排列，分类披露，条理清晰，具有一定的组织结构，以便于使用者理解和掌握，更好地实现财务报表的可比性。

（3）附注相关信息应当与资产负债表、利润表、现金流量表和所有者权益变动表等报表中列示的项目相互参照，有助于使用者联系相关信息，并由此从整体上更好地理解财务报表。

三、实训目的与要求

（1）熟练运用科目汇总表账务处理程序；
（2）熟悉财务报告编制和报送的相关法规和制度；
（3）按期对账和结账，运用正确方法更正错账，熟练计算本期发生额及期末余额；
（4）准确编制资产负债表、利润表、现金流量表和所有者权益变动表及附注。

四、实训任务

（1）编制科目汇总表；
（2）设置并登记总账；
（3）核对账簿，并结账；
（4）编制资产负债表、利润表、现金流量表和所有者权益变动表。

五、实训程序

（1）设置总账（登记总账账户的期初余额）；
（2）每10天编制一张科目汇总表；
（3）根据科目汇总表登记总账；
（4）期末结算所有账户的本期发生额及期末余额；
（5）编制资产负债表、利润表。

六、实训组织

独立或分岗完成实训任务。

七、实训材料

（1）相关账户期初余额；
（2）科目汇总表6页；
（3）总账账页：三栏式账页50页；
（4）资产负债表、利润表各2页。

八、实训资料

见本教材项目二实训资料提供的相关业务及前述各岗位的核算资料。

项目二

会计岗位综合实训业务

任务一 企业基本情况

一、实习企业的基本情况

企业名称：万达国际股份有限公司（简称万达国际）。

企业类型：股份有限公司。

法定代表人：陈逸舟。

注册资本：人民币陆仟万元。

经营地址：北京市东城区湖滨南路27号。

电话：010-87326520；邮编：100005。

经营范围：主营生产、销售C-1车床和H-1铣床两个型号的产品，销售业务为内销。兼营资产出租、劳务提供等业务。

所属行业：制造业。

纳税人识别号：91110101893746520P（该企业为增值税一般纳税人）。

主管税务机关：国家税务总局北京市东城区税务局。

开户银行：中国工商银行北京东城支行；账号：4100982356487219763。

其他银行：交通银行北京东城支行；账号：6222111098267238716。

投资专用账户：中国工商银行北京东城支行；账号：4100982356487219788。

职工岗位分工及人数统计表见表2-1。

表2-1 职工岗位分工及人数统计表

部门	基本生产车间			辅助生产车间		销售部门	管理部门	合计
	C-1工人	H-1工人	管理人员	机修	配电			
人数	40	30	2	5	3	5	15	100

二、实习企业的基本财务制度

（一）会计科目的设置

实习企业的会计科目均按照财政部制定的最新企业会计准则设置。

（二）原始凭证的填制和审核

在实习中的全部原始凭证，学生审核无误后方可填制记账凭证，计算型原始凭证需按业务要求在计算编制完成后填制记账凭证。

（三）记账凭证的填制和审核

使用统一的、通用格式的记账凭证。

（四）账簿的登记

要求根据记账凭证逐笔、顺序登记库存现金日记账、银行存款日记账和有关明细账，期末进行结账。

（五）账务处理程序

采用科目汇总表账务处理程序（或记账凭证账务处理程序），定期编制科目汇总表（1个月汇总3次），进行试算平衡，并登记总账；结出各类账簿各账户的本期发生额及期末余额，将总账与有关明细账、日记账进行核对；编制实习企业当期的资产负债表、利润表。

（六）会计核算期间

学生实际操作业务期间为20××年11月1日—12月31日，连续编制2个月的财务报表。

（七）存货计价方法

该公司购进的原材料及周转材料按照计划成本法核算，材料成本差异按照原材料和周转材料分别核算，购进时只作购进业务处理，不结转成本，期末集中结转入库材料成本及材料成本差异，结转发出存货材料成本差异；周转材料除出租、出借包装箱采用五五摊销法外，其他均使用一次摊销法，随货出售包装箱按一件产品一个包装箱统计发出数量；库存商品按照实际成本法核算，发出计价方法采用全月一次加权平均法。

（八）共同耗用材料分配标准

润滑油按本期投产量分配；油漆按完工产品定额消耗量分配，其中C-1车床消耗定额8千克，H-1铣床消耗定额6千克；螺钉按本期完工产量分配。

（九）成本核算方法

1. 生产工艺流程说明

该公司设有1个基本生产车间，属于大量大批多步骤连续生产，不需要单独计算半成品成本，采用品种法计算产品成本。另外有两个辅助生产车间——机修车间和配电车间，负责全厂机器设备的维修和用电的配送。

该公司产品生产工艺流程：铸造工序根据生产计划浇铸各种铸件，经检验合格后全部交给机械加工工序，加工成不同的零部件，经检验合格后全部交给装配工序，由装配工序连同由仓库领来的各种外购件组装成两种型号的机床，经检验合格后送交产成品仓库。

2. 生产费用分配方法

（1）辅助生产车间不设置“制造费用”明细账，即辅助生产车间发生的费用全部记入“辅助生产成本”，外购电费先记入“辅助生产成本——配电车间”账户，汇总后辅助生产费用采用交互分配法进行分配，计入相关成本和费用，其中计入基本生产成本的记入“外购动力”成本项目。

（2）生产费用在完工产品和期末在产品之间分配采用约当产量比例法，材料在生产开始时一次投入，工费项目按约当产量比例进行分配，C-1车床的平均完工率为50%，H-1铣床的平均完工率为60%。

（十）资产减值准备的计提

该公司年底对各类资产进行减值测试，计提资产减值准备。

（十一）投资性房地产核算

该公司的投资性房地产核算采用公允价值计量模式。

（十二）企业银行存款

银行存款明细核算除非特别说明是交通银行，否则一般是中国工商银行。

（十三）收入核算

该公司销售业务均签订合法有效合同，符合收入确认条件，而且收款除信用风险外无其他风险。

（十四）可变对价核算

该公司销售业务均按照最可能发生金额确定可变对价的最佳估计数。该公司基于对客户的了解，预计客户10天内结款的概率为90%，20天内结款的概率为6%，超过20天结款的概率为4%。

（十五）利润核算方法

该公司利润结转采用账结法。

（十六）企业所得税

该公司所得税核算采用资产负债表债务法；企业所得税采用按月预缴、年终汇算清缴的方式，适用税率为25%。

（十七）其他说明

其他有关财务核算的制度在经济业务中有相关说明。

三、有关账户期初余额资料

万达国际有关账户11月期初余额资料见表2-2至表2-11。

表2-2　**总账期初余额表**　单位：元

科目名称	借方余额	科目名称	贷方余额
库存现金	5 009.00	短期借款	1 200 000.00
银行存款	7 526 365.00	应付票据	42 000.00
其他货币资金	372 320.00	应付账款	565 166.00
交易性金融资产	78 000.00	应付职工薪酬	983 307.60
应收票据	195 900.00	应交税费	403 150.00
应收账款	916 500.00	应付利息	6 050.00
预付账款	161 500.00	其他应付款	78 200.00
其他应收款	16 000.00	长期借款	2 270 000.00
材料采购	93 250.00	应付债券	1 053 000.00
原材料	943 210.00	股本	60 000 000.00
生产成本	125 275.00	资本公积	2 583 550.00

续表

科目名称	借方余额	科目名称	贷方余额
库存商品	1 598 250.00	本年利润	3 769 833.40
周转材料	199 827.00	利润分配	937 700.00
材料成本差异	2 196.00	盈余公积	1 566 087.00
债权投资	500 000.00	坏账准备	9 823.00
其他权益工具投资	51 655.00	累计折旧	6 134 340.00
长期股权投资	706 200.00	固定资产减值准备	670 000.00
固定资产	66 612 750.00	累计摊销	268 000.00
在建工程	179 000.00	递延所得税负债	23 000.00
无形资产	1 980 000.00		
投资性房地产	290 000.00		
递延所得税资产	12 000.00		
合计	78 558 807.00	合计	78 558 807.00

表2-3　有关明细账11月期初余额　单位：元

科目编号	科目名称	借贷方向	金额
100201	银行存款——工商银行	借	4 009 165.00
100202	银行存款——交通银行	借	3 517 200.00
100301	其他货币资金——银行汇票存款（山西鸿运轴承厂）	借	92 000.00
100302	其他货币资金——存出投资款（兴业证券股份有限公司）	借	260 320.00
100303	其他货币资金——外埠存款（山西鸿运轴承厂）	借	20 000.00
110101	交易性金融资产——成本（三一重工，4 000股，14.5元/股）	借	58 000.00
110102	交易性金融资产——公允价值变动（三一重工）	借	20 000.00
120101	应收票据——北京天鸿机电公司	借	78 900.00
120102	应收票据——广州市新林机电公司（期限3个月，年利率4%）	借	117 000.00
120201	应收账款——山西吕梁实业有限公司	借	629 000.00
120202	应收账款——北京市贸易公司	借	35 000.00
120203	应收账款——北京机床经销公司	借	65 000.00

续表

科目编号	科目名称	借贷方向	金额
120204	应收账款——北京顺大企业集团（10月4日销售）	借	129 000.00
120205	应收账款——上海机械厂	借	58 500.00
120302	预付账款——万达轴承厂	借	161 500.00
120401	其他应收款——刘海（赔偿款）	借	2 000.00
120402	其他应收款——张华	借	4 000.00
120403	其他应收款——李海	借	8 500.00
120404	其他应收款——行政科备用金	借	1 500.00
130101	材料成本差异——原材料	借	1 238.00
130102	材料成本差异——周转材料	借	958.00
150101	投资性房地产——成本（北京实创有限公司，出租仓库）	借	250 000.00
150102	投资性房地产——公允价值变动（北京实创有限公司）	借	40 000.00
150201	在建工程——锅炉改造工程（慧远工程服务公司）	借	79 000.00
150202	在建工程——新生产线（北京海华工程公司）	借	100 000.00
160101	无形资产——专利技术（1）（有效年限20年，已使用1年）	借	560 000.00
160102	无形资产——专利技术（2）（有效年限10年，已使用2年）	借	100 000.00
160103	无形资产——专利技术（3）（有效年限6年，已使用1年）	借	120 000.00
160104	无形资产——商标权（有效年限10年，已使用6年）	借	20 000.00
160105	无形资产——土地使用权（有效年限70年，已使用10年）	借	1 180 000.00
170101	债权投资——成本（本年初购进同日发行3年期国债，按年计息，下年初付息，到期还本，票面利率5.5%）	借	500 000.00
180101	其他权益工具投资——成本（新城股份10 000股，5元/股）	借	50 000.00
180102	其他权益工具投资——公允价值变动（新城股份）	借	1 655.00
190101	长期股权投资——成本（金禾集团36%的股权，共同控制）	借	500 000.00
190102	长期股权投资——损益调整（金禾集团）	借	6 200.00
190203	长期股权投资——北京天启机床附件公司（北京天启机床附件公司3%的股权，不具有重大影响）	借	200 000.00
200101	短期借款（7月1日借入1年期借款，年利率6.9%，月末计息）	贷	700 000.00

续表

科目编号	科目名称	借贷方向	金额
200102	短期借款（7月1日借入6个月借款，年利率4.86%，月末计息）	贷	500 000.00
210101	应付票据——河南安阳煤矿公司	贷	42 000.00
220101	应付账款——上海黄河钢铁公司	贷	268 000.00
220102	应付账款——山西鸿运轴承厂	贷	297 166.00
230101	应付职工薪酬——工资	贷	662 160.00
230102	应付职工薪酬——社会保险	贷	211 891.20
230103	应付职工薪酬——工会经费	贷	13 243.20
230104	应付职工薪酬——职工教育经费	贷	16 554.00
230105	应付职工薪酬——住房公积金	贷	79 459.20
240101	应交税费——未交增值税	贷	216 500.00
240102	应交税费——应交所得税	贷	165 000.00
240103	应交税费——应交城市维护建设税	贷	15 155.00
240104	应交税费——应交教育费附加	贷	6 495.00
250101	应付利息（短期借款10月利息）	贷	6 050.00
250201	其他应付款——存入保证金	贷	78 200.00
260101	长期借款（年初借入3年期的一般借款，年利率8.5%，年末计息）	贷	2 270 000.00
270101	应付债券——债券面值（年初发行，用于新生产线建造）	贷	1 000 000.00
270102	应付债券——利息调整（3年期债券，按年计息，到期还本，年利率7%）	贷	53 000.00
400101	利润分配——未分配利润	贷	937 700.00
400201	盈余公积——法定盈余公积	贷	1 566 087.00

表2-4　“材料采购”明细账11月期初余额　金额单位：元

编号	材料名称	供货单位	计量单位	结存数量	实际单价	运杂费	结存金额
130306	螺钉	北京清远物资公司	盒	400	15.80元/盒	30.00	6 350.00
130201	生铁	长江钢铁公司	吨	10	2 300.00元/吨	500.00	23 500.00
130204	煤	河南安阳煤矿公司	吨	400	146.00元/吨	5 000.00	63 400.00
	合计						93 250.00

表2-5　“原材料”明细账11月期初余额　金额单位：元

材料编号及名称	计量单位	结存数量	计划单价	结存金额
原料及主要材料：				473 000.00
130201　生铁	吨	98	2 400.00元/吨	235 200.00
130202　圆钢	吨	82	2 900.00元/吨	237 800.00
燃料：				107 360.00
130203　焦炭	吨	200	500.00元/吨	100 000.00
130204　煤	吨	46	160.00元/吨	7 360.00
外购半成品：				355 800.00
130205　电机X123	台	100	1 500.00元/台	150 000.00
130206　电机X345	台	80	250.00元/台	20 000.00
130207　轴承Q123	套	500	340.00元/套	170 000.00
130208　轴承Q345	套	100	140.00元/套	14 000.00
130209　标准件	个	100	18.00元/个	1 800.00
辅助材料：				7 050.00
130210　油漆	千克	500	12.00元/千克	6 000.00
130211　润滑油	千克	300	3.50元/千克	1 050.00
合计				943 210.00

表2-6　“周转材料”明细账11月期初余额　金额单位：元

材料编号及名称	计量单位	结存数量	计划单价	结存金额
劳动保护品：				2 600.00
130301　工作服	套	23	40.00元/套	920.00
130302　劳保鞋	双	55	28.00元/双	1 540.00
130303　耐热手套	副	28	5.00元/副	140.00
附件：				41 427.00
130304　勾扳手	个	52	5.00元/个	260.00
130305　法兰盘	个	1 098	14.00元/个	15 372.00
130306　螺钉	盒	35	17.00元/盒	595.00
130307　专用工具	把	600	42.00元/把	25 200.00

续表

材料编号及名称	计量单位	结存数量	计划单价	结存金额
包装物：				155 800.00
13030801 包装箱——在库	个	290	380.00元/个	110 200.00
13030802 包装箱——出租	个	100	380.00元/个	38 000.00
13030803 包装箱——出借	个	20	380.00元/个	7 600.00
合计				199 827.00

表2-7 “生产成本”明细账11月期初余额　单位：元

编号	成本项目产品名称	直接材料	直接人工	外购动力	制造费用	合计
300101	C-1车床	59 230.00	10 450.00	1 390.00	14 235.00	85 305.00
300202	H-1铣床	23 980.00	7 580.00	1 069.00	7 341.00	39 970.00
	合计	83 210.00	18 030.00	2 459.00	21 576.00	125 275.00

表2-8 “库存商品”明细账11月期初余额　金额单位：元

编号	科目名称	数量	单位	单位成本（元/台）	金额
140501	库存商品——C-1车床	75	台	11 750.00	881 250.00
140502	库存商品——H-1铣床	75	台	9 560.00	717 000.00
	合计				1 598 250.00

表2-9 产量记录　单位：台

项目	11月		12月	
	C-1车床	H-1铣床	C-1车床	H-1铣床
月初在产品	15	10	5	10
本月投产	80	75	55	50
本月完工	90	75	55	55
月末在产品	5	10	5	5

表2-10 产品定额工时　单位：小时

产品	11月	12月
C-1车床	8 000	5 500
H-1铣床	7 500	5 000

表2-11

固定资产期初余额

固定资产原始卡片											
卡片编号	1					2			3	4	
固定资产编号	0100001	0100002	0100003	0100004	0100005	0200001	0200002	0200003	0300001	0400001	0400002
固定资产名称	厂房			销售门店	办公楼及仓库	生产线	维修设备	配电设备	运输车辆	办公设备	
类别编号	140101					140102			140103	140104	
类别名称	房屋及建筑物					生产设备			运输工具	办公设备	
使用部门	基本生产车间	机修车间	配电车间	销售部门	管理部门	基本生产车间	机修车间	配电车间	管理部门	销售部门	管理部门
增加方式	在建工程转入	在建工程转入	在建工程转入	购入	购入	购入	购入	购入	购入	购入	购入
使用状态	在用	在用	在用	在用	在用	在用	在用	在用	在用	在用	在用
使用年限（月）	480	240	240	240	600	120	120	120	48	60	60
折旧方法	平均年限法	平均年限法	平均年限法	平均年限法	平均年限法	平均年限法	平均年限法	平均年限法	平均年限法	平均年限法	平均年限法
已使用年限	48	48	48	36	81	48	36	36	12	12	12
币种	人民币	人民币	人民币	人民币	人民币	人民币	人民币	人民币	人民币	人民币	人民币
原值	4 100 000.00	2 000 000.00	1 500 000.00	1 000 000.00	16 512 750.00	38 300 000.00	300 000.00	300 000.00	2 000 000.00	300 000.00	300 000.00
净残值率	5%	5%	5%	5%	5%	5%	5%	5%	5%	5%	5%
累计折旧	1 545 600.00	49 440.00	99 840.00	56 160.00	1 108 340.00	2 906 400.00	94 680.00	119 160.00	132 000.00	9 960.00	14 760.00
月折旧额	32 200.00	1 030.00	2 080.00	1 560.00	13 520.00	60 550.00	2 630.00	3 310.00	11 000.00	830.00	1 230.00
对应折旧科目	制造费用	生产成本	生产成本	销售费用	管理费用	制造费用	生产成本	生产成本	管理费用	销售费用	管理费用

【提示】固定资产明细基于固定资产大类分配，并未作详细列示，使用时务必参考实训资料相关业务。

四、相关企业信息

（一）兴业证券股份有限公司

纳税人识别号：91110102149736258K

地址、电话：北京市东城区延安路02号 010-94682159

开户行及账号：中国工商银行北京东城支行 4100683265428723571

（二）北京机床经销公司

纳税人识别号：91110105767852531Z

地址、电话：北京市朝阳区岳各庄28号 010-23547858

开户行及账号：中国工商银行北京朝阳支行 4100987265187659023

（三）北京货运公司

纳税人识别号：91110101563612657A

地址、电话：北京市朝阳区小寨路03号 010-36528968

开户行及账号：中国工商银行北京朝阳支行 4100982763123987576

（四）汉阳钢铁厂

纳税人识别号：90210123562231478S

地址、电话：湖北省武汉市林翰路105号 027-56243688

开户行及账号：中国工商银行武汉分行 1001356745368900768

（五）北京利鸿建筑材料有限公司

纳税人识别号：91110102356243689K

地址、电话：北京市西城区建国南路10号 010-23345688

开户行及账号：交通银行北京西城支行 6200982356422356

（六）北京第二建筑公司

纳税人识别号：91110102149736925P

地址、电话：北京市西城区临河路21号 010-94682583

开户行及账号：中国建设银行北京西城支行 4100683265428725836

（七）山西机电公司

纳税人识别号：91410105812093428B

地址、电话：山西省太原市小店区67号 0351-29055800

开户行及账号：中国工商银行太原黄河分理处 4100834653219872352

（八）北京市济源木器厂

纳税人识别号：91110102497234516G

地址、电话：北京市西城区临河路15号　010-94230189

开户行及账号：中国工商银行北京西城支行 41003723523689

（九）上海明启机械公司

纳税人识别号：93101504354764536B

地址、电话：上海市浦东新区海华路路40号 021-41978988

开户行及账号：中国工商银行上海浦东支行 4123098476523495687

（十）北京宏达集团公司

纳税人识别号：91120101872346529X

地址、电话：北京市房山区灵溪路87号 010-87239468

开户行及账号：中国工商银行北京房山支行 4100872352836914 8

（十一）三一重工股份有限公司

纳税人识别号：96112010893723568D

地址、电话：广东省深圳市滨海路10号 0755-56892318

开户行及账号：交通银行深圳滨海支行 6200982356422356

（十二）湖北圆通物流公司

纳税人识别号：92210203565614729Q

地址、电话：湖北省武汉市二七路203号 027-88263899

开户行及账号：中国工商银行武汉分行 4100123564125836579

（十三）北京顺大企业集团

纳税人识别号：91110101120821773L

地址、电话：北京市东城区翠微路13号 010-24725836

开户行及账号：交通银行北京东城支行 4100987265187289450

（十四）广州市新林机电公司

纳税人识别号：94401014239817230Y

地址、电话：广东省广州市花都区萧寒路91号 020-27570826

开户行及账号：中国工商银行广州花都支行 4100862352987236549

（十五）北京天宇广告有限公司

纳税人识别号：91110103567812478P

地址、电话：北京市东城区海河路12号 010-33562589

开户行及账号：中国建设银行北京东城支行 4100981265309871290

（十六）河南安阳煤矿公司

纳税人识别号：94102502873210982J

地址、电话：河南省安阳市文峰区滨河路19号 0372-63982800

开户行及账号：中国工商银行安阳文峰支行 4100673265428719827

（十七）北京清远物资公司

纳税人识别号：91110108983675141F

地址、电话：北京市海淀区南京路5号 010-35685689

开户行及账号：中国建设银行北京海淀支行 4367891265309162538

（十八）深圳长风机电公司

纳税人识别号：91620108937258362X

地址、电话：广东省深圳市嘉峪关路12号 0755-32165498

开户行及账号：中国工商银行深圳分行 6001356745368902389

（十九）长风公司

纳税人识别号：91110101893714523A

地址、电话：北京市东城区湖滨北路7路 010-87322581

开户行及账号：中国工商银行北京东城支行 4100982356487225836

（二十）江苏南京长江机械厂

纳税人识别号：91110108769524876B

地址、电话：江苏省南京市枫林路108号 025-63279808

开户行及账号：中国工商银行南京枫林路支行 4100687502430904123

（二十一）长江联运公司

纳税人识别号：91120103982365129C

地址、电话：北京市崇文区滨东路71号 010-36856988

开户行及账号：中国建设银行北京崇文支行 410023546987562328

（二十二）汉阳如家酒店

纳税人识别号：91201021497159366M

地址、电话：湖北省武汉市滨江路221号 027-22583696

开户行及账号：中国工商银行武汉支行 4100693265428235720

（二十三）厦门沿海宾馆

纳税人识别号：91110108512650467D

地址、电话：福建省厦门市沿海路78号 0592-99562002

开户行及账号：中国工商银行厦门沿海支行 4100925000041235123

（二十四）北京天平文化中心

纳税人识别号：91120105398422388K

地址、电话：北京市东城区新街05号 010-78940105

开户行及账号：中国工商银行北京东城支行 4122664522025678956

（二十五）山西焦化股份有限公司

纳税人识别号：91110101893746520B

地址、电话：山西省大同市滨河路01号 0352-88756128

开户行及账号：中国工商银行山西大同分行 3001356745368902588

（二十六）北京贸易办公用品店

纳税人识别号：91110108462796354K

地址、电话：北京市东城区江南路12号 010-36925825

开户行及账号：中国工商银行北京东城支行 4100147258369369258

（二十七）北京龙城资产出租公司

纳税人识别号：91110108983672316J

地址、电话：北京市西城区淮北路53号 010-35685258

开户行及账号：中国工商银行北京西城支行 4100683265428235723

（二十八）新奇研发中心

纳税人识别号：91110101893742316U

地址、电话：北京市海淀区建国北路07号 010-87323128
开户行及账号：中国工商银行北京海淀支行 4367891265309136985

（二十九）山西鸿运轴承厂

纳税人识别号：91410105389421762X
地址、电话：山西省太原市小店区198号 0351-57818912
开户行及账号：中国工商银行太原小店分理处 4100763987698576094

（三十）万达轴承厂

纳税人识别号：91253652896365146U
地址、电话：河北省承德市城关区405号 0314-28875601
开户行及账号：中国工商银行河北承德分行 2100234567895698123

（三十一）旺财机电经销公司

纳税人识别号：91110012345645123E
地址、电话：北京市燕郊北路48号 010-84781235
开户行及账号：中国工商银行北京燕郊支行 4100450000456780123

（三十二）北京职业技术培训中心

纳税人识别号：91110102149725833K
地址、电话：北京市西城区建国南路43号 010-23515963
开户行及账号：中国工商银行北京西城支行 4100683265428369250

（三十三）北京鑫鑫房产租赁公司

纳税人识别号：91110102149258352Q
地址、电话：北京市东城区湖滨南路20号 010-87362389
开户行及账号：中国工商银行北京东城支行 4100982356487235725

（三十四）北京重型机械厂

纳税人识别号：91110106200229837P
地址、电话：北京市大兴区九里庄123号 010-23456789
开户行及账号：中国工商银行北京大兴九里庄支行 4100982763453023289

（三十五）北京实创有限公司

纳税人识别号：92110101893726751B
地址、电话：北京市海淀区建国北路80号 010-87325688
开户行及账号：中国工商银行北京建国路支行 4100982765186897869

（三十六）北京王府井百货股份有限公司

纳税人识别号：91110105232585606N
地址、电话：北京市东城区王府井大街253号 010-65528588
开户行及账号：中国工商银行北京东城支行 4100984578697695578

（三十七）东风股份有限公司

纳税人识别号：91110101563619821A
地址、电话：北京市朝阳区新华路03号 010-36526788

开户行及账号：中国工商银行北京朝阳支行4100982763123985183

（三十八）北京海华工程公司

纳税人识别号：91110102497325815P

地址、电话：北京市海淀区临河路35号 010-94683961

开户行及账户：中国工商银行北京海淀支行4100673265428736925

（三十九）北京天鸿机电公司

纳税人识别号：91110101091726538W

地址、电话：北京市东城区华林路76号 010-32547698

开户行及账号：中国工商银行北京东城支行4100987265187245319

（四十）山西永达货运公司

纳税人识别号：91440105398422396X

地址、电话：山西省太原市小店区黄山路05号 0351-23568780

开户行及账号：中国工商银行太原小店支行4100147258369258l478

（四十一）北京靖江大酒店

纳税人识别号：91110102149236259T

地址、电话：北京市东城区湖滨北路07号 010-87335126

开户行及账户：中国工商银行北京东城支行4100982356487225 63

（四十二）中国电信北京东城营业所

纳税人识别号：91110105982725813R

地址、电话：北京市东城区上海路02号 010-87312658

开户行及账户：中国工商银行北京东城支行4100982356487114896

（四十三）北京市自来水公司

纳税人识别号：91110102149788176Q

地址、电话：北京市西城区临河路03号 010-94685573

开户行及账号：中国工商银行北京西城支行4100872364519345281

（四十四）北京市电力局

纳税人识别号：91110102153453458A

地址、电话：北京市西城区临河路657号 010-67826758

开户行及账号：中国工商银行北京西城支行4100872364519982081

（四十五）上海黄河钢铁公司

纳税人识别号：93101504354762837B

地址、电话：上海市浦东新区胡明路36号 021-41972398

开户行及账号：中国工商银行上海浦东支行4123098476523487623

（四十六）武汉钢铁厂

纳税人识别号：91120107684952173L

地址、电话：湖北省武汉市北江区常宁路48号 027-36925869

开户行及账号：中国工商银行武汉北江支行4367598475262253621

（四十七）北京洪兴搬运公司

纳税人识别号：92110101893723692B

地址、电话：北京市海淀区建国北路23号 010-87321251

开户行及账号：中国工商银行北京建国路支行 410098276518689023l

（四十八）上海东方大酒店

纳税人识别号：91310102149723691B

地址、电话：上海市浦东区淮海西路03号 021-23513579

开户行及账号：中国工商银行上海淮海支行 4100683265428258 36

（四十九）天津不锈钢制品公司

纳税人识别号：91110114239812237B

地址、电话：天津市秀华区汉江路9号 022-27570258

开户行及账号：中国工商银行天津秀华支行 4100862352987233691

（五十）新华机械厂

纳税人识别号：91110101563618967A

地址、电话：北京市海淀区小寨69号 010-36527869

开户行及账号：中国建设银行北京海淀支行4100981265309870352

（五十一）中国人寿保险股份有限公司北京分公司

纳税人识别号：91110105982773445B

地址、电话：北京市东城区朝阳门北大街17号 010-58195001

开户行及账号：中国工商银行北京朝阳支行 4100892763453098237

（五十二）中国邮政北京东城湖滨南路营业所

纳税人识别号：91110105982732651N

地址、电话：北京市东城区湖滨南路8号 010-87322581

开户行及账号：中国工商银行北京东城支行 4100892763450925 81

（五十三）慧远工程服务公司

纳税人识别号：91110101893720168N

地址、电话：北京市西城区河南路81号 010-87323625

开户行及账号：中国建设银行北京西城支行 4367982308127349218

（五十四）实达股份有限公司

纳税人识别号：91110102345612674B

地址、电话：北京市东城区中关村485号 010-46859274

开户行及账号：中国工商银行北京东城支行4100852476532340552

（五十五）北京市专利局

纳税人识别号：91110108562743758Y

地址、电话：北京市海淀区知春路23号 010-82356390

开户行及账号：交通银行北京海淀支行 6222091762389128712

（五十六）牡丹商务酒店

纳税人识别号：91110105982733571N

地址、电话：北京市东城区湖滨南路75号 010-87323578

开户行及账号：中国工商银行北京东城支行 4100892763453025869

（五十七）北京天启机床附件公司

纳税人识别号：91110102164360401N

地址、电话：北京市西城区临河路53号010-87326520

开户行及账号：中国工商银行北京西城支行 4100872364519981092

五、实训材料

（1）大约225页通用记账凭证，按业务顺序编号；

（2）库存现金日记账页约1页，银行存款日记账页约6页；

（3）三栏式明细账页约40页；

（4）数量金额式明细账页约26页；

（5）多栏式明细账页约20页，生产成本明细账页约4页，应交增值税明细账页约4页；

（6）三栏式总账账页约50页；

（7）科目汇总表6页；

（8）资产负债表、利润表各2页。

六、经济业务检索

万达国际11月和12月发生如下经济业务：

（一）11月发生的经济业务

11月发生经济业务的原始凭证见本项目任务二。

1.11月1日，万达国际发行股票。（筹资，出纳）

2.11月1日，万达国际销售产品C-1车床，商品已发运，已办妥托收手续。（销售，往来，出纳，存货）

3.11月1日，万达国际申请银行汇票。（出纳）

4.11月1日，万达国际借入长期借款。（筹资，出纳）

5.11月2日，万达国际购进建造新厂房所需工程物资，对方代垫运费。（非流动资产，出纳）

6.11月2日，万达国际支付建造新厂房工程款。（非流动资产，出纳）

7.11月2日，万达国际用投资专用账户资金购入股票，划分为交易性金融资产。（投资，出纳）

8.11月3日，万达国际销售产品C-1车床，已办妥托收手续。（销售，往来，存货，出纳）

9.11月3日，万达国际购进包装箱。（存货，出纳）

10.11月3日，万达国际收到赔偿款。(财务成果，出纳)

11.11月3日，万达国际根据投资协议书，对外投资。(出纳，投资)

12.11月3日，万达国际购进一台机床生产线，交付安装。(非流动资产，出纳)

13.11月3日，万达国际将资金存入投资专用账户准备购买股票。(出纳，另会议批复略)

14.11月3日，万达国际用银行汇票采购生铁和圆钢，货到验收入库，多余款已收回。运费按重量分配。(存货，出纳)

15.11月4日，万达国际领用材料安装生产线（材料成本差异率为6%）。(非流动资产，存货)

16.11月4日，万达国际收回上月销售款。(往来，出纳)

17.11月4日，万达国际收到银行通知，应收广州市新林机电公司带息商业汇票到期，收款。(出纳，往来)

18.11月5日，万达国际支付广告费。(销售，成本费用，出纳)

19.11月5日，万达国际接到银行通知，应付河南安阳煤矿公司商业汇票到期，付款。(出纳)

20.11月5日，万达国际通过网银发放工资，结算代扣款项。(职工薪酬，出纳)

21.11月6日，万达国际采购法兰盘等材料，款已付。(存货，出纳)

22.11月6日，万达国际上述机床生产线安装完毕，交付使用。(非流动资产)

23.11月6日，万达国际支付上月各项税费。(税费，出纳)

24.11月7日，万达国际预付材料采购款。(往来，出纳)

25.11月7日，万达国际销售H-1铣床，款未收到。(销售，存货，往来)

26.11月7日，万达国际上月从长江钢铁公司采购的生铁到货，经验收短缺1吨，其余入库。(存货)

27.11月8日，万达国际11月7日销售款已收到。(销售，存货，出纳)

28.11月8日，万达国际销售部门出租全新木箱，收到租金和押金。(销售，往来，出纳)

29.11月9日，万达国际购入设备一台。(出纳，非流动资产)

30.11月9日，万达国际财务部收到短缺1吨原材料的处理意见。(出纳，存货)

31.11月9日，万达国际张华报销差旅费。(往来，出纳)

32.11月9日，万达国际收回11月3日的销货款。(往来，出纳)

33.11月10日，万达国际收到刘海赔偿款。(出纳)

34.11月10日，万达国际技术研发人员李海报销差旅费。(往来，出纳)

35.11月10日，万达国际支付职工伙食补贴。(职工薪酬，出纳)

36.11月11日，万达国际预收销货款。(往来，出纳)

37.11月11日，万达国际10月18日销售的C-1车床退回，款项尚未退还，成本期末已结转。(往来，销售)

38.11月12日，万达国际购进股票，划分为交易性金融资产。(投资，出纳)

39.11月12日，万达国际支付新产品展位费。（成本费用，出纳）

40.11月13日，万达国际采购材料焦炭，款未付。（往来，存货）

41.11月13日，万达国际新建厂房领用空心砖。（非流动资产）

42.11月14日，万达国际成立20周年庆，购买并发放纪念品。（存货，出纳，往来）

43.11月14日，万达国际支付行政部门资产租金。（成本费用，出纳）

44.11月15日，万达国际支付H-1铣床专利技术研发支出。（非流动资产，出纳）

45.11月15日，万达国际归还前欠山西鸿运轴承厂货款。（往来，出纳）

46.11月15日，万达国际发出C-1车床，预收销货款的剩余款项尚未收到。（销售，往来，出纳）

47.11月16日，万达国际分期收款销售H-1铣床。（销售，往来，出纳）

48.11月16日，万达国际用外埠存款购买材料标准件，多余款退回，已入账。（存货，出纳）

49.11月17日，万达国际采购材料Q345轴承，款项已预付，剩余款未支付。（存货，往来）

50.11月18日，万达国际收回出租包装箱，出租时收取的存入保证金2万元，扣除租金后，余款退还。（存货，出纳，往来）

51.11月19日，万达国际购进材料X123、X345电机，款项11月7日已预付，补付剩余款。（运费按买价比例分配）（存货，往来，出纳）

52.11月20日，万达国际支付职工培训费。（职工薪酬，出纳）

53.11月20日，万达国际支付上月代扣及应交款项。（职工薪酬，出纳）

54.11月21日，万达国际支付行政部门高管房租。（职工薪酬，出纳）

55.11月22日，万达国际销售产品C-1车床，收到有效期3个月商业汇票。（销售，往来，出纳）

56.11月22日，万达国际对外出租的一座仓库到期，收回自用。（非流动资产，出纳）

57.11月23日，万达国际本月购进的焦炭运到，拒付2吨，其余付款。（存货，出纳）

58.11月24日，万达国际支付办公费。（成本费用，出纳）

59.11月24日，万达国际收到一笔已确认为坏账的应收账款。（往来，出纳）

60.11月25日，万达国际支付新生产线工程款。（非流动资产，出纳）

61.11月25日，万达国际销售产品H-1铣床，货已发出，款未收。（销售，存货，往来）

62.11月26日，万达国际预收销货款。（销售，往来，出纳）

63.11月26日，万达国际汇出采购款，设立专户进行采购。（出纳）

64.11月26日，万达国际出售固定资产。（非流动资产，出纳，财务成果）

65.11月27日，万达国际用银行汇票采购轴承，对方代垫运费，余款已付。（存货，

往来）

66.11月29日，万达国际采购员刘海预借差旅费。（出纳，往来）

67.11月29日，万达国际行政科报销，以现金补足定额。（成本费用，往来，出纳）

68.11月29日，万达国际收到11月25日的销货款。（销售，往来，出纳）

69.11月30日，结转本期随货出售包装箱成本。（存货，成本费用）

70.11月30日，万达国际计算结转本期入库材料成本及差异。（存货，成本费用）

71.11月30日，万达国际计算各部门领用材料。（存货，成本费用）

72.11月30日，万达国际计提本月职工薪酬。（职工薪酬，成本费用）

73.11月30日，万达国际支付本月通信费。（成本费用，出纳）

74.11月30日，万达国际支付本月水费。（成本费用，出纳）

75.11月30日，万达国际支付本月电费。（成本费用，出纳）

76.11月30日，万达国际计提本月折旧。（非流动资产，成本）

77.11月30日，万达国际分配辅助生产成本。（成本费用）

78.11月30日，万达国际分配制造费用。（成本费用）

79.11月30日，万达国际结转本月完工产品成本。（成本费用）

80.11月30日，万达国际结转已销产品成本。（销售，存货，成本费用）

81.11月30日，万达国际计算结转本期应交增值税。（税费）

82.11月30日，万达国际结转公允价值变动。（投资，财务成果）

83.11月30日，万达国际计提本期短期借款利息。（筹资，财务成果）

84.11月30日，万达国际结转本期费用化研发支出。（成本费用）

85.11月30日，万达国际结转损益类账户。（财务成果）

86.11月30日，万达国际计提并结转本月应交所得税165 000元。（财务成果）

（二）12月发生的经济业务

12月发生经济业务的原始凭证见本项目任务三。

1.12月1日，万达国际销售产品H-1铣床，货已发出，收到银行本票，已入账。（销售，存货，出纳）

2.12月1日，万达国际购入股票，划分为交易性金融资产，款项已从专用账户划出。每股股票价格中包含已宣告但尚未发放的现金股利0.50元。（投资，出纳）

3.12月1日，万达国际支付建造新生产线的工程款。（非流动资产，出纳）

4.12月2日，万达国际申请银行汇票采购材料。（出纳）

5.12月2日，万达国际收回上月预收销货款余款。（往来，出纳）

6.12月3日，万达国际通过希望工程给贫困地区小学捐款。（财务成果，出纳）

7.12月3日，万达国际支付前欠货款。（往来，出纳）

8.12月3日，万达国际销售产品C-1车床，预收销货款扣除代垫运费后收回剩余款项。（销售，往来，出纳）

9.12月4日，万达国际通过网上银行发放工资，并代扣其他款项。（职工薪酬，往

来，出纳）

10.12月4日，万达国际销售产品C-1车床，约定现金折扣条件为“2/10，1/20，n/30”，已办妥托收手续。（销售，往来，出纳）

11.12月4日，万达国际购买材料圆钢，款项尚未支付。约定付款条件为“2/10，1/20，n/30”（按不含税价款计算）。（存货，往来）

12.12月5日，万达国际通过银行缴纳税费，收到各有关税金的缴款书收据联。（税费，出纳）

13.12月5日，万达国际一台大型钻床报废，转入清理。申请采用简易计税方式。（非流动资产，出纳，财务成果）

14.12月6日，万达国际支付广告费。（销售，成本费用，出纳）

15.12月7日，万达国际收到上月购入的材料Q123轴承，经验收发现型号不对，经协商对方同意退货。已办理相关手续，但材料款尚未收回。（存货，往来）

16.12月7日，万达国际出租仓库。（非流动资产，投资，出纳）

17.12月7日，万达国际采购员刘海报销差旅费。（往来，成本费用，出纳）

18.12月8日，万达国际用银行汇票购煤，不足部分汇款支付。（存货，出纳）

19.12月8日，万达国际用月初外埠存款购买生铁，货款余款退回。（存货，出纳）

20.12月9日，万达国际支付武汉钢铁厂货款。（往来，出纳）

21.12月10日，万达国际购买劳保鞋等用品，款已支付。（存货，出纳）

22.12月10日，万达国际委托代理销售产品C-1车床，货已发出（用上月单位成本结转）。（销售，出纳，存货）

23.12月10日，万达国际收到东方股份有限公司现金股利，转入投资专用账户。（投资，出纳）

24.12月10日，万达国际以一批库存商品C-1车床进行长期股权投资，期末结转成本。（投资，出纳，存货）

25.12月10日，万达国际申请办理银行本票。（出纳）

26.12月11日，万达国际购买包装箱。（存货，出纳）

27.12月12日，万达国际向银行申请贴现。（往来，出纳）

28.12月12日，万达国际收到本月4日托收承付款项。（往来，出纳）

29.12月13日，万达国际的一笔应收货款，经确认无法收回，作为坏账处理。（往来，财务成果）

30.12月13日，万达国际支付本年财产保险费。（成本费用，出纳）

31.12月14日，万达国际转账支付全年报刊费。（成本费用，出纳）

32.12月16日，万达国际购买股票，划分为交易性金融资产，款项通过投资专用账户划拨。（投资，出纳）

33.12月16日，万达国际支付锅炉改造工程款。该工程已全部完工，交付基本生产车间使用。（非流动资产，出纳）

34.12月18日，万达国际基本生产车间工人赵铭因违章操作，被处以罚款。（财务

成果，出纳）

35.12月20日，万达国际销售产品C-1车床，款项尚未收到。（销售，出纳，往来）

36.12月20日，万达国际支付H-1铣床专利技术研发费用。（非流动资产，出纳）

37.12月20日，万达国际对外投资。（投资，出纳）

38.12月20日，万达国际购进一批热水器，发放福利。（职工薪酬，出纳）

39.12月20日，万达国际转让专利技术使用权。（非流动资产，出纳）

40.12月20日，万达国际支付上月代扣及应交款项。（职工薪酬，出纳）

41.12月21日，万达国际提取现金备用。（出纳）

42.12月21日，万达国际出售三一重工股份有限公司股票，款已入账。（投资，出纳）

43.12月22日，万达国际成功申请到了H-1铣床专利权，并支付相关费用。结转无形资产成本（非流动资产，出纳）

44.12月22日，万达国际收到北京机床经销公司前欠货款。（往来，出纳）

45.12月23日，万达国际行政科报销业务招待费，其余备用金收回。（往来，成本费用，出纳）

46.12月23日，万达国际发放基本生产车间工人困难补助。（职工薪酬，出纳）

47.12月24日，万达国际出借全新包装箱，收取押金。（销售，出纳）

48.12月24日，万达国际销售产品H-1铣床，款项已收。（销售，出纳）

49.12月25日，万达国际销售圆钢，款项已收，用上月差异率结转。（销售，出纳）

50.12月25日，万达国际出售股票，款项已收。（投资，财务成果，出纳）

51.12月27日，万达国际销售产品H-1铣床，收到本票已入账。（销售，出纳）

52.12月28日，万达国际归还短期借款本息。（筹资，出纳）

53.12月28日，万达国际建造厂房，支付工程款。（非流动资产，出纳）

54.12月30日，万达国际收到代销清单（略）和代销款项。（销售，出纳）

55.12月31日，万达国际收到中国工商银行付款通知，支付本月电话费。（成本费用，出纳）

56.12月31日，万达国际支付本月水费。（成本费用，出纳）

57.12月31日，万达国际支付本月电费。（成本费用，出纳）

58.12月31日，万达国际计提本月固定资产折旧。（成本费用，非流动资产）

59.12月31日，万达国际摊销本年无形资产。（成本费用，非流动资产）

60.12月31日，万达国际结转本月入库材料成本及差异。（成本费用，存货）

61.12月31日，计算各部门领用材料。（成本费用，存货）

62.12月31日，万达国际结转本月随货出售包装物成本。（销售，存货）

63.12月31日，万达国际计提职工薪酬。（职工薪酬，成本费用）

64.12月31日，万达国际分配辅助生产成本。（成本费用）

65.12月31日，万达国际分配制造费用。（成本费用）

66.12月31日，万达国际结转本月完工产品成本。（成本费用）

67.12月31日，万达国际采用全月一次加权平均法，结转各产品销售成本。（存货，销售，成本费用）

68.12月31日，万达国际对财产进行清查。（存货，财务成果）

69.12月31日，万达国际对财产清查进行处理。（成本费用，财务成果）

70.12月31日，万达国际确认、计提本期坏账准备。（往来，财务成果）

71.12月31日，万达国际结转本月未交增值税。（税费）

72.12月31日，万达国际计提本月应交税金及附加。（税费，财务成果）

73.12月31日，万达国际收到被投资单位分配的利润。（投资，财务成果）

74.12月31日，万达国际调整投资性房地产公允价值。（投资，财务成果）

75.12月31日，万达国际固定资产贬值，计提减值准备。（财务成果，非流动资产）

76.12月31日，万达国际计提年初发行3年期债券的利息。（财务成果，筹资）

77.12月31日，万达国际接到被投资单位通知，按权益法确认投资收益。（投资，财务成果）

78.12月31日，万达国际调整持有的有价证券年末公允价值。（投资，财务成果）

79.12月31日，万达国际计提年初购进国债的利息。（投资，财务成果）

80.12月31日，万达国际接到银行通知，收取第四季度活期存款利息。（筹资，财务成果）

81.12月31日，万达国际支付第四季度短期借款利息。（筹资，财务成果）

82.12月31日，万达国际计提本年长期借款利息。（筹资，财务成果）

83.12月31日，万达国际结转本期费用化研发支出。（成本费用）

84.12月31日，万达国际结转损益类账户到“本年利润”账户。（财务成果）

85.12月31日，万达国际对利润总额进行调整，计提所得税费用，确认递延所得税资产和递延所得税负债。（财务成果）

86.12月31日，万达国际结转所得税费用到“本年利润”账户。（财务成果）

87.12月31日，万达国际将“本年利润”账户余额（连同期初余额）结转到“利润分配——未分配利润”账户。（财务成果）

88.12月31日，万达国际年末按净利润的10%提取法定盈余公积，按净利润的5%提取任意盈余公积，按净利润的30%向投资者分配股利。（财务成果）

89.12月31日，万达国际结转利润分配各明细账户，年终结账。（财务成果）

任务二　11月业务核算

1.11月1日，万达国际发行股票。（筹资，出纳）

万达国际股份有限公司董事会决议（简略）

本公司于20　　年10月21日在本公司住所召开公司董事会，经认真审议研究，全体参会董事投票表决，一致通过了以下决议：

本公司将在20　　年11月1日发行普通股股票1 000万股，每股面值为1元。

董事签名：陈逸舟　吴启宾　李一航　董华倩　黄大伟　侯姚兰

万达国际股份有限公司董事会

20　　年10月21日

发行通告（简略）

委托发行方：万达国际股份有限公司

受托发行方：兴业证券股份有限公司

万达国际股份有限公司新增发行1 000万股普通股股票，每股面值1元，协议发行价7.8元/股，受托发行方按发行收入0.5%收取手续费及佣金，自溢价收入中扣除。

特此公告。

万达国际股份有限公司

20　　年11月1日

ICBC 中国工商银行进账单（收账通知）　3

20　　年11月01日

出票人	全　称	兴业证券股份有限公司	收款人	全　称	万达国际股份有限公司
	账　号	4100683265428723571		账　号	4100982356487219763
	开户银行	中国工商银行北京东城支行		开户银行	中国工商银行北京东城支行

金额	人民币（大写）	亿	千	百	十	万	千	百	十	元	角	分
	柒仟柒佰陆拾壹万元整	¥	7	7	6	1	0	0	0	0	0	0

票据种类	转账支票	票据张数	
票据号码			

中国工商银行北京东城支行 01 业务专用章

复核　　记账　　收款人开户银行签章

此联是收款人开户银行交给收款人的收账通知

2.11月1日，万达国际销售产品C-1车床，商品已发运，已办妥托收手续。（销售，往来，出纳，存货）（后期业务涉及购销合同的同本业务，以后业务购销合同略）

购销合同

供方：万达国际股份有限公司　　　　合同号：GBS4008

需方：北京机床经销公司　　　　签订日期：20　年11月1日

经双方协议，订立本合同如下：

产品型号	名称	数量	单价	总额	其他要求
140501	C-1车床	10	45 000.00	450 000.00	
合计		10		450 000.00	
货款总计(大写)：肆拾伍万元整					

质量验收标准：合格

交货日期：20　年11月1日

交货地点：成品仓库

结算方式：委托收款

违约条款：违约方须赔偿对方一切经济损失。但遇天灾人祸或其他人力不能控制之因素而导致延误交货，需方不能要求供方赔偿任何损失。

解决合同纠纷的方式：经双方友好协商解决，如协商不成的，可向当地仲裁委员会提出申诉解决。

本合同一式两份，供需双方各执一份，自签订之日起生效。

供方（盖章）：万达国际股份有限公司　　　　需方（盖章）：北京机床经销公司

地址：北京市东城区湖滨南路27号　　　　地址：北京市朝阳区岳各庄28号

法定代表人：陈逸舟　　　　法定代表人：李晨

联系电话：010-87326520　　　　联系电话：010-23547858

万达国际股份有限公司 合同专用章　　北京机床经销公司 合同专用章

1100081140　　**北京增值税专用发票**　　№60972934

此联不作报销、扣税凭证使用　　开票日期：20　年11月01日

购买方	名　　称：北京机床经销公司 纳税人识别号：91110105767852531Z 地 址 、电 话：北京市朝阳区岳各庄28号010-23547858 开户行及账号：中国工商银行北京朝阳支行4100987265187659023					密码区	（略）
货物或应税劳务、服务名称	规格型号	单位	数量	单价	金额	税率	税额
*机床*C-1车床		台	10	45 000.00	450 000.00	13%	58 500.00
合计					¥450 000.00		¥58 500.00
价税合计（大写）	⊗伍拾万零捌仟伍佰圆整					（小写）¥508 500.00	
销售方	名　　称：万达国际股份有限公司 纳税人识别号：91110101893746520P 地 址 、电 话：北京市东城区湖滨南路27号010-87326520 开户行及账号：中国工商银行北京东城支行4100982356487219763					备注	

第一联：记账联　销售方记账凭证

收款人：王枚　　复核：　　开票人：李林　　销售方：（章）

出 库 单

出货单位：万达国际股份有限公司　　20　年11月01日　　单号：200020

提货单位或领货部门	北京机床经销公司	销售单号		发出仓库	成品仓库

编号	名称及规格	单位	数量		单价	金额
			应发	实发		
140501	C-1车床	台	10	10	45 000.00	450 000.00
合 计			10	10		450 000.00

会计联

部门经理：林娟　　会计：　　仓库：李成　　经办人：王辉

ICBC 中国工商银行托收凭证 （受理回单） 1

委托日期20　年11月01日

业务类型	委托收款（□邮划、☑电划）　托收承付（□邮划、□电划）					
付款人	全　称	北京机床经销公司	收款人	全　称	万达国际股份有限公司	
	账　号	4100987265187659023		账　号	4100982356487219763	
	地　址	北京省 市/县　开户行 中国工商银行北京朝阳支行		地　址	北京省 市/县　开户行 中国工商银行北京东城支行	
金额	人民币（大写）			亿 千 百 十 万 千 百 十 元 角 分		
款项内容	销货款	托收凭据名称	发票等	附寄单证张数	4	
商品发运情况	已发运	合同名称号码				
备注： 复核　记账	款项收妥日期 年　月　日		收款人开户银行签章 20　年11月01日			

（印章：中国工商银行北京东城支行 01 业务受理章）

此联作收款人开户银行给收款人的受理回单

中国工商银行结算收费单

总字第0089号
字第012号

单位名称万达国际股份有限公司　　账号4100982356487219763　　20　年11月01日

结算种类	邮电费	金额 千	百	十	元	角	分	手续费	金额 千	百	十	元	角	分
汇票（兑）	信（电）　笔							笔						
委托收款	邮（电）　笔							1　笔			5	0	0	0
	笔							笔						
	笔							笔						
	小　计									¥	5	0	0	0
合计金额	大写：伍拾元整									¥	5	0	0	0

上列款项，请从我单位账户支付。
付款单位　　陈逸舟（经手人）签章
（印章：万达国际股份有限公司 财务专用章）

会计分类　借：
贷：邮电费收入户　　贷：手续费收入户
复核　　记账　　业务受理章
（印章：中国工商银行北京东城支行 01 业务受理章）

此联作为结算单位付款凭证

付款申请书

20　年11月01日

用途及情况	金额											收款单位（人）：北京货运公司
代垫运费	亿	千	百	十	万	千	百	十	元	角	分	账号：4100982763123987576
					¥	1	6	0	0	0	0	开户行：中国工商银行北京朝阳支行
金额（大写）合计：壹仟陆佰元整												电汇：☐ 信汇：☐ 汇票：☐ 转账：☑ 其他：☐

总经理	陈逸舟	财务部门	经理		业务部门	经　理	林云
			会计			经办人	张浩

中国工商银行
转账支票存根
30109818
00023328
附加信息

出票日期　　年　月　日
收款人：
金　额：
用　途：
单位主管　　会计

中国工商银行　　转账支票　　30109818
00023328

出票日期（大写）　　年　　月　　日　　付款行名称：中国工商银行北京东城支行
收款人：　　出票人账号：4100982356487219763

付款期限自出票之日起十天

人民币（大写）	亿	千	百	十	万	千	百	十	元	角	分

用途＿＿＿＿　　密码＿＿＿＿
上列款项请从　　行号＿＿＿＿
我账户内支付
出票人签章　　复核　　记账
（印章：万达国际股份有限公司 财务专用章）（印章：陈逸舟印）

3.11月1日，万达国际申请银行汇票。（出纳）

付款申请书

20 年11月01日

用途及情况	金额											收款单位（人）：汉阳钢铁厂
申请银行汇票采购材料	亿	千	百	十	万	千	百	十	元	角	分	账号：1001356745368900768
			¥	5	6	0	0	0	0	0	0	开户行：中国工商银行武汉分行
金额（大写）合计：伍拾陆万元整												电汇：□ 信汇：□ 汇票：☑ 转账：□ 其他：□

总经理	陈逸舟	财务部门	经理		业务部门	经 理	钱丽
			会计			经办人	李华

中国工商银行汇票申请书（存根）

第01981631号

申请日期20 年11月01日

申请人	万达国际股份有限公司	收款人	汉阳钢铁厂									
账号或地址	4100982356487219763	账号或地址	1001356745368900768									
用途	采购材料	代理付款行	中国工商银行武汉分行									
汇款金额	人民币（大写） 伍拾陆万元整	千	百	十	万	千	百	十	元	角	分	
			¥	5	6	0	0	0	0	0	0	

此联申请人留存

备注：

中国工商银行北京东城支行 02 业务受理章

4.11月1日，万达国际借入长期借款。（筹资，出纳）

借款协议（简略）

借款方：万达国际股份有限公司　　　　借款银行：交通银行北京东城支行

为满足建造一栋新厂房的资金需要，万达国际股份有限公司经与交通银行北京东城支行协商，借入三年期借款人民币壹仟万元整，借款期限自20 年11月1日至20 年10月31日，年利率8%，按年付息，到期还本。合同自签订日生效。

万达国际股份有限公司（万达国际股份有限公司 合同专用章）

法定代表人：陈逸舟

20 年11月1日

交通银行北京东城支行（交通银行北京东城支行 合同专用章）

法定代表人：李玉华

20 年11月1日

借款借据（收据通知）

借款日期 20 年11月01日 借据编号201836

收款单位			付款单位		
收款单位	名称	万达国际股份有限公司	付款单位	名称	交通银行北京东城支行
	开户账号	6222111098267238716		放款户账号	6222111098267238253
	开户银行	交通银行北京东城支行		开户银行	交通银行北京东城支行

借款金额	人民币（大写）	千	百	十	万	千	百	十	元	角	分
	壹仟万元整	1	0	0	0	0	0	0	0	0	0

借款原因及用途	新建厂房	借款期限	20 年11月1日—20 年10月31日。年利率8%

你单位上列借款，已转入你单位结算户内。

交通银行北京东城支行 03 业务受理章

（银行盖章）

此联退还借款单位

交通银行进账单（收账通知） 3

20 年11月01日

出票人			收款人		
出票人	全称	交通银行北京东城支行	收款人	全称	万达国际股份有限公司
	账号	6222111098267238253		账号	6222111098267238716
	开户银行	交通银行北京东城支行		开户银行	交通银行北京东城支行

金额	人民币（大写）	亿	千	百	十	万	千	百	十	元	角	分
	壹仟万元整	¥	1	0	0	0	0	0	0	0	0	0

票据种类		票据张数	
票据号码			

复核 记账

交通银行北京东城支行 01 业务专用章

收款人开户银行签章

此联是收款人开户银行交给收款人的收账通知

5.11月2日，万达国际购进建造新厂房所需工程物资，对方代垫运费。（非流动资产，出纳）

1100081140　　北京增值税专用发票　　№30972662

发票联　　开票日期：20　年11月02日

购买方	名　　称：万达国际股份有限公司 纳税人识别号：91110101893746520P 地址、电话：北京市东城区湖滨南路27号010-87326520 开户行及账号：交通银行北京东城支行6222111098267238716	密码区	（略）

货物或应税劳务、服务名称	规格型号	单位	数量	单价	金额	税率	税额
*非金属矿物制品*空心砖	50*50	块	100 000	4.00	400 000.00	13%	52 000.00
合计					¥400 000.00		¥52 000.00
价税合计（大写）	⊗肆拾伍万贰仟圆整				（小写）¥452 000.00		

销售方	名　　称：北京利鸿建筑材料有限公司 纳税人识别号：91110102356243689K 地址、电话：北京市西城区建国南路10号010-23345688 开户行及账号：交通银行北京西城支行6200982356422356	备注	北京利鸿建筑材料有限公司 91110102356243689K 发票专用章

收款人：张翔　　复核：　　开票人：李月　　销售方：（章）

第三联：发票联　购买方记账凭证

1100081140　　北京增值税专用发票　　№40372152

发票联　　开票日期：20　年11月02日

购买方	名　　称：万达国际股份有限公司 纳税人识别号：91110101893746520P 地址、电话：北京市东城区湖滨南路27号010-87326520 开户行及账号：交通银行北京东城支行6222111098267238716	密码区	（略）

货物或应税劳务、服务名称	规格型号	单位	数量	单价	金额	税率	税额
*运输服务*运输费			100 000	0.01	1 000.00	9%	90.00
合计					¥1 000.00		¥90.00
价税合计（大写）	⊗壹仟零玖拾圆整				（小写）¥1 090.00		

销售方	名　　称：北京货运公司 纳税人识别号：91110101563612657A 地址、电话：北京市朝阳区小寨路03号010-36528968 开户行及账号：中国工商银行北京朝阳支行4100982763123987576	备注	北京货运公司 91110101563612657A 发票专用章

收款人：李科　　复核：　　开票人：王林　　销售方：（章）

第三联：发票联　购买方记账凭证

收 料 单

供应单位：北京利鸿建筑材料有限公司　　　　　　　　　　编号：2000051

材料类别：建筑材料　　　　20　年11月02日　　　　收料仓库：基建部仓库

材料编号	材料名称	规格	计量单位	数量		实际价格				计划	
				应收	实收	单价	材料金额	运杂费	合计	单价	金额
	空心砖	50*50	块	100 000	100 000	4.00					
备注：建造新厂房所需工程物资											

会计联

部门经理：王丽　　质量检验员：李晟　　仓库：王伟　　经办人：张文

付款申请书

20　年11月02日

用途及情况	金额											收款单位（人）：北京利鸿建筑材料有限公司	
购买工程物资	亿	千	百	十	万	千	百	十	元	角	分	账号：6200982356422356	
			¥	4	5	3	0	9	0	0	0	开户行：交通银行北京西城支行	
金额（大写）合计：	肆拾伍万叁仟零玖拾元整											电汇：☐信汇：☐汇票：☐转账：☑其他：☐	
总经理	陈逸舟	财务部门	经理			业务部门						经　理	李彤
			会计									经办人	张华

交通银行
转账支票存根
$\frac{GE}{02}$23909820
附加信息

出票日期　　年　月　日

收款人：	
金　额：	
用　途：	

单位主管　　会计

交通银行　　转账支票　　$\frac{GE}{02}$23909820

出票日期（大写）　　年　月　日　　付款行名称：交通银行北京东城支行

收款人：　　出票人账号：6222111098267238716

人民币（大写）	亿	千	百	十	万	千	百	十	元	角	分

本支票付款期限十天

用途＿＿＿＿＿＿　　密码＿＿＿＿＿＿

上列款项请从　　行号＿＿＿＿＿＿

我账户内支付

出票人签章　　万达国际股份有限公司 财务专用章　　陈逸舟印　　复核　　记账

6.11月2日，万达国际支付建造新厂房工程款。（非流动资产，出纳）

1100081140　　　　**北京增值税专用发票**　　　　№1092224226

发票联　　　　开票日期：20　年11月02日

购买方	名　　称：万达国际股份有限公司 纳税人识别号：91110101893746520P 地 址 、电 话：北京市东城区湖滨南路27号010-87326520 开户行及账号：交通银行北京东城支行6222111098267238716				密码区	（略）	
货物或应税劳务、服务名称	规格型号	单位	数量	单价	金额	税率	税额
*建筑服务*新厂房建设费					5 000 000.00	9%	450 000.00
合计					¥5 000 000.00		¥450 000.00
价税合计（大写）	⊗伍佰肆拾伍万圆整				（小写）¥5 450 000.00		
销售方	名　　称：北京第二建筑公司 纳税人识别号：91110102149736925P 地 址 、电 话：北京市西城区临河路21号010-94682583 开户行及账号：中国建设银行北京西城支行4100683265428725836				备注		

收款人：王冰　　复核：　　开票人：李宇　　销售方：（章）

第三联：发票联　购买方记账凭证

付款申请书

20　年11月02日

用途及情况	金额											收款单位（人）：北京第二建筑公司
支付建造新厂房工程款	亿	千	百	十	万	千	百	十	元	角	分	账号：4100683265428725836
		¥	5	4	5	0	0	0	0	0	0	开户行：中国建设银行北京西城支行
金额（大写）合计：伍佰肆拾伍万元整												电汇：☐信汇：☐汇票：☐转账：☑其他：☐

总经理	陈逸舟	财务部门	经理		业务部门	经　理	李彤
			会计			经办人	张华

交通银行
转账支票存根
$\frac{GE}{02}$23909821
附加信息
出票日期　　年　月　日
收款人：
金　额：
用　途：
单位主管　　会计

交通银行　　转账支票　　$\frac{GE}{02}$23909821

出票日期（大写）　　年　月　日　　付款行名称：交通银行北京东城支行
收款人：　　出票人账号：6222111098267238716

本支票付款期限十天

人民币（大写）	亿	千	百	十	万	千	百	十	元	角	分

用途＿＿＿＿　　密码＿＿＿＿
上列款项请从　　行号＿＿＿＿
我账户内支付
出票人签章　　复核　　记账

7.11月2日，万达国际用投资专用账户资金购入股票，划分为交易性金融资产。（投资，出纳）

兴业证券股份有限公司对账单

客户编号：200010101　　姓名：万达国际股份有限公司　　对账日期：20　年11月　　打印柜员：098

兴业证券股份有限公司 01 业务受理章

资金信息：

币种　　资金余额　　可用金额　　可取现金　　资产总值

流水明细：

日期	币种	业务标志	证券名称	证券代码	发生数量	成交均价	佣金	印花税	其他费用	收付金额	资金余额	备注
11.02	人民币	购入股票	英洛华	000795	3 500	10.00	15.00	0	20.00	-35 035.00		
合计					3 500		15.00	0	20.00	-35 035.00		

8.11月3日，万达国际销售产品C-1车床，已办妥托收手续。（销售，往来，存货，出纳）

1100081140　　**北京增值税专用发票**　　№60972942

此联不作报销、扣税凭证使用　　开票日期：20　年11月03日

购买方	名　　称：山西机电公司 纳税人识别号：91410105812093428B 地 址 、电 话：山西省太原市小店区67号0351-29055800 开户行及账号：中国工商银行太原黄河分理处4100834653219872352				密码区	（略）	
货物或应税劳务、服务名称	规格型号	单位	数量	单价	金额	税率	税额
*机床*C-1车床		台	20	45 000.00	900 000.00	13%	117 000.00
合计					¥900 000.00		¥117 000.00
价税合计（大写）	⊗壹佰零壹万柒仟圆整				（小写）¥1 017 000.00		
销售方	名　　称：万达国际股份有限公司 纳税人识别号：91110101893746520P 地 址 、电 话：北京市东城区湖滨南路27号010-87326520 开户行及账号：中国工商银行北京东城支行4100982356487219763				备注		

收款人：王枚　　复核：　　开票人：李林　　销售方：（章）

第一联：记账联　销售方记账凭证

微课

可变对价——现金折扣会计核算

付款申请书

20　年11月03日

用途及情况	金额											收款单位（人）：北京货运公司
代垫运费	亿	千	百	十	万	千	百	十	元	角	分	账号：4100982763123987576
						¥	5	2	0	0	0	开户行：中国工商银行北京朝阳支行
金额（大写）合计：伍仟贰佰元整												电汇：□信汇：□汇票：□转账：☑其他：□

总经理	陈逸舟	财务部门	经理		业务部门	经　理	林云
			会计			经办人	张浩

中国工商银行
转账支票存根
30109819
00023328

附加信息

出票日期　　年　月　日

收款人：
金　额：
用　途：

单位主管　　　会计

中国工商银行　转账支票　30109819 00023328

出票日期（大写）　　年　月　日　　付款行名称：中国工商银行北京东城支行

收款人：　　出票人账号：4100982356487219763

付款期限自出票之日起十天

人民币（大写）	亿	千	百	十	万	千	百	十	元	角	分

用途＿＿＿＿　　密码＿＿＿＿

上列款项请从　　行号＿＿＿＿

我账户内支付

出票人签章　（印章：万达国际股份有限公司 财务专用章）（印章：陈逸舟印）　　复核　　记账

ICBC 中国工商银行托收凭证　（受理回单）　1

委托日期20　年11月03日

业务类型	委托收款（□邮划、□电划）　托收承付（□邮划、☑电划）					
付款人	全　称	山西机电公司		收款人	全　称	万达国际股份有限公司
	账　号	4100834653219872352			账　号	4100982356487219763
	地　址	山西省太原市/县	开户行：中国工商银行太原黄河分理处		地　址	省北京市/县　开户行：中国工商银行北京东城支行

金额	人民币（大写）	亿	千	百	十	万	千	百	十	元	角	分

款项内容	销货款	托收凭据名称	发票等	附寄单证张数	4
商品发运情况	已发运	合同名称号码	20001253		

备注：现金折扣："2/10，1/20，n/30"，按不含税价计算

款项收妥日期　　年　月　日

收款人开户银行签章（印章：中国工商银行北京东城支行 01 业务受理章）

20　年11月03日

复核　　记账

此联作收款人开户银行给收款人的受理回单

中国工商银行结算收费单

总字第0089号
字第018号

单位名称万达国际股份有限公司 账号4100982356487219763 20 年11月03日

结算种类	邮电费	金额 千	百	十	元	角	分	手续费	金额 千	百	十	元	角	分
汇票（兑）	信（电） 笔							笔						
委托收款	邮（电） 笔							1 笔			5	0	0	0
	笔							笔						
	笔							笔						
	小 计									¥	5	0	0	0
合计金额	大写：伍拾元整									¥	5	0	0	0

上列款项，请从我单位账户支付。

付款单位 陈逸舟 （经手人）签章

（印章：万达国际股份有限公司 财务专用章）

会计分类 借：
贷：邮电费收入户
贷：手续费收入户
复核 记账

（印章：中国工商银行北京东城支行 01 业务受理章）

此联作为结算单位付款凭证

出 库 单

出货单位：万达国际股份有限公司 20 年11月03日 单号：200030

提货单位或领货部门	山西机电公司		销售单号		发出仓库	成品仓库
编号	名称及规格	单位	数量 应发	实发	单价	金额
140501	C-1车床	台	20	20	45 000.00	900 000.00
合 计			20	20		900 000.00

部门经理：林娟 会计： 仓库：李成 经办人：王辉

会计联

9.11月3日，万达国际购进包装箱。（存货，出纳）

1100081140　　　　**北京增值税专用发票**　　　　№30972132

发票联　　　　开票日期：20　年11月03日

购买方	名　　称：万达国际股份有限公司 纳税人识别号：91110101893746520P 地址、电话：北京市东城区湖滨南路27号010-87326520 开户行及账号：中国工商银行北京东城支行4100982356487219763				密码区	（略）	
货物或应税劳务、服务名称	规格型号	单位	数量	单价	金额	税率	税额
*木制品*包装箱	500*250	个	200	356.00	71 200.00	13%	9 256.00
合计					¥71 200.00		¥9 256.00
价税合计（大写）	⊗捌万零肆佰伍拾陆圆整				（小写）¥80 456.00		
销售方	名　　称：北京市济源木器厂 纳税人识别号：91110102497234516G 地址、电话：北京市西城区临河路15号010-94230189 开户行及账号：中国工商银行北京西城支行41003723523689				备注	北京市济源木器厂 91110102497234516G 发票专用章	

收款人：万钢　　复核：　　开票人：林萧　　销售方：（章）

第三联：发票联　购买方记账凭证

中国工商银行（　　转账　　）付款通知书

日期20　年11月03日

机构号1368　　　　交易代码2000121

单位名称北京市济源木器厂		
账号41003723523689		
摘要 支付货款		
	金额合计	¥80 456.00
金额合计（大写）	捌万零肆佰伍拾陆元整	

注：此付款通知书加盖我行业务公章方有效。

流水号2000019　　　　经办李莉

中国工商银行北京东城支行 01 业务专用章

第二联　回单

10.11月3日，万达国际收到赔偿款。(财务成果，出纳)

ICBC 中国工商银行信汇凭证（收账通知） 4

委托日期20 年11月03日

汇款人	全称	上海明启机电公司	收款人	全称	万达国际股份有限公司
	账号	210098235648723654912463		账号	4100982356487219763
	汇出地点	省上海市/县		汇入地点	省北京市/县
汇出行名称		中国工商银行上海临海支行	汇入行名称		中国工商银行北京东城支行
金额	人民币（大写）	陆万捌仟伍佰贰拾元整	亿千百十万千百十元角分		¥68520.00
款项已收入收款人账户			支付密码		
中国工商银行北京东城支行 01 业务专用章			附加信息及用途：支付违约赔偿金		
汇入行签章			复核：		记账：

此联给收款人的收账通知

11.11月3日，万达国际根据投资协议书，对外投资。(出纳，投资)

投资协议（简略）

甲方（投资方）：万达国际股份有限公司　　　　乙方（受资方）：北京宏达集团公司

根据中华人民共和国法律、法规的相关规定，甲、乙双方本着互惠互利的原则，就甲方投资乙方一事，经过友好协商，现达成一致协议如下：

一、投资事项

甲方向乙方投资人民币贰佰万元整，¥2 000 000。甲方获得乙方15%的股权，甲方对乙方具有重大影响。投资时乙方账面净资产公允价值为人民币壹仟万元整，¥10 000 000。投资生效日为20 年11月3日。

二、投资期限内甲方不得抽回资金。

甲方：万达国际股份有限公司（合同专用章）　　　　乙方：北京宏达集团公司（合同专用章）

法定代表人：陈逸舟　　　　法定代表人：刘怡斌

中国工商银行（ 转账 ）付款通知书

日期20 年11月03日

机构号1368　　交易代码2000121

单位名称北京宏达集团公司	
账号41008723528369148	
摘要 支付投资款	
	金额合计 ¥2 000 000.00
金额合计（大写）贰佰万元整	

第二联 回单

注：此付款通知书加盖我行业务公章方有效。

流水号2000102　　中国工商银行北京东城支行 01 业务专用章　　经办李莉

12.11月3日，万达国际购进一台机床生产线，交付安装。（非流动资产，出纳）

深圳增值税专用发票

1100081140　　发票联　　№7092224236

开票日期：20　年11月03日

购买方	名　称：万达国际股份有限公司 纳税人识别号：91110101893746520P 地址、电话：北京市东城区湖滨南路27号010-87326520 开户行及账号：中国工商银行北京东城支行4100982356487219763				密码区	（略）	
货物或应税劳务、服务名称	规格型号	单位	数量	单价	金额	税率	税额
*机床*机床生产线		台	1	500 000.00	500 000.00	13%	65 000.00
*建筑服务*安装费				2 700.00	2 700.00	9%	243.00
合计					￥502 700.00		￥65 243.00
价税合计（大写）	⊗伍拾陆万柒仟玖佰肆拾叁圆整				（小写）￥567 943.00		
销售方	名　称：三一重工股份有限公司 纳税人识别号：96112010893723568D 地址、电话：广东省深圳市滨海路10号0755-56892318 开户行及账号：交通银行深圳滨海支行6200982356422356				备注	（印章：三一重工股份有限公司 96112010893723568D 发票专用章）	

收款人：罗飞　　复核：　　开票人：张江　　销售方：（章）

第三联：发票联　购买方记账凭证

ICBC 中国工商银行托收凭证（付款通知）　5

委托日期20　年11月03日　　付款期限20　年12月03日

业务类型	委托收款（□邮划、□电划）　托收承付（□邮划、☑电划）						
付款人	全称	万达国际股份有限公司		收款人	全称	三一重工股份有限公司	
	账号	4100982356487219763			账号	6200982356422356	
	地址	省北京市/县	开户行：中国工商银行北京东城支行		地址	广东省深圳市/县	开户行：交通银行深圳滨海支行
金额	人民币（大写）		亿 千 百 十 万 千 百 十 元 角 分				
款项内容	购货款、安装费	托收凭据名称	发票等	附寄单证张数	4		
商品发运情况	已发运	合同名称号码					
备注： 付款人开户银行收到日期 20　年11月03日 复核　记账	（印章：中国工商银行北京东城支行 01 业务专用章） 付款人开户银行签章 20　年11月03日		付款人注意： 1.根据支付结算办法，上列委托收款（托收承付）款项在付款期限内未提出拒付，即视为同意付款，以此代付款通知。 2.如需提出全部或部分拒付，应在规定期限内，将拒付理由书并附债务证明退交开户银行。				

此联付款人开户银行给付款人按期付款通知

13.11 月 3 日，万达国际将资金存入投资专用账户准备购买股票。(出纳，另会议批复略)

付款申请书

20　年 11 月 03 日

用途及情况	金额											收款单位（人）：万达国际股份有限公司投资专用账户
支付投资款	亿	千	百	十	万	千	百	十	元	角	分	账号：4100982356487219788
			¥	8	0	0	0	0	0	0	0	开户行：中国工商银行北京东城支行
金额（大写）合计：捌拾万元整												电汇：□ 信汇：□ 汇票：□ 转账：☑ 其他：□

总经理	陈逸舟	财务部门	经理		业务部门	经　理	林娟
			会计			经办人	李华

中国工商银行
转账支票存根
30109820
00023328
附加信息
出票日期　　年　月　日
收款人：
金　额：
用　途：
单位主管　　　会计

中国工商银行　转账支票　30109820
00023328
出票日期（大写）　　年　月　日　付款行名称：中国工商银行北京东城支行
收款人：　出票人账号：4100982356487219763
付款期限自出票之日起十天

人民币（大写）	亿	千	百	十	万	千	百	十	元	角	分

用途　　　　　　密码
上列款项请从　　行号
我账户内支付
出票人签章　　　复核　　　记账

万达国际股份有限公司 财务专用章　陈逸印舟

________证券公司

________营业部客户存款凭条

兴业证券股份有限公司 01 业务受理章

[存款]

流水号：20000123　　　　20　年 11 月 03 日

户名：万达国际股份有限公司	资金账号：4100982356487219788	委托人签名
存入金额：¥800 000.00	余额：	陈逸舟
账户：	账户：	

操作员：韩丽　复核员：张悦

14.11 月 3 日，万达国际用银行汇票采购生铁和圆钢，货到验收入库，多余款已收回。运费按重量分配。（存货，出纳）

1100081140　　**湖北增值税专用发票**　　№40972125

发票联　　开票日期：20　年11月03日

购买方	名　　称：万达国际股份有限公司 纳税人识别号：91110101893746520P 地址、电话：北京市东城区湖滨南路27号010-87326520 开户行及账号：中国工商银行北京东城支行4100982356487219763				密码区	（略）		
货物或应税劳务、服务名称	规格型号	单位	数量	单价	金额	税率	税额	
*黑色金属冶炼压延品*生铁		吨	100	2 100.00	210 000.00	13%	27 300.00	
*黑色金属冶炼压延品*圆钢		吨	100	2 600.00	260 000.00	13%	33 800.00	
合计					¥470 000.00		¥61 100.00	
价税合计（大写）	⊗伍拾叁万壹仟壹佰圆整				（小写）¥531 100.00			
销售方	名　　称：汉阳钢铁厂 纳税人识别号：90210123562231478S 地址、电话：湖北省武汉市林翰路105号027-56243688 开户行及账号：中国工商银行武汉分行1001356745368900768				备注	汉阳钢铁厂 90210123562231478S 发票专用章		

收款人：张伟　　复核：　　开票人：李涵　　销售方：（章）

第三联：发票联　购买方记账凭证

2100081140　　**湖北增值税专用发票**　　№40372152

发票联　　开票日期：20　年11月03日

购买方	名　　称：万达国际股份有限公司 纳税人识别号：91110101893746520P 地址、电话：北京市东城区湖滨南路27号010-87326520 开户行及账号：中国工商银行北京东城支行4100982356487219763				密码区	（略）		
货物或应税劳务、服务名称	规格型号	单位	数量	单价	金额	税率	税额	
*运输服务*运输费					6 400.00	9%	576.00	
合计					¥6 400.00		¥576.00	
价税合计（大写）	⊗陆仟玖佰柒拾陆圆整				（小写）¥6 976.00			
销售方	名　　称：湖北圆通物流公司 纳税人识别号：92210203565614729Q 地址、电话：湖北省武汉市二七路203号027-88263899 开户行及账号：中国工商银行武汉分行4100123564125836579				备注	湖北圆通物流公司 92210203565614729Q 发票专用章		

收款人：赵伟　　复核：　　开票人：张磊　　销售方：（章）

第三联：发票联　购买方记账凭证

付款期限
壹个月

中国工商银行
银行汇票（多余款收账通知）　4　第005号

出票日期（大写）：贰零　年壹拾壹月零叁日　　代理付款行：中国工商银行武汉分行　　行号：3631

收款人：汉阳钢铁厂　　账号：1001356745368900768

出票金额　人民币（大写）：伍拾陆万元整

实际结算金额 人民币（大写）	千	百	十	万	千	百	十	元	角	分

申请人：万达国际股份有限公司　　账号：4100982356487219763

出票行：中国工商银行北京东城支行　　行号：3026

备　注：

出票行签章　（印章：中国工商银行北京东城支行　01　业务专用章）

20　年11月03日

多余金额										左列退回多余金额已收入你账户内。
千	百	十	万	千	百	十	元	角	分	

此联出票行作多余款后交申请人

15.11月4日，万达国际领用材料安装生产线（材料成本差异率为6%）。（非流动资产，存货）

领　料　单

领料部门：基本生产车间

用　　途：安装生产线(三一重工)　　20　年11月04日　　第2000034号

材料			单位	数量		成本									
						单价	总价								
编号	名称	规格		请领	实发		百	十	万	千	百	十	元	角	分
130306	螺钉		盒	6	6	17.00					1	0	2	0	0
合计				6	6					¥	1	0	2	0	0

会计联

部门经理：王城　　会计：　　仓库：李欣　　经办人：李一

16.11月4日，万达国际收回上月销售款。（往来，出纳）

ICBC 中国工商银行托收凭证（汇款依据或收账通知） 4

委托日期20 年10月04日　　付款期限20 年11月04日

业务类型	委托收款（□邮划、□电划） 托收承付（□邮划、☑电划）					
付款人	全　称	北京顺大企业集团	收款人	全　称	万达国际股份有限公司	
	账　号	410098726518728 9450		账　号	4100982356487219763	
	地　址	北京 省 市/县　开户行 交通银行北京东城支行		地　址	北京 省 市/县　开户行 中国工商银行北京东城支行	
金额	人民币（大写）	壹拾贰万玖仟元整		亿千百十万千百十元角分	￥1 2 9 0 0 0 0 0	
款项内容	销货款	托收凭据名称	发票等	附寄单证张数	2	
商品发运情况	已发运		合同名称号码	2000987		
备注： 复核 记账	上列款项已划回收入你方账户内。 收款人开户银行签章 20 年11月04日					

（印章：中国工商银行北京东城支行 01 业务专用章）

此联付款人开户行凭以汇款或收款人开户银行作收账通知

17.11月4日，万达国际收到银行通知，应收广州市新林机电公司带息商业汇票到期，收款。（出纳、往来）

商业承兑汇票 2

39008791

出票日期（大写） 贰零 年 零捌月 零肆日

付款人	全　称	广州市新林机电公司	收款人	全　称	万达国际股份有限公司
	账　号	4100862352987236549		账　号	4100982356487219763
	开户银行	中国工商银行广州花都支行		开户银行	中国工商银行北京东城支行
出票金额	人民币（大写）	壹拾壹万柒仟元整		亿千百十万千百十元角分	￥1 1 7 0 0 0 0 0
汇票到期日（大写）	贰零 年壹拾壹月零肆日		付款人开户行	行号	12367
交易合同号码	20205630			地址	广东省广州市花都区萧寒路91号
本汇票已经承兑，到期无条件支付票款。 承兑人签章 承兑日期20 年08月04日			本汇票请予以承兑于到期日付款。 出票人签章		

（印章：广州市新林机电公司 财务专用章）（印章：万达国际股份有限公司 财务专用章）

此联持票人开户行随托收凭证寄付款人开户行作借方凭证附件

ICBC 中国工商银行进账单（收账通知）　　3

20　年11月04日

出票人	全　　称	广州市新林机电公司	收款人	全　　称	万达国际股份有限公司
	账　　号	4100862352987236549		账　　号	4100982356487219763
	开户银行	中国工商银行广州花都支行		开户银行	中国工商银行北京东城支行

金额	人民币（大写）	亿	千	百	十	万	千	百	十	元	角	分
	壹拾壹万捌仟壹佰柒拾元整			¥	1	1	8	1	7	0	0	0

票据种类	商业承兑汇票	票据张数	1
票据号码	20205630		

复核　　记账　　收款人开户银行签章

中国工商银行北京东城支行 01 业务专用章

此联是收款人开户银行交给收款人的收账通知

应收票据利息计算表

票据种类		票面金额	
计息时间		票面利率	
应计利息	人民币（大写）：	¥：	

复核：　　　　制表：

18.11月5日，万达国际支付广告费。（销售，成本费用，出纳）

1100062235　　**北京增值税专用发票**　　№40372021

发票联　　开票日期：20　年11月05日

购买方	名　　称：万达国际股份有限公司 纳税人识别号：91110101893746520P 地 址 、电 话：北京市东城区湖滨南路27号010-87326520 开户行及账号：中国工商银行北京东城支行4100982356487219763	密码区：（略）

货物或应税劳务、服务名称	规格型号	单位	数量	单价	金额	税率	税额
*设计费*广告费					12 000.00	6%	720.00
合计					¥12 000.00		¥720.00
价税合计（大写）	⊗壹万贰仟柒佰贰拾圆整				（小写）¥12 720.00		

销售方	名　　称：北京天宇广告有限公司 纳税人识别号：91110103567812478P 地 址 、电 话：北京市东城区海河路12号010-33562589 开户行及账号：中国建设银行北京东城支行4100981265309871290	备注：北京天宇广告有限公司 91110103567812478P 发票专用章

收款人：何伟　　复核：　　开票人：王磊　　销售方：（章）

第三联：发票联　购买方记账凭证

中国工商银行
转账支票存根
30109821
00023328

附加信息

出票日期　　年　月　日

收款人：	
金　额：	
用　途：	

单位主管　　会计

中国工商银行　　转账支票　　30109821 00023328

出票日期（大写）　年　月　日　　付款行名称：中国工商银行北京东城支行
收款人：　　出票人账号：4100982356487219763

付款期限自出票之日起十天

人民币（大写）	亿	千	百	十	万	千	百	十	元	角	分

用途　　密码
上列款项请从　　行号
我账户内支付
出票人签章　　复核　　记账

万达国际股份有限公司 财务专用章　　陈逸舟印

付款申请书

20　年11月05日

用途及情况	金额											收款单位（人）：北京天宇广告有限公司
支付广告费	亿	千	百	十	万	千	百	十	元	角	分	账号：4100981265309871290
				¥	1	2	7	2	0	0	0	开户行：中国建设银行北京东城支行
金额（大写）合计：壹万贰仟柒佰贰拾元整												电汇：☐信汇：☐汇票：☐转账：☑其他：☐

总经理	陈逸舟	财务部门	经理		业务部门	经　理	李涛
			会计			经办人	李华

19.11月5日，万达国际接到银行通知，应付河南安阳煤矿公司商业汇票到期，付款。（出纳）

银行承兑汇票（存根）　3

GE 02 68791080

出票日期（大写）　贰零　年　零玖月　零伍日

出票人全称	万达国际股份有限公司	收款人	全　称	河南安阳煤矿公司
出票人账号	4100982356487219763		账　号	4100673265428719827
付款行全称	中国工商银行北京东城支行		开户银行	中国工商银行安阳文峰支行

出票金额	人民币（大写）肆万贰仟元整	亿	千	百	十	万	千	百	十	元	角	分
					¥	4	2	0	0	0	0	0

汇票到期日（大写）	贰零　年壹拾壹月零伍日	付款行	行号 102100008075
承兑协议编号	20001659		地址北京市东城区东四十条24号

中国工商银行北京东城支行 01 业务专用章

备注：　　复核　　经办

此联由出票人存查

ICBC 中国工商银行托收凭证　（付款通知）　5

委托日期 20　年 11 月 05 日　　付款期限　　年　月　日

业务类型	委托收款（□邮划、□电划）　托收承付（□邮划、☑电划）						
付款人	全　称	万达国际股份有限公司		收款人	全　称	河南安阳煤矿公司	
	账　号	4100982356487219763			账　号	4100673265428719827	
	地　址	省北京市县	开户行：中国工商银行北京东城支行		地　址	河南省安阳市县	开户行：中国工商银行安阳文峰支行
金额	人民币（大写）	肆万贰仟元整				亿千百十万千百十元角分	¥ 4 2 0 0 0 0 0
款项内容	购货款	托收凭据名称	商业汇票等	附寄单证张数	2		
商品发运情况		合同名称号码	20001659				

备注：

付款人开户银行收到日期 20　年 11 月 05 日

复核　　记账

（印章：中国工商银行北京东城支行 01 业务专用章）

付款人开户银行签章 20　年 11 月 05 日

付款人注意：
1. 根据支付结算办法，上列委托收款（托收承付）款项在付款期限内未提出拒付，即视为同意付款，以此代付款通知。
2. 如需提出全部或部分拒付，应在规定期限内，将拒付理由书并附债务证明退交开户银行。

此联是付款人开户银行给付款人按期付款的通知

20.11 月 5 日，万达国际通过网银发放工资，结算代扣款项。（职工薪酬，出纳）

工资发放汇总表

20　年 10 月　　单位：元

车间/部门		基本工资	奖金	津贴	缺勤扣款	应付工资	代扣款项					实发工资
							养老保险（8%）	失业保险（0.5%）	医疗保险（2%）	住房公积金（12%）	个人所得税	
基本生产车间	工人	105 000	280 000	70 000	0	455 000	36 400	2 275	9 100	54 600	3 185.00	349 440
	管理	5 000	7 000	3 600	10	15 590	1 247.2	77.95	311.8	1 870.8	290.43	11 791.82
辅助生产车间	机修	7 500	14 000	5 000	0	26 500	2 120	132.5	530	3 180	87.15	20 450.35
	配电	4 500	8 400	3 000	0	15 900	1 272	79.5	318	1 908	52.29	12 270.21
销售部门		10 000	11 200	7 500	30	28 670	2 293.6	143.35	573.4	3 440.4	137.28	22 081.97
管理部门		37 500	56 000	27 000	0	120 500	9 640	602.5	2 410	14 460	2 453.50	90 934
合计		169 500	376 600	116 100	40	662 160	52 972.8	3 310.8	13 243.2	79 459.2	6 205.65	506 968.35

21.11月6日，万达国际采购法兰盘等材料，款已付。(存货，出纳)

1100081140　　**北京增值税专用发票**　　№40972125

发票联　　开票日期：20　年11月06日

购买方	名　　称：万达国际股份有限公司 纳税人识别号：91110101893746520P 地址、电话：北京市东城区湖滨南路27号010-87326520 开户行及账号：中国工商银行北京东城支行4100982356487219763				密码区	（略）	
货物或应税劳务、服务名称	规格型号	单位	数量	单价	金额	税率	税额
*金属制品*法兰盘		个	80	12.50	1 000.00	13%	130.00
*金属制品*螺钉		盒	40	15.80	632.00	13%	82.16
*金属制品*勾扳手		个	50	4.50	225.00	13%	29.25
*服装*耐热手套		副	40	5.60	224.00	13%	29.12
*服装*工作服		套	40	42.50	1 700.00	13%	221.00
合计					¥3 781.00		¥491.53
价税合计（大写）	⊗肆仟贰佰柒拾贰圆伍角叁分				（小写）¥4 272.53		
销售方	名　　称：北京清远物资公司 纳税人识别号：91110108983675141F 地址、电话：北京市海淀区南京路5号010-35685689 开户行及账号：中国建设银行北京海淀支行4367891265309162538				备注	北京清远物资公司 91110108983675141F 发票专用章	

收款人：张山　　复核：　　开票人：李和　　销售方：（章）

第三联：发票联　购买方记账凭证

付款申请书

20　年11月06日

用途及情况	金额											收款单位（人）：北京清远物资公司
支付货款	亿	千	百	十	万	千	百	十	元	角	分	账号：4367891265309162538
					¥	4	2	7	2	5	3	开户行：中国建设银行北京海淀支行
金额（大写）合计：肆仟贰佰柒拾贰元伍角叁分												电汇：☐信汇：☐汇票：☐转账：☑其他：☐

总经理	陈逸舟	财务部门	经理		业务部门	经　理	钱丽
			会计			经办人	张华

中国工商银行
转账支票存根
30109822
00023328
附加信息

出票日期　　年　月　日
收款人：
金　额：
用　途：
单位主管　　会计

中国工商银行　　转账支票　　30109822 00023328

出票日期（大写）　　年　月　日　　付款行名称：中国工商银行北京东城支行
收款人：　　出票人账号：4100982356487219763

付款期限自出票之日起十天

人民币（大写）	亿	千	百	十	万	千	百	十	元	角	分

用途　　密码
上列款项请从　　行号
我账户内支付
出票人签章　　万达国际股份有限公司 财务专用章　　陈逸舟印　　复核　　记账

22.11月6日，万达国际上述机床生产线安装完毕，交付使用。（非流动资产）

固定资产验收单

20　年11月06日　　　　　　　　　　　　　　编号：

名　称	规格型号		来　源	数　量	购（造）价	使用年限	预计残值
机床生产线	YZ-1800		外购	1	500 000.00	6	2%
安装费	月折旧率		建造单位		交工日期	附件	
			三一重工股份有限公司		20　年11月06日		
验收部门	基本生产车间	验收人员	李勇	管理部门	资产管理处	管理人员	李刚
备注	安装完毕达到可使用状态，交付使用。						

审核：高林　　　　　　　　　　制单：王丽

固定资产折旧计算表（年数总和法）

金额单位：元

年份	尚可使用年限	原值-净残值	年折旧率	年折旧额	累计折旧额
合计					

审核：　　　　　　　　　　制单：

微课
购进安装机床会计处理

23.11月6日，万达国际支付上月各项税费。（税费，出纳）

交通银行　（北京东城　　　　）**分行电子缴税付款凭证**

BANK OF COMMUNICATIONS

转账日期：20　年11月06日　　　　　　　　　凭证字号：02530287

纳税人全称及纳税人识别号：万达国际股份有限公司　91110101893746520P

付款人全称：万达国际股份有限公司

付款人账号：6222111098267238716　　　　征收机关名称：国家税务总局北京市东城区税务局

付款人开户银行：交通银行北京东城支行　　收款国库（银行）名称：国家金库北京分库

小写（合计）金额：¥　　　　　　　　　　缴款书交易流水号：20001136

大写（合计）金额：　　　　　　　　　　　税票号码：2000266

税（费）种名称	所属日期	实缴金额
增值税	20　1001－20　1031	216 500.00

交通银行北京东城支行 01 业务专用章

打印时间：20　年11月06日

第二联　作付款回单（无银行收讫章无效）

会计流水号：2000123266　　　　复核：　　　　记账：

微课
支付代扣款项会计处理

交通银行 BANK OF COMMUNICATIONS（北京东城　　　　）分行电子缴税付款凭证

转账日期：20　年11月06日　　　　凭证字号：02530288

纳税人全称及纳税人识别号：万达国际股份有限公司 91110101893746520P

付款人全称：万达国际股份有限公司

付款人账号：6222111098267238716　　　　征收机关名称：国家税务总局北京市东城区税务局

付款人开户银行：交通银行北京东城支行　　　　收款国库（银行）名称：国家金库北京分库

小写（合计）金额：¥　　　　缴款书交易流水号：20001137

大写（合计）金额：　　　　税票号码：2000267

税（费）种名称	所属日期	实缴金额
城市维护建设税	20　1001-20　1031	15 155.00
教育费附加	20　1001-20　1031	6 495.00

交通银行北京东城支行 01 业务专用章

打印时间：20　年11月06日

第二联　作付款回单（无银行收讫章无效）

会计流水号：2000123267　　　　复核：　　　　记账：

交通银行 BANK OF COMMUNICATIONS（北京东城　　　　）分行电子缴税付款凭证

转账日期：20　年11月06日　　　　凭证字号：02530289

纳税人全称及纳税人识别号：万达国际股份有限公司 91110101893746520P

付款人全称：万达国际股份有限公司

付款人账号：6222111098267238716　　　　征收机关名称：国家税务总局北京市东城区税务局

付款人开户银行：交通银行北京东城支行　　　　收款国库（银行）名称：国家金库北京分库

小写（合计）金额：¥　　　　缴款书交易流水号：20001138

大写（合计）金额：　　　　税票号码：2000268

税（费）种名称	所属日期	实缴金额
企业所得税	20　1001-20　1031	116 500.00
个人所得税	20　1001-20　1031	6 205.65

交通银行北京东城支行 01 业务专用章

打印时间：20　年11月06日

第二联　作付款回单（无银行收讫章无效）

会计流水号：2000123268　　　　复核：　　　　记账：

24.11 月 7 日，万达国际预付材料采购款。（往来，出纳）

ICBC 中国工商银行电汇凭证（回单）　1

☑普通　□加急　　委托日期 20　年 11 月 07 日

汇款人	全称	万达国际股份有限公司	收款人 全称	深圳长风机电公司
	账号	4100982356487219763	账号	6001356745368902389
	汇出地点	省北京市/县	汇入地点	广东省深圳市/县
汇出行名称		中国工商银行北京东城支行	汇入行名称	中国工商银行深圳分行

金额	人民币（大写）	亿	千	百	十	万	千	百	十	元	角	分
	贰拾万元整			¥	2	0	0	0	0	0	0	0

中国工商银行北京东城支行 01 业务受理章 汇出行签章	支付密码 附加信息及用途： 预付电机贷款 复核：　　记账：

此联是汇出行给汇款人的回单

中国工商银行结算收费单

总字第 0089 号
字第 023 号

单位名称 万达国际股份有限公司　　账号 4100982356487219763　　20　年 11 月 07 日

结算种类	邮电费	千	百	十	元	角	分	手续费	千	百	十	元	角	分
汇票（兑）	信（电）　笔							1　笔			2	0	0	0
委托收款	邮（电）　笔							笔						
	笔							笔						
	笔							笔						
	小　计									¥	2	0	0	0
合计金额	大写：贰拾元整									¥	2	0	0	0

上列款项，请从我单位账户支付。 万达国际股份有限公司 财务专用章 陈逸舟 付款单位　（经手人）签章	会计分类	借： 贷：邮电费收入户　贷：手续费收入户 中国工商银行北京东城支行 01 业务受理章 复核　　记账

此联作为结算单位付款凭证

25.11月7日，万达国际销售H-1铣床，款未收到。(销售，存货，往来)

1100081140　　**北京增值税专用发票**　　№60972943

此联不作报销、扣税凭证使用　　开票日期：20　年11月07日

购买方	名　　称：广州市新林机电公司 纳税人识别号：94401014239817230Y 地 址 、 电 话：广东省广州市花都区萧寨路91号020-27570826 开户行及账号：中国工商银行广州花都支行4100862352987236549					密码区	(略)
货物或应税劳务、服务名称	规格型号	单位	数量	单价	金额	税率	税额
*机床*H-1铣床		台	15	43 500.00	652 500.00	13%	84 825.00
合计					￥652 500.00		￥84 825.00
价税合计（大写）	⊗柒拾叁万柒仟叁佰贰拾伍圆整				（小写）￥737 325.00		
销售方	名　　称：万达国际股份有限公司 纳税人识别号：91110101893746520P 地 址 、 电 话：北京市东城区湖滨南路27号010-87326520 开户行及账号：中国工商银行北京东城支行4100982356487219763					备注	

收款人：王枚　　复核：　　开票人：李芳　　销售方：(章)

第一联：记账联　销售方记账凭证

出　库　单

出货单位：万达国际股份有限公司　　20　年11月07日　　单号：200031

提货单位或领货部门	广州市新林机电公司		销售单号		发出仓库	成品仓库
编号	名称及规格	单位	数量 应发	数量 实发	单价	金额
140502	H-1铣床	台	15	15	43 500.00	652 500.00
合　计			15	15		652 500.00

部门经理：林娟　　会计：　　仓库：李成　　经办人：王辉

会计联

26.11月7日，万达国际上月从长江钢铁公司采购的生铁到货，经验收短缺1吨，其余入库。(存货)

原材料溢缺报告单

20　年11月07日

名称	计量单位	单价	应收		实收		溢余		短缺	
			数量	金额	数量	金额	数量	金额	数量	金额
生铁	吨		10		9				1	
原因分析：待查					审批意见：同意入账					
财务科负责人：林娟							制表：王丽			

27.11 月 8 日，万达国际 11 月 7 日销售款已收到。（销售，存货，出纳）

ICBC 中国工商银行电汇凭证（收账通知）　4

委托日期 20　年 11 月 08 日

汇款人	全　　称	广州市新林机电公司	收款人	全　　称	万达国际股份有限公司
	账　　号	4100862352987236549		账　　号	4100982356487219763
	汇出地点	广东省广州市/县		汇入地点	省北京市/县
汇出行名称		中国工商银行广州花都支行	汇入行名称		中国工商银行北京东城支行
金额	人民币（大写）	柒拾叁万柒仟叁佰贰拾伍元整	亿千百十万千百十元角分		¥73732500
款项已收入收款人账户			支付密码		
中国工商银行北京东城支行 01 业务专用章			附加信息及用途：购货款		
汇入行签章			复核：		记账：

此联是给收款人的收账通知

28.11 月 8 日，万达国际销售部门出租全新木箱，收到租金和押金。（销售，往来，出纳）

1100081140　北京增值税专用发票　№60972944

此联不作报销、扣税凭证使用　开票日期：20　年 11 月 08 日

购买方	名　　称：长风公司 纳税人识别号：91110101893714523A 地址、电话：北京市东城区湖滨北路 7 号 010-87322581 开户行及账号：中国工商银行北京东城支行 4100982356487225836				密码区	（略）		
货物或应税劳务、服务名称	规格型号	单位	数量	单价	金额	税率	税额	
*经营租赁*租金			20	115	2 300.00	13%	299.00	
合计					¥2 300.00		¥299.00	
价税合计（大写）	⊗贰仟伍佰玖拾玖圆整					（小写）¥2 599.00		
销售方	名　　称：万达国际股份有限公司 纳税人识别号：91110101893746520P 地址、电话：北京市东城区湖滨南路 27 号 010-87326520 开户行及账号：中国工商银行北京东城支行 4100982356487219763				备注			

收款人：王枚　复核：　开票人：李芳　销售方：（章）

第一联：记账联　销售方记账凭证

收　款　收　据

NO.00490069

20　年11月08日

今收到长风公司

交来：木箱租金2 599元，押金2 000元

金额（大写）零佰　零拾　零万　肆仟　伍佰　玖拾　玖元　零角　零分

￥4 599.00　☑现金　□支票　□信用卡　□其他　收款单位（盖章）

核准：钱丽　会计：　记账：　出纳：　经手人：

第三联　交财务

ICBC 中国工商银行现金存款凭条

20　年11月08日

存款人				
存款人	全　　称	万达国际股份有限公司		
	账　　号	4100982356487219763	款项来源	租金及押金
	开户银行	中国工商银行北京东城支行	交款人	

金额（大写）	千	百	十	万	千	百	十	元	角	分
肆仟伍佰玖拾玖元整				￥	4	5	9	9	0	0

票面	张数	十	万	千	百	十	元	票面	张数	千	百	十	元	备注：
壹佰元	40		￥	4	0	0	0	伍　角						
伍拾元	11			￥	5	5	0	贰　角						
贰拾元	2				￥	4	0	壹　角						
拾　元								伍　分						
伍　元								贰　分						
贰　元								壹　分						
壹　元	9					￥	9	其　他						

中国工商银行北京东城支行　02　业务受理章

第二联　客户核对联

领　料　单

领料部门：销售部门

用　　途：出租　　20　年11月08日　　第2000035号

材料			单位	数量		成本										
编号	名称	规格		请领	实发	单价	总价									
							百	十	万	千	百	十	元	角	分	
130308	包装箱		个	20	20	380.00				7	6	0	0	0	0	
合计				20	20				￥	7	6	0	0	0	0	

部门经理：王城　会计：　仓库：李欣　经办人：李一

会计联

29.11月9日，万达国际购入设备一台。（出纳，非流动资产）

江苏增值税专用发票

1100081140　　发票联　　№60972988

开票日期：20　年11月09日

购买方	名　　称：万达国际股份有限公司 纳税人识别号：91110101893746520P 地址、电话：北京市东城区湖滨南路27号010-87326520 开户行及账号：中国工商银行北京东城支行4100982356487219763			密码区	（略）		
货物或应税劳务、服务名称	规格型号	单位	数量	单价	金额	税率	税额
*机械设备*淋沙机		台	1	25 000.00	25 000.00	13%	3 250.00
合计					¥25 000.00		¥3 250.00
价税合计（大写）	⊗贰万捌仟贰佰伍拾圆整				（小写）¥28 250.00		
销售方	名　　称：江苏南京长江机械厂 纳税人识别号：91110108769524876B 地址、电话：江苏南京市枫林路108号025-63279808 开户行及账号：中国工商银行南京枫林路支行4100687502430904123			备注	江苏南京长江机械厂 91110108769524876B 发票专用章		

收款人：张河　　复核：　　开票人：李林　　销售方：（章）

第三联：发票联　购买方记账凭证

中国工商银行（　转账　）付款通知书

日期20　年11月09日

机构号1368　　交易代码2000121

单位名称江苏南京长江机械厂	
账号4100687502430904123	
摘要 支付货款	
	金额合计　¥28 250.00
全额合计（大写）	贰万捌仟贰佰伍拾元整

注：此付款通知书加盖我行业务公章方有效。

流水号20000131　　经办李莉

（章：中国工商银行北京东城支行 01 业务专用章）

第二联　回单

固定资产验收单

20　年11月09日

名称	规格型号		来源	数量	购（造）价	使用年限	预计残值
淋沙机			外购	1	25 000.00	5	2%
安装费	月折旧率		建造单位		交工日期	附件	
0			江苏南京长江机械厂		20　年11月09日	无	
验收部门	基本车间	验收人员	张宏	管理部门	资产管理处	管理人员	张宇
备注	已交付使用，采用双倍余额递减法计提折旧						

审核：高林　　制单：王丽

固定资产折旧计算表（双倍余额递减法）

金额单位：元

年份	年初账面净值	年折旧率	年折旧额	累计折旧额	年末账面净值
合计					

审核　　　　　　　　　　　　　　　　　　　　制单

30.11月9日，万达国际财务部收到短缺1吨原材料的处理意见。（出纳，存货）

微课

购进生铁短缺会计处理

原材料溢缺处理单

20　年11月09日

事项	材料名称	数量	实际成本	计划成本	材料成本差异
向长江钢铁公司采购短缺	生铁	1吨	2 350.00	2 400.00	-50.00
原因	1.长江钢铁公司少发0.5吨； 2.长江联运公司在运输途中损失0.5吨。				
处理意见	1.经与长江钢铁公司联系，少发的0.5吨生铁，由长江钢铁公司补发，已在运输途中； 2.经与长江联运公司联系，长江联运公司在运输途中损失的0.5吨生铁，由长江联运公司进行赔偿（含税），收到支票。				
审批意见	财务部：已收取赔偿款（支票） 签字：林娟		厂部：同意，请业务处、财务处办理收取 签字：陈逸舟		

中国建设银行　　转账支票　　30106780 00023328

出票日期（大写）　　年　月　日　　付款行名称：中国建设银行北京崇文支行

收款人：　　出票人账号：410023546987562328

付款期限自出票之日起十天

人民币（大写）	亿	千	百	十	万	千	百	十	元	角	分

用途________　　密码________

上列款项请从　　行号________

我账户内支付

出票人签章　（印章：长江联运公司 财务专用章）（印章：吴凯印）　　复核　　记账

31.11月9日，万达国际张华报销差旅费。（小票粘贴单：火车票2张略）（往来，出纳）

2100051313　　**湖北增值税专用发票**　　№2092224221

发票联　　开票日期：20　年11月05日

购买方	名　　称：万达国际股份有限公司 纳税人识别号：91110101893746520P 地址、电话：北京市东城区湖滨南路27号010-87326520 开户行及账号：中国工商银行北京东城支行4100982356487219763				密码区	（略）		
货物或应税劳务、服务名称	规格型号	单位	数量	单价	金额	税率	税额	
*生活服务*房费		天	4	179.9525	719.81	6%	43.19	
*餐饮服务*餐费		天	4	79.9525	319.81	6%	19.19	
合计					¥1 039.62		¥62.38	
价税合计（大写）	⊗壹仟壹佰零贰圆整				（小写）¥1 102.00			
销售方	名　　称：汉阳如家酒店 纳税人识别号：91201021497159366M 地址、电话：湖北省武汉市滨江路221号027-22583696 开户行及账号：中国工商银行武汉支行4100693265428235720				备注	汉阳如家酒店 91201021497159366M 发票专用章		

收款人：张雨　　复核：　　开票人：王娜　　销售方：（章）

第三联：发票联　购买方记账凭证

差旅费报销单

20　年11月09日

所属部门	采购部门	姓名	张华	出差天数	自11月1日至11月5日共5天	
出事差由	外出采购材料	借旅支费	日期	10月28日	金额¥4 000.00	
			结算金额：¥4 382.00			

出发 月	出发 日	到达 月	到达 日	起止地点	交通费	住宿费	伙食费	其他
11	1	11	1	北京—武汉	360.00			
11	1	11	5	武汉		763.00	339.00	2 000.00
11	5	11	5	武汉—北京	360.00			560.00（补贴）
合计				零拾零万肆仟叁佰捌拾贰元零角零分　¥4 382.00				

现金付讫

万达国际股份有限公司 财务专用章

总经理：陈逸舟　财务经理：　部门经理：李栋　会计：　出纳：　报销人：张华

现金领款条

年　月　日

单位或姓名	
领款事由	
今领到人民币（大写）	￥
备注	

核准：　　　　出纳：

32.11月9日，万达国际收回11月3日的销货款。（往来，出纳）

ICBC 中国工商银行托收凭证（汇款依据或收账通知）　4

委托日期20　年11月03日　　付款期限20　年12月01日

业务类型	委托收款（□邮划、□电划）　托收承付（□邮划、☑电划）						
付款人	全　称	山西机电公司		收款人	全　称	万达国际股份有限公司	
	账　号	4100834653219872352			账　号	4100982356487219763	
	地　址	山西省太原市/县	开户行：中国工商银行太原黄河分理处		地　址	省北京市/县	开户行：中国工商银行北京东城支行
金额	人民币（大写）				亿 千 百 十 万 千 百 十 元 角 分		
款项内容	销货款	托收凭据名称	发票等	附寄单证张数	4		
商品发运情况	已发运			合同名称号码	20001253		
备注： 复核　记账	上列款项已划回收入你方账户内。 （印章：中国工商银行北京东城支行 01 业务专用章） 收款人开户银行签章 20　年11月09日						

此联付款人开户行凭以汇款或收款人开户银行作收账通知

33.11月10日，万达国际收到刘海赔偿款。（出纳）

收　款　收　据　　NO.00490001

20　年11月10日

今收到刘海　　　　（现金收讫）

交来：赔偿款

金额（大写）零拾　零万　贰仟　零佰　零拾　零元　零角　零分

￥2 000.00　　☑现金　□支票　□信用卡　□其他　收款单位（盖章）（印章：万达国际股份有限公司 财务专用章）

核准：陈逸舟　　会计：　　记账：　　出纳：　　经手人：

第三联　交财务

34.11月10日，万达国际技术研发人员李海报销差旅费。（小票粘贴单：飞机票2张略）（往来，出纳）（注：研发部归属公司行政管理部门）

差旅费报销单

20　年11月10日

所属部门	研发部				姓名	李海	出差天数	自10月16日至11月5日共21天		
出事差由	业务洽谈					借旅支费	日期	20　年10月13日	金额￥8 500.00	
							结算金额：￥10 000.00		现金付讫	
出发		到达		起止地点	交通费		住宿费	伙食费	其他	
月	日	月	日							
10	16	10	16	北京—厦门	1 200.00					
10	16	11	5	厦门			4 000.00	1 600.00		
11	5	11	5	厦门—北京	1 200.00				2 000.00（补贴）	
合计				零拾壹万零仟零佰零拾零元零角零分　￥10 000.00						

（印章：万达国际股份有限公司 财务专用章）

总经理：陈逸舟　财务经理：　部门经理：李彤　会计：　出纳：　报销人：李海

1100081140　　**厦门增值税专用发票**　　№8654496772

发票联　　开票日期：20　年11月05日

购买方	名　　称：万达国际股份有限公司 纳税人识别号：91110101893746520P 地 址 、 电 话：北京市东城区湖滨南路27号010-87326520 开户行及账号：中国工商银行北京东城支行410098235648721976 3	密码区	（略）				
货物或应税劳务、服务名称	规格型号	单位	数量	单价	金额	税率	税额
*生活服务*住宿费		天	20	188.679	3 773.58	6%	226.42
*餐饮服务*餐费		天	20	75.4715	1 509.43	6%	90.57
合计					￥5 283.01		￥316.99
价税合计（大写）	⊗伍仟陆佰圆整				（小写）￥5 600.00		
销售方	名　　称：厦门沿海宾馆 纳税人识别号：91110108512650467D 地 址 、 电 话：福建省厦门市沿海路78号0592-99562002 开户行及账号：中国工商银行厦门沿海支行410092500004123 5123	备注	（印章：厦门沿海宾馆 91110108512650467D 发票专用章）				

收款人：孙悦　　复核：　　开票人：许芳　　销售方：（章）

第三联：发票联　购买方记账凭证

现金领款条

年　月　日

单位或姓名	
领款事由	
今领到人民币（大写）	￥
备注	

核准：　　　　出纳：

35.11 月 10 日，万达国际支付职工伙食补贴。（职工薪酬，出纳）

收　款　收　据　　NO.00560021

20 年 11 月 10 日

现金付讫

今收到万达国际股份有限公司

交来：职工伙食补贴，每人每月 560 元，共 100 人。

金额（大写）　零佰　零拾　伍万　陆仟　零佰　零拾　零元　零角　零分

￥56 000.00　☐ 现金　☑ 支票　☐ 信用卡　☐ 其他　收款单位（盖章）

（万达国际后勤服务集团 财务专用章）

第三联　交财务

核准：李彤　会计：　记账：　出纳：　经手人：

微课

职工伙食补贴会计处理

中国工商银行
现金支票存根
$\frac{GE}{02}$23097143
附加信息

出票日期　年　月　日
收款人：
金　额：
用　途：
单位主管　会计

本支票付款期限十天

中国工商银行　现金支票　$\frac{GE}{02}$23097143

出票日期（大写）　年　月　日　付款行名称：中国工商银行北京东城支行
收款人：　出票人账号：4100982356487219763

人民币（大写）	亿	千	百	十	万	千	百	十	元	角	分

用途　　密码
上列款项请从　行号
我账户内支付
出票人签章　复核　记账

（万达国际股份有限公司 财务专用章）（陈逸印）

36.11月11日，万达国际预收销货款。（往来，出纳）

ICBC 中国工商银行信汇凭证（收账通知）　4

委托日期20　年11月11日

汇款人	全　称	广州市新林机电公司	收款人	全　称	万达国际股份有限公司
	账　号	4100862352987236549		账　号	4100982356487219763
	汇出地点	广东省广州市/县		汇入地点	省北京市/县
汇出行名称		中国工商银行广州花都支行	汇入行名称		中国工商银行北京东城支行
金额	人民币（大写）	伍拾捌万元整	亿千百十万千百十元角分		¥58000000
款项已收入收款人账户		中国工商银行北京东城支行 01 业务专用章	支付密码		
			附加信息及用途：预付购货款		
		汇入行签章	复核：		记账：

此联是给收款人的收账通知

37.11月11日，万达国际10月18日销售的C-1车床退回，款项尚未退还，成本期末已结转。（往来，销售）

1100081140　北京增值税专用发票　№603732125

此联不作报销、扣税凭证使用　开票日期：20　年11月11日

购买方	名　称：北京机床经销公司 纳税人识别号：91110105767852531Z 地址、电话：北京市朝阳区岳各庄28号010-23547858 开户行及账号：中国工商银行北京朝阳支行4100987265187659023				密码区	（略）		
货物或应税劳务、服务名称	规格型号	单位	数量	单价	金额	税率	税额	
*机床*C-1车床		台	-2	45 000.00	-90 000.00	13%	-11 700.00	
合计					¥-90 000.00		¥-11 700.00	
价税合计（大写）	⊗（负数）壹拾万零壹仟柒佰圆整				（小写）¥-101 700.00			
销售方	名　称：万达国际股份有限公司 纳税人识别号：91110101893746520P 地址、电话：北京市东城区湖滨南路27号010-87326520 开户行及账号：中国工商银行北京东城支行4100982356487219763				备注			

收款人：王枚　复核：　开票人：李林　销售方：（章）

第一联：记账联　销售方记账凭证

企业进货退出及索取折让证明单

（　　　）

NO200010230

销货单位	全　　称	万达国际股份有限公司			
	税务登记号	91110101893746520P			
进货退出	货物名称	单价	数量	货款	税额
	C-1车床	45 000.00	2	90 000.00	11 700.00
索取折让	货物名称	货款	税额	要求	
				折让金额	折让税额
退货或索取折让理由	质量不合格		税务征收机关签章		
	经办人：张磊　单位盖章			经办人：钱贺　单位盖章	
	20　年11月11日			20　年11月11日	
购货单位	全　　称	北京机床经销公司			
	税务登记号	91110105767852531Z			

第二联　交销货单位

本证明单一式三联

第一联，征收机关留存；第二联，交销货单位；第三联，购货单位留存。

入　库　单

20　年11月11日　　　　单号200010

交来单位及部门	销售部	发票号码或生产单号码				验收仓库		成品仓库	
编号	名称及规格	单位	数量		实际价格		计划价格		价格差异
			交库	实收	单价	金额	单价	金额	
140501	C-1车床	台	2	2					
	合　计								

部门经理：李可　　会计：　　仓库：李成功　　经办人：王光辉

会计联

38.11月12日，万达国际购进股票，划分为交易性金融资产。（投资，出纳）

兴业证券股份有限公司对账单

客户编号：200010101　姓名：万达国际股份有限公司　对账日期：20　年11月　打印柜员：098

资金信息：

币种　资金余额　可用金额　可取现金　资产总值

流水明细：

日期	币种	业务标志	证券名称	证券代码	发生数量	成交均价	佣金	印花税	其他费用	收付金额	资金余额	备注
11月12日	人民币	购入股票	中信银行	601998	20 000	6.70	15.00	0	20.00	-134 035.00		
			中国船舶	600150	10 000	35.60	15.00	0	20.00	-356 035.00		
合计					30 000		30.00	0	40.00	-490 070.00		

兴业证券股份有限公司　01　业务受理章

39.11月12日，万达国际支付新产品展位费。（成本费用，出纳）

1100081140　**北京增值税专用发票**　№60063200

发票联　开票日期：20　年11月12日

购买方		密码区
名　　称：万达国际股份有限公司 纳税人识别号：91110101893746520P 地 址、电 话：北京市东城区湖滨南路27号010-87326520 开户行及账号：中国工商银行北京东城支行4100982356487219763		（略）

货物或应税劳务、服务名称	规格型号	单位	数量	单价	金额	税率	税额
*文化创意服务*新产品展位费		平方	200	300.00	60 000.00	6%	3 600.00
合　计					¥60 000.00		¥3 600.00
价税合计（大写）	⊗陆万叁仟陆佰圆整				（小写）¥63 600.00		

销售方	备注
名　　称：北京天平文化中心 纳税人识别号：91120105398422388K 地 址、电 话：北京市东城区新街05号010-78940105 开户行及账号：中国工商银行北京东城支行4122664522025678956	北京天平文化中心 91120105398422388K 发票专用章

第三联：发票联　购买方记账凭证

收款人：高影　复核：　开票人：刘香　销售方：（章）

中国工商银行（　转账　）付款通知书

日期20　年11月12日

机构号1368　交易代码2000123

单位名称北京天平文化中心	
账号4122664522025678956	
摘要 新产品展位费	
	金额合计　¥63 600.00
金额合计（大写）	陆万叁仟陆佰元整

中国工商银行北京东城支行　01　业务专用章

第二联　回单

注：此付款通知书加盖我行业务公章方有效。

流水号2000133　经办李莉

40.11月13日，万达国际采购材料焦炭，款未付。(往来，存货)

山西增值税专用发票

1100081140　　　　　　　　发票联　　　　　　　　№30972021

开票日期：20　年11月13日

购买方	名　　称：万达国际股份有限公司 纳税人识别号：91110101893746520P 地址、电话：北京市东城区湖滨南路27号010-87326520 开户行及账号：中国工商银行北京东城支行4100982356487219763				密码区	(略)	
货物或应税劳务、服务名称	规格型号	单位	数量	单价	金额	税率	税额
*煤炭*焦炭		吨	50	510.00	25 500.00	13%	3 315.00
*运输服务*运输费		吨	50	75.00	3 750.00	9%	337.50
合计					¥29 250.00		¥3 652.50
价税合计（大写）	⊗叁万贰仟玖佰零贰圆伍角整				(小写)¥32 902.50		
销售方	名　　称：山西焦化股份有限公司 纳税人识别号：91110101893746520B 地址、电话：山西省大同市滨河路01号0352-88756128 开户行及账号：中国工商银行山西大同分行3001356745368902588				备注	山西焦化股份有限公司 91110101893746520B 发票专用章	

收款人：刘丹　　　复核：　　　开票人：李程　　　销售方：(章)

第三联：发票联　购买方记账凭证

41.11月13日，万达国际新建厂房领用空心砖。(非流动资产)

领　料　单

领料部门：基建部

用　　途：建造新厂房　　　　20　年11月13日　　　　第2000035号

材料			单位	数量		成本									
						单价	总价								
编号	名称	规格		请领	实发		百	十	万	千	百	十	元	角	分
	空心砖		块	100 000	100 000	4.01		4	0	1	0	0	0	0	0
合计				100 000	100 000		¥	4	0	1	0	0	0	0	0

部门经理：林云　　　会计：　　　仓库：李欣　　　经办人：林文

会计联

42.11月14日，万达国际成立20周年庆，购买并发放纪念品。（存货，出纳，往来）

1100081140　　**北京增值税专用发票**　　№60063296

发票联　　开票日期：20　年11月14日

购买方	名　　称：万达国际股份有限公司 纳税人识别号：91110101893746520P 地址、电话：北京市东城区湖滨南路27号010-87326520 开户行及账号：中国工商银行北京东城支行4100982356487219763				密码区	（略）	
货物或应税劳务、服务名称	规格型号	单位	数量	单价	金额	税率	税额
*纸印刷品文教产品*工艺品		个	100	80.00	8 000.00	13%	1 040.00
合计					¥8 000.00		¥1 040.00
价税合计（大写）	⊗玖仟零肆拾圆整				（小写）¥9 040.00		
销售方	名　　称：北京贸易办公用品店 纳税人识别号：91110108462796354K 地址、电话：北京市东城区江南路12号010-36925825 开户行及账号：中国工商银行北京东城支行4100147258369369258				备注	北京贸易办公用品店 91110108462796354K 发票专用章	

收款人：高阳　　复核：　　开票人：刘玉　　销售方：（章）

第三联：发票联　购买方记账凭证

付款申请书

20　年11月14日

用途及情况	金额											收款单位(人)：北京贸易办公用品店
购买周年庆工艺品	亿	千	百	十	万	千	百	十	元	角	分	账号：4100147258369369258
					¥	9	0	4	0	0	0	开户行：中国工商银行北京东城支行
金额(大写)合计：玖仟零肆拾元整												电汇：☐ 信汇：☐ 汇票：☐ 转账：☑ 其他：☐

总经理	陈逸舟	财务部门	经理		业务部门	经　理	李　彤
			会计			经办人	张　浩

中国工商银行
转账支票存根
30109823
00023328
附加信息
出票日期　　年　月　日
收款人：
金　额：
用　途：
单位主管　　会计

中国工商银行　　转账支票　　30109823
00023328
出票日期（大写）　　年　　月　　日　　付款行名称：中国工商银行北京东城支行
收款人：　　出票人账号：4100982356487219763
付款期限自出票之日起十天

人民币（大写）	亿	千	百	十	万	千	百	十	元	角	分

用途＿＿＿＿　　密码＿＿＿＿
上列款项请从　　行号＿＿＿＿
我账户内支付
出票人签章　万达国际股份有限公司 财务专用章　陈舟印逸　　复核　　记账

纪念品发放统计表

部门	基本生产车间			辅助生产车间		销售部门	管理部门	合计
	C-1工人	H-1工人	管理人员	机修	配电			
人数	40	30	2	5	3	5	15	100

43.11月14日，万达国际支付行政部门资产租金。（成本费用，出纳）

1100081140　　北京增值税专用发票　　№160063231
发票联　　开票日期：20　年11月14日

购买方	名称：万达国际股份有限公司 纳税人识别号：91110101893746520P 地址、电话：北京市东城区湖滨南路27号010-87326520 开户行及账号：中国工商银行北京东城支行4100982356487219763					密码区	（略）
货物或应税劳务、服务名称	规格型号	单位	数量	单价	金额	税率	税额
*租赁服务*租金					10 000.00	9%	900.00
合计					￥10 000.00		￥900.00
价税合计（大写）	⊗壹万零玖佰圆整				（小写）￥10 900.00		
销售方	名称：北京龙城资产出租公司 纳税人识别号：91110108983672316J 地址、电话：北京市西城区淮北路53号010-35685258 开户行及账号：中国工商银行北京西城支行4100683265428235723					备注	北京龙城资产出租公司 91110108983672316J 发票专用章

收款人：李新　　复核：　　开票人：贾林

第三联：发票联　购买方记账凭证

付款申请书

20　年11月14日

用途及情况	金额	收款单位(人):北京龙城资产出租公司
支付行政部门资产租金	亿 千 百 十 万 千 百 十 元 角 分 ¥ 1 0 9 0 0 0 0	账号:4100683265428235723 开户行:中国工商银行北京西城支行
金额(大写)合计:壹万零玖佰元整		电汇:□ 信汇:□ 汇票:□ 转账:☑ 其他:□

总经理	陈逸舟	财务部门	经理		业务部门	经　理	李　彤
			会计			经办人	张　华

中国工商银行
转账支票存根
30109824
00023328
附加信息
出票日期　年　月　日
收款人:
金　额:
用　途:
单位主管　　会计

中国工商银行　转账支票　30109824　00023328

出票日期（大写）　年　月　日　付款行名称：中国工商银行北京东城支行
收款人：　出票人账号：4100982356487219763

付款期限自出票之日起十天

人民币（大写）	亿	千	百	十	万	千	百	十	元	角	分

用途＿＿＿＿　密码＿＿＿＿
上列款项请从　行号＿＿＿＿
我账户内支付
出票人签章　万达国际股份有限公司 财务专用章　陈逸舟印　复核　记账

44.11月15日，万达国际支付H-1铣床专利技术研发支出。(非流动资产，出纳)

1100062712　**北京增值税普通发票**　№10961235

发票联　开票日期：20　年11月15日

购买方	名　　称：万达国际股份有限公司 纳税人识别号：91110101893746520P 地址、电话：北京市东城区湖滨南路27号010-87326520 开户行及账号：中国工商银行北京东城支行4100982356487219763	密码区	（略）

货物或应税劳务、服务名称	规格型号	单位	数量	单价	金额	税率	税额
*研发和技术服务*研究支出					36 145.63	3%	1 084.37
*研发和技术服务*开发支出(资本化支出)					85 833.01	3%	2 574.99
合计					¥121 978.64		¥3 659.36
价税合计（大写）	⊗壹拾贰万伍仟陆佰叁拾捌圆整				（小写）¥125 638.00		

销售方	名　　称：新奇研发中心 纳税人识别号：91110101893742316U 地址、电话：北京市海淀区建国北路07号010-87323128 开户行及账号：中国工商银行北京海淀支行4367891265309136985	备注	新奇研发中心 91110101893742316U 发票专用章

收款人：李伟　复核：　开票人：张翰

第二联：发票联　购买方记账凭证

付款申请书

20　年11月15日

用途及情况	金额											收款单位(人):新奇研发中心
支付研发支出	亿	千	百	十	万	千	百	十	元	角	分	账号:4367891265309136985
			¥	1	2	5	6	3	8	0	0	开户行:中国工商银行北京海淀支行
金额(大写)合计:壹拾贰万伍仟陆佰叁拾捌元整												电汇:☐ 信汇:☐ 汇票:☐ 转账:☑ 其他:☐

总经理	陈逸舟	财务部门	经理		业务部门	经　理	李　彤
			会计			经办人	张　浩

中国工商银行
转账支票存根
30109825
00023328
附加信息
出票日期　年　月　日
收款人:
金　额:
用　途:
单位主管　会计

中国工商银行　转账支票　30109825 00023328

出票日期（大写）　年　月　日　付款行名称：中国工商银行北京东城支行
收款人：　出票人账号：4100982356487219763

付款期限自出票之日起十天

人民币（大写）	亿	千	百	十	万	千	百	十	元	角	分

用途　密码
上列款项请从　行号
我账户内支付
出票人签章　复核　记账

（印章：万达国际股份有限公司 财务专用章；陈逸舟印）

45.11月15日，万达国际归还前欠山西鸿运轴承厂货款。(往来，出纳)

ICBC 中国工商银行电汇凭证（回单）　1

☑普通　☐加急　委托日期20　年11月15日

汇款人	全　称	万达国际股份有限公司	收款人	全　称	山西鸿运轴承厂
	账　号	4100982356487219763		账　号	4100763987698576094
	汇出地点	省北京市/县		汇入地点	山西省太原市/县
汇出行名称		中国工商银行北京东城支行	汇入行名称		中国工商银行太原小店分理处

金额	人民币（大写）	亿	千	百	十	万	千	百	十	元	角	分

支付密码
附加信息及用途：
购货款

（印章：中国工商银行北京东城支行 01 业务受理章）

汇出行签章　复核：　记账：

此联是汇出行给汇款人的回单

中国工商银行结算收费单

总字第0089号
字第 049号

单位名称万达国际股份有限公司 账号4100982356487219763 20 年11月15日

结算种类	邮电费	金额 千	百	十	元	角	分	手续费	金额 千	百	十	元	角	分
汇票（兑）	信（电） 笔							1 笔			5	0	0	0
委托收款	邮（电） 笔							笔						
	笔							笔						
	笔							笔						
	小 计									¥	5	0	0	0
合计金额	大写：伍拾元整									¥	5	0	0	0

上列款项，请从我单位账户支付

付款单位 陈逸舟（经手人）签章

会计分类 借： 贷：邮电费收入户 贷：手续费收入户 复核 记账

（印章：万达国际股份有限公司 财务专用章；中国工商银行北京东城支行 业务受理章）

此联作为结算单位付款凭证

46.11月15日，万达国际发出C-1车床，预收销货款的剩余款项尚未收到。（销售，往来，出纳）

北京增值税专用发票

1100081140 №60972947

此联不作报销、扣税凭证使用 开票日期：20 年11月15日

购买方	名称：广州市新林机电公司 纳税人识别号：94401014239817230Y 地址、电话：广东省广州市花都区萧寒路91号020-27570826 开户行及账号：中国工商银行广州花都支行4100862352987236549				密码区	（略）	
货物或应税劳务、服务名称	规格型号	单位	数量	单价	金额	税率	税额
*机床*C-1车床		台	20	44 600.00	892 000.00	13%	115 960.00
合计					¥892 000.00		¥115 960.00
价税合计（大写）	⊗壹佰万零柒仟玖佰陆拾圆整				（小写）¥1 007 960.00		
销售方	名称：万达国际股份有限公司 纳税人识别号：91110101893746520P 地址、电话：北京市东城区湖滨南路27号010-87326520 开户行及账号：中国工商银行北京东城支行4100982356487219763				备注		

收款人：王枚 复核： 开票人：李芳 销售方：（章）

第一联：记账联 销售方记账凭证

付款申请书

20　年11月15日

用途及情况	金额											收款单位(人):北京货运公司
代垫运费	亿	千	百	十	万	千	百	十	元	角	分	账号:4100982763123987576
					¥	5	6	0	0	0	0	开户行:中国工商银行北京朝阳支行
金额(大写)合计:	伍仟陆佰元整											电汇:☐ 信汇:☐ 汇票:☐ 转账:☑ 其他:☐

总经理	陈逸舟	财务部门	经理		业务部门	经　理	李　彤
			会计			经办人	张　浩

中国工商银行
转账支票存根
30109826
00023328
附加信息
出票日期　　年　月　日
收款人：
金　额：
用　途：
单位主管　　会计

中国工商银行　转账支票　30109826　00023328

出票日期（大写）　年　月　日　付款行名称：中国工商银行北京东城支行
收款人：　出票人账号：4100982356487219763

付款期限自出票之日起十天

人民币（大写）	亿	千	百	十	万	千	百	十	元	角	分

用途　　密码
上列款项请从　　行号
我账户内支付
出票人签章　　复核　　记账

万达国际股份有限公司 财务专用章　陈逸印舟

出　库　单

出货单位：万达国际股份有限公司　　20　年11月15日　　单号：200032

提货单位或领货部门	广州市新林机电公司	销售单号			发出仓库	成品仓库
编号	名称及规格	单位	数量		单价	金额
			应发	实发		
140501	C-1车床	台	20	20	44 600.00	892 000.00
合　计			20	20		892 000.00

会计联

部门经理：林娟　　会计：　　仓库：李成　　经办人：王辉

47.11月16日，万达国际分期收款销售H-1铣床。（销售，往来，出纳）（属于具有重大融资成分的销售业务）

分期收款销售协议（简略）

销售方：万达国际股份有限公司　　　　购进方：北京机床经销公司

销售商品：H-1铣床40台，市场价43 500元/台，协议价44 000元/台。

结算方式：货款共计176万元，分3年期收款，第一次收取40万元，第二次收取80万元，第三次收取剩余货款及增值税并开出增值税专用发票。当日发出货物，收取首期款项40万元。

合同生效日：20　年11月16日。

销售方：万达国际股份有限公司　　　　购进方：北京机床经销公司

法定代表人：陈逸舟　　　　法定代表人：林涛

（印章：万达国际股份有限公司 合同专用章；北京机床经销公司 合同专用章）

微课 分期收款销售会计核算

ICBC 中国工商银行进账单（收账通知）　3

20　年11月16日

出票人	全称	北京机床经销公司	收款人	全称	万达国际股份有限公司
	账号	4100987265187659023		账号	4100982356487219763
	开户银行	中国工商银行北京朝阳支行		开户银行	中国工商银行北京东城支行
金额	人民币（大写）	肆拾万元整		亿千百十万千百十元角分	¥400000000
票据种类	转账支票	票据张数	1		
票据号码	23910235				
	复核　　记账			收款人开户银行签章	

（印章：中国工商银行北京东城支行 01 业务专用章）

此联是收款人开户银行交给收款人的收账通知

销　售　单

购货单位：北京机床经销公司　　地址和电话：北京市朝阳区岳各庄28号010-23547858　　单据编号：2000120

纳税人识别号：911101057678525312　　开户行及账号：中国工商银行北京朝阳支行4100987265187659023　　制单日期：20　年11月16日

编码	产品名称	规格	单位	单价	数量	金额	备注
140502	H-1铣床		台	44 000.00	40	1 760 000.00	分期收款
合计	人民币（大写）：壹佰柒拾陆万元整						

总经理：陈逸舟　　销售经理：王玉　　经手人：李华　　会计：

会计联

48.11月16日，万达国际用外埠存款购买材料标准件，多余款退回，已入账。（存货，出纳）

山西增值税专用发票

1100081140　　№61124546

发票联　　开票日期：20　年11月16日

购买方	名称：万达国际股份有限公司 纳税人识别号：91110101893746520P 地址、电话：北京市东城区湖滨南路27号010-87326520 开户行及账号：中国工商银行北京东城支行4100982356487219763			密码区	（略）		
货物或应税劳务、服务名称	规格型号	单位	数量	单价	金额	税率	税额
*模具*标准件		件	800	19.00	15 200.00	13%	1976.00
*运输服务*运输费					1 000.00	9%	90.00
合计					¥16 200.00		¥2 066.00
价税合计（大写）	⊗壹万捌仟贰佰陆拾陆圆整				（小写）¥18 266.00		
销售方	名称：山西鸿运轴承厂 纳税人识别号：91410105389421762X 地址、电话：山西省太原市小店区198号0351-57818912 开户行及账号：中国工商银行太原小店分理处4100763987698576094			备注			

收款人：高洋　　复核：　　开票人：刘翔　　销售方：（章）

（印章：山西鸿运轴承厂 91410105389421762X 发票专用章）

第三联：发票联　购买方记账凭证

ICBC 中国工商银行进账单（收账通知）　3

20　年11月16日

出票人	全　称	山西鸿运轴承厂	收款人	全　称	万达国际股份有限公司
	账　号	4100763987698576094		账　号	4100982356487219763
	开户银行	中国工商银行太原小店分理处		开户银行	中国工商银行北京东城支行
金额	人民币（大写）			亿千百十万千百十元角分	
票据种类		票据张数			
票据号码					
复核　记账				收款人开户银行签章	

中国工商银行北京东城支行 01 业务专用章

此联是收款人开户银行交给收款人的收账通知

49.11月17日，万达国际采购材料Q345轴承，款项已预付，剩余款未支付。（存货，往来）

1100081140　　河北增值税专用发票　　№103723207

发票联　　开票日期：20　年11月17日

购买方	名　　称：万达国际股份有限公司 纳税人识别号：91110101893746520P 地 址 、电 话：北京市东城区湖滨南路27号010-87326520 开户行及账号：中国工商银行北京东城支行4100982356487219763				密码区	（略）	
货物或应税劳务、服务名称	规格型号	单位	数量	单价	金额	税率	税额
*轴承*Q345轴承		套	1 680	145.00	243 600.00	13%	31 668.00
*运输服务*运输费			1 680	0.60	1 008.00	9%	90.72
合计					¥244 608.00		¥31 758.72
价税合计（大写）	⊗贰拾柒万陆仟叁佰陆拾陆元柒角贰分				（小写）¥276 366.72		
销售方	名　　称：万达轴承厂 纳税人识别号：91253652896365146U 地 址 、电 话：河北省承德市城关区405号0314-28875601 开户行及账号：中国工商银行河北承德分行2100234567895698123				备注	万达轴承厂 91253652896365146U 发票专用章	

收款人：孙娜　　复核：　　开票人：李晗　　销售方：（章）

第三联：发票联　购买方记账凭证

50.11 月 18 日，万达国际收回出租包装箱，出租时收取的存入保证金 2 万元，扣除租金后，余款退还。（存货，出纳，往来）

1100081140　　**北京增值税专用发票**　　№60972948

此联不作报销、扣税凭证使用　　开票日期：20　年11月18日

购买方	名　　称：旺财机电经销公司 纳税人识别号：91110012345645123E 地 址 、 电 话：北京市燕郊北路48号 010-84781235 开户行及账号：中国工商银行北京燕郊支行4100450000456780123					密码区	（略）	
货物或应税劳务、服务名称	规格型号	单位	数量	单价	金额	税率	税额	
*租赁服务*租金					10 000.00	13%	1 300.00	
合计					￥10 000.00		￥1 300.00	
价税合计（大写）	⊗壹万壹仟叁佰圆整				（小写）￥11 300.00			
销售方	名　　称：万达国际股份有限公司 纳税人识别号：91110101893746520P 地 址 、 电 话：北京市东城区湖滨南路27号 010-87326520 开户行及账号：中国工商银行北京东城支行4100982356487219763					备注		

第一联：记账联　销售方记账凭证

收款人：王枚　　复核：　　开票人：李芳　　销售方：（章）

付款申请书

20　年11月18日

用途及情况	金额											收款单位(人)：旺财机电经销公司
退还押金余款	亿	千	百	十	万	千	百	十	元	角	分	账号：4100450000456780123
					￥	8	7	0	0	0	0	开户行：中国工商银行北京燕郊支行
金额(大写)合计：捌仟柒佰元整												电汇：☐ 信汇：☐ 汇票：☐ 转账：☑ 其他：☐

总经理	陈逸舟	财务部门	经理		业务部门	经　理	林　娟
			会计			经办人	李　华

中国工商银行
转账支票存根
30109827
00023328

附加信息

出票日期　　年　月　日

收款人：

金　额：

用　途：

单位主管　　会计

中国工商银行　　转账支票　　30109827 00023328

出票日期（大写）　　年　　月　　日　　付款行名称：中国工商银行北京东城支行

收款人：　　出票人账号：4100982356487219763

付款期限自出票之日起十天

人民币（大写）	亿	千	百	十	万	千	百	十	元	角	分

用途　　密码

上列款项请从　　行号

我账户内支付

出票人签章　　复核　　记账

万达国际股份有限公司 财务专用章　　陈逸舟印

入　库　单

20　年11月18日　　　　单号200011

交来单位及部门	旺财机电经销公司		发票号码或生产单号码				验收仓库			
编号	名称及规格	单位	数量		实际价格		计划价格		价格差异	
			交库	实收	单价	金额	单价	金额		
130308	包装箱	个	100	100			380.00	38 000.00		会计联
合　计			100	100				38 000.00		

部门经理：李彤　　会计：　　仓库：方建　　经办人：李华

51.11月19日，万达国际购进材料X123、X345电机，款项11月7日已预付，补付剩余款。（运费按买价比例分配）（存货，往来，出纳）

深圳增值税专用发票

1100081140　　№30972024

发票联　　开票日期：20　年11月19日

购买方	名　　称：万达国际股份有限公司 纳税人识别号：91110101893746520P 地 址 、 电 话：北京市东城区湖滨南路27号010-87326520 开户行及账号：中国工商银行北京东城支行4100982356487219763					密码区	（略）
货物或应税劳务、服务名称	规格型号	单位	数量	单价	金额	税率	税额
*电工机械设备*电机	X123	台	320	1 560.00	499 200.00	13%	64 896.00
*电工机械设备*电机	X345	台	200	230.00	46 000.00	13%	5 980.00
*运输服务*运输费					6 300.00	9%	567.00
合计					¥551 500.00		¥71 443.00
价税合计（大写）	⊗陆拾贰万贰仟玖佰肆拾叁圆整				（小写）¥622 943.00		
销售方	名　　称：深圳长风机电公司 纳税人识别号：91620108937258362X 地 址 、 电 话：广东省深圳市嘉峪关路12号0755-32165498 开户行及账号：中国工商银行深圳分行6001356745368902389					备注	深圳长风机电公司 91620108937258362X 发票专用章

收款人：于文　　复核：　　开票人：李举　　销售方：（章）

第三联：发票联　购买方记账凭证

ICBC 中国工商银行电汇凭证（回单）　1

☑普通　☐加急　　委托日期20　年11月19日

汇款人	全　称	万达国际股份有限公司	收款人	全　称	深圳长风机电公司
	账　号	4100982356487219763		账　号	6001356745368902389
	汇出地点	省北京市/县		汇入地点	广东省深圳市/县
汇出行名称		中国工商银行北京东城支行	汇入行名称		中国工商银行深圳分行
金额	人民币（大写）				亿 千 百 十 万 千 百 十 元 角 分
中国工商银行北京东城支行 01 业务受理章 汇出行签章			支付密码		
			附加信息及用途：补付剩余电机货款 复核：　记账：		

此联是汇出行给汇款人的回单

中国工商银行结算收费单　　总字第0089号　字第　055号

单位名称万达国际股份有限公司　　账号4100982356487219763　　20　年11月19日

结算种类	邮电费	金额（千 百 十 元 角 分）	手续费	金额（千 百 十 元 角 分）
汇票（兑）	信（电）　笔		1　笔	3 0 0 0
委托收款	邮（电）　笔		笔	
	笔		笔	
	笔		笔	
	小　计			￥3 0 0 0
合计金额	大写：叁拾元整			￥3 0 0 0
上列款项，请从我单位账户支付 万达国际股份有限公司 财务专用章 陈逸舟（经手人）签章 付款单位		会计分类	借： 贷：邮电费收入户　贷：手续费收入户 复核　记账 中国工商银行北京东城支行 01 业务受理章	

此联作为结算单位付款凭证

52.11月20日，万达国际支付职工培训费。（职工薪酬，出纳）

1100021621　　**北京增值税专用发票**　　№1062224863

发票联　　开票日期：20　年11月20日

购买方	名　　称：万达国际股份有限公司 纳税人识别号：91110101893746520P 地址、电话：北京市东城区湖滨南路27号010-87326520 开户行及账号：中国工商银行北京东城支行4100982356487219763					密码区	（略）
货物或应税劳务、服务名称	规格型号	单位	数量	单价	金额	税率	税额
*技术咨询服务*培训费					7 547.17	6%	452.83
合计					￥7 547.17		￥452.83
价税合计（大写）	⊗捌仟圆整				（小写）￥8 000.00		
销售方	名　　称：北京职业技术培训中心 纳税人识别号：91110102149725833K 地址、电话：北京市西城区建国南路43号010-23515963 开户行及账号：中国工商银行北京西城支行4100683265428369250					备注	北京职业技术培训中心 91110102149725833K 发票专用章

收款人：王娜　　复核：　　开票人：李红　　销售方：（章）

第三联：发票联　购买方记账凭证

付款申请书

20　年11月20日

用途及情况	金额											收款单位(人)：北京职业技术培训中心
支付职工培训费	亿	千	百	十	万	千	百	十	元	角	分	账号：4100683265428369250
					￥	8	0	0	0	0	0	开户行：中国工商银行北京西城支行
金额(大写)合计：捌仟元整												电汇：□ 信汇：□ 汇票：□ 转账：☑ 其他：□

总经理	陈逸舟	财务部门	经理		业务部门	经　理	李　彤
			会计			经办人	张　华

中国工商银行
转账支票存根
30109828
00023328

附加信息

出票日期　年　月　日

收款人：

金　额：

用　途：

单位主管　　会计

中国工商银行　　转账支票　　30109828
00023328

出票日期（大写）　年　月　日　　付款行名称：中国工商银行北京东城支行

收款人：　　出票人账号：4100982356487219763

付款期限自出票之日起十天

人民币（大写）	亿	千	百	十	万	千	百	十	元	角	分

用途　　密码

上列款项请从　　行号

我账户内支付

出票人签章　　万达国际股份有限公司 财务专用章　　陈逸舟印　　复核　　记账

53.11月20日，万达国际支付上月代扣及应交款项。（职工薪酬，出纳）

住房公积金汇（补）缴书

№200001103

20　年11月20日　　　附：缴存变更清册　页

缴款单位	单位名称	万达国际股份有限公司	收款单位	单位名称	北京住房公积金中心
	单位账号	4100982356487219763		公积金账号	1150236586305
	开户银行	中国工商银行北京东城支行		开户银行	中国工商银行北京海淀支行
缴款类型	☑汇缴　□补缴		补缴原因		
缴款人数	100	缴款时间	20　年10月至20　年10月	月数	1
缴款方式	□现金　☑转账			百 十 万 千 百 十 元 角 分	
金额(大写)	人民币				

上次汇缴		本次增加汇缴		本次减少汇缴		本次汇(补)缴	
人数	金额	人数	金额	人数	金额	人数	金额

上述款项已划转至市住房公积金管理中心住房公积金存款户内。（银行盖章）

（印章：中国工商银行北京东城支行 01 业务受理章）

复核：李欣　　　经办：张伟　　　20　年11月20日

第一联：缴款单位开户行给缴款单位的回单

交通银行（北京东城）分行电子缴税付款凭证

BANK OF COMMUNICATIONS

转账日期：20　年11月20日　　　凭证字号：02530586

纳税人全称及纳税人识别号：万达国际股份有限公司91110101893746520P

付款人全称：万达国际股份有限公司

付款人账号：6222111098267238716　　　征收机关名称：国家税务总局北京市东城区税务局

付款人开户银行：交通银行北京东城支行　　　收款国库（银行）名称：国家金库北京分库

小写（合计）金额：￥　　　缴款书交易流水号：20001216

大写（合计）金额：　　　税票号码：2000358

税（费）种名称	所属日期	实缴金额
社会保险费(单位)	20　1001–20　1031	
社会保险费(个人)	20　1001–20　1031	

（印章：交通银行北京东城支行 01 业务专用章）

打印时间：20　年11月20日

会计流水号：2000123359　　　复核：　　　记账：

第二联　作付款回单（无银行收讫章无效）

①　工会专用结算凭证（行政拨交工会经费缴款书）

缴费日期 20　年 11 月 20 日

付款单位	全称	万达国际股份有限公司		收款单位		(1)全称	万达国际股份有限公司工会委员会	金额
	账号	6222111098267238716			比例60%	账号	6100982356487219766	万千百十元角分
	开户银行	交通银行北京东城支行				开户银行	交通银行北京东城支行	￥7945 9 2
所属月份	10	职工人数	100			(2)全称	北京市东城区工会委员会	金额
上月职工工资总额	662 160.00	按2%计应缴经费	13 243.20		比例40%	账号	4001020111022918	万千百十元角分
迟交天数		按1%计应缴滞纳金				开户银行	北京银行东城支行	￥5297 2 8
合计金额(大写)壹万叁仟贰佰肆拾叁元贰角整								￥13243 2 0
缴款单位盖章（万达国际股份有限公司 财务专用章）		工会委员会盖章（北京市东城区工会委员会 财务专用章）20　年11月20日			银行盖章（交通银行北京东城支行 02 业务受理章）		20　年11月20日	

此联交缴款单位作回单

交通银行 BANK OF COMMUNICATIONS（　北京东城　）分行电子缴税付款凭证

转账日期：20　年11月20日　　凭证字号：02530589

纳税人全称及纳税人识别号：万达国际股份有限公司 91110101893746520P

付款人全称：万达国际股份有限公司

付款人账号：6222111098267238716　　征收机关名称：国家税务总局北京市东城区税务局

付款人开户银行：交通银行北京东城支行　　收款国库（银行）名称：国家金库北京分库

小写（合计）金额：￥　　缴款书交易流水号：20001219

大写（合计）金额：　　税票号码：2000362

税（费）种名称	所属日期	实缴金额
工会经费	20　1001-20　1031	

（交通银行北京东城支行 01 业务专用章）

打印时间：20　年11月20日

会计流水号：2000123362　　复核：　　记账：

第二联　作付款回单（无银行收讫章无效）

付款申请书

20　年11月20日

用途及情况	金额											收款单位（人）：万达国际股份有限公司工会委员会
拨付工会经费	亿	千	百	十	万	千	百	十	元	角	分	账号：6100982356487219766
					¥	7	9	4	5	9	2	开户行：交通银行北京东城支行
金额（大写）合计：柒仟玖佰肆拾伍元玖角贰分												电汇：□ 信汇：□ 汇票：□ 转账：☑ 其他：□

总经理	陈逸舟	财务部门	经理		业务部门	经　理	林　娟
			会计			经办人	李　华

交通银行
转账支票存根
$\frac{GE}{02}$23909822
附加信息

出票日期　年　月　日

收款人：
金　额：
用　途：
单位主管　会计

交通银行　转账支票　$\frac{GE}{02}$23909822

出票日期（大写）　年　月　日　付款行名称：交通银行北京东城支行
收款人：　出票人账号：6222111098267238716

本支票付款期限十天

人民币（大写）	亿	千	百	十	万	千	百	十	元	角	分

用途　密码
上列款项请从　行号
我账户内支付
出票人签章　万达国际股份有限公司 财务专用章　陈逸舟印　复核　记账

54.11月21日，万达国际支付行政部门高管房租。（职工薪酬，出纳）

1100081140　**北京增值税专用发票**　№1092223216

发票联　开票日期：20　年11月21日

购买方	名　　称：万达国际股份有限公司 纳税人识别号：91110101893746520P 地 址 、电 话：北京市东城区湖滨南路27号010-87326520 开户行及账号：中国工商银行北京东城支行4100982356487219763					密码区	（略）
货物或应税劳务、服务名称	规格型号	单位	数量	单价	金额	税率	税额
*经营租赁*房租		年	1		11 009.17	9%	990.83
合计					¥11 009.17		¥990.83
价税合计（大写）	⊗壹万贰仟圆整				（小写）¥12 000.00		
销售方	名　　称：北京鑫鑫房产租赁公司 纳税人识别号：91110102149258352Q 地 址 、电 话：北京市东城区湖滨南路20号010-87362389 开户行及账号：中国工商银行北京东城支行4100982356487235725					备注	北京鑫鑫房产租赁公司 91110102149258352Q 发票专用章

收款人：张晴　复核：　开票人：王蕾　销售方：（章）

第三联：发票联　购买方记账凭证

付款申请书

20　年11月21日

用途及情况	金额											收款单位(人):北京鑫鑫房产租赁公司
支付行政管理部门高管房租	亿	千	百	十	万	千	百	十	元	角	分	账号:4100982356487235725
				¥	1	2	0	0	0	0	0	开户行:中国工商银行北京东城支行
金额(大写)合计:壹万贰仟元整												电汇:☐ 信汇:☐ 汇票:☐ 转账:☑ 其他:☐

总经理	陈逸舟	财务部门	经理		业务部门	经　理	李　彤
			会计			经办人	李　华

中国工商银行 转账支票存根 30109829 00023328	中国工商银行　转账支票　30109829 00023328
附加信息	出票日期（大写）　年　月　日　付款行名称：中国工商银行北京东城支行
	收款人：　出票人账号：4100982356487219763
出票日期　年　月　日	付款期限自出票之日起十天
收款人：	人民币（大写）　亿 千 百 十 万 千 百 十 元 角 分
金　额：	用途＿＿＿＿　密码＿＿＿＿
用　途：	上列款项请从我账户内支付　行号＿＿＿＿
单位主管　会计	出票人签章（万达国际股份有限公司 财务专用章）（陈逸舟印）　复核　记账

55.11月22日，万达国际销售产品C-1车床，收到有效期3个月商业汇票。（销售，往来，出纳）

1100081140　**北京增值税专用发票**　№60972947

此联不作报销、扣税凭证使用　开票日期：20　年11月22日

购买方	名　　称：北京重型机械厂 纳税人识别号：91110106200229837P 地 址 、电 话：北京市大兴区九里庄123号010-23456789 开户行及账号：中国工商银行北京大兴九里庄支行4100982763453023289					密码区	（略）
货物或应税劳务、服务名称	规格型号	单位	数量	单价	金额	税率	税额
*机床*C-1车床		台	20	44 900.00	898 000.00	13%	116 740.00
合计					¥898 000.00		¥116 740.00
价税合计（大写）	⊗壹佰零壹万肆仟柒佰肆拾圆整				（小写）¥1 014 740.00		
销售方	名　　称：万达国际股份有限公司 纳税人识别号：91110101893746520P 地 址 、电 话：北京市东城区湖滨南路27号010-87326520 开户行及账号：中国工商银行北京东城支行4100982356487219763					备注	

第一联：记账联　销售方记账凭证

收款人：王枚　复核：　开票人：张燕　销售方：（章）

银行承兑汇票 2

GE 02 68791083

出票日期（大写） 贰零 年 壹拾壹月 贰拾贰日

出票人全称	北京重型机械厂	收款人	全　称	万达国际股份有限公司
出票人账号	41000982763453023289		账　号	41009823564872l9763
付款行全称	中国工商银行北京大兴九里庄支行		开户银行	中国工商银行北京东城支行
出票金额	人民币（大写）		亿 千 百 十 万 千 百 十 元 角 分	￥ 1 0 1 5 8 4 0 0 0
汇票到期日（大写）		付款行	行号 3206	
承兑协议编号	20003621		地址 中国工商银行北京大兴九里庄支行	
本汇票请你行承兑，到期无条件付款。 出票人签章		本汇票已经承兑，到期日由本行付款。 承兑行签章 承兑日期20　年11月22日	备注：	

此联收款人开户行随托收凭证寄付款行作借方凭证附件

出　库　单

出货单位：万达国际股份有限公司　　20　年11月22日　　单号：200033

提货单位或领货部门	北京重型机械厂		销售单号		发出仓库	成品仓库
编号	名称及规格	单位	数量（应发）	数量（实发）	单价	金额
140501	C-1车床	台	20	20	44 900.00	898 000.00
合　计			20	20		898 000.00

部门经理：林娟　　会计：　　仓库：李成　　经办人：王辉

会计联

付款申请书

20　年11月22日

用途及情况	金额	收款单位(人):北京货运公司
代垫运费	亿 千 百 十 万 千 百 十 元 角 分 　 　 　 　 ￥ 1 1 0 0 0 0	账号:4100982763123987576 开户行:中国工商银行北京朝阳支行
金额(大写)合计:壹仟壹佰元整		电汇:□ 信汇:□ 汇票:□ 转账:☑ 其他:□
总经理 陈逸舟	财务部门 经理：　会计：	业务部门 经理：钱丽　经办人：张浩

中国工商银行
转账支票存根
30109830
00023328
附加信息

出票日期 年 月 日
收款人：
金 额：
用 途：
单位主管 会计

中国工商银行 转账支票 30109830 00023328

出票日期（大写） 年 月 日 付款行名称：中国工商银行北京东城支行
收款人： 出票人账号：4100982356487219763

付款期限自出票之日起十天

人民币（大写）	亿	千	百	十	万	千	百	十	元	角	分

用途 密码
上列款项请从 行号
我账户内支付
出票人签章 复核 记账

万达国际股份有限公司 财务专用章　陈逸舟印

56.11月22日，万达国际对外出租的一座仓库到期，收回自用。（非流动资产，出纳）

房产收回通知书

财务处：

北京实创有限公司租用的一间仓库到期（按投资性房地产核算），现已收回，经董事会批准转为自用。该厂房原值为25万元，转回日公允价值为36万元。预计尚可使用年限为20年，净残值率5%，采用年限平均法计提折旧。所收押金5万元一并退还。

万达国际股份有限公司资产管理处
20 年11月22日

中国工商银行
转账支票存根
30109831
00023328
附加信息

出票日期 年 月 日
收款人：
金 额：
用 途：
单位主管 会计

中国工商银行 转账支票 30109831 00023328

出票日期（大写） 年 月 日 付款行名称：中国工商银行北京东城支行
收款人： 出票人账号：4100982356487219763

付款期限自出票之日起十天

人民币（大写）	亿	千	百	十	万	千	百	十	元	角	分

用途 密码
上列款项请从 行号
我账户内支付
出票人签章 复核 记账

万达国际股份有限公司 财务专用章　陈逸舟印

付款申请书

20 年11月22日

用途及情况	金额											收款单位(人)：北京实创有限公司
退还押金	亿	千	百	十	万	千	百	十	元	角	分	账号：4310798230812734939
				¥	5	0	0	0	0	0	0	开户行：中国工商银行北京市东城支行
金额(大写)合计：伍万元整												电汇：□ 信汇：□ 汇票：□ 转账：☑ 其他：□

总经理	陈逸舟	财务部门	经理		业务部门	经 理	李 彤
			会计			经办人	张 华

57.11月23日，万达国际本月购进的焦炭运到，拒付2吨，其余付款。（存货，出纳）

托收承付/委托收款　结算　部分/全部　拒绝付款理由书（回单或付款通知）　1

拒付日期20　年11月23日　　原托收号码

付款人	全称	万达国际股份有限公司	收款人	全称	山西焦化股份有限公司
	账号	4100982356487219763		账号	3001356745368902588
	开户银行	中国工商银行北京东城支行　行号		开户银行	中国工商银行山西大同分行　行号

托收金额	叁万贰仟玖佰零贰元伍角整	拒付金额	¥1316.10	部分付款金额	亿	千	百	十	万	千	百	十	元	角	分
								¥	3	1	5	8	6	4	0

附寄单证	2　张	部分付款金额（大写）	叁万壹仟伍佰捌拾陆元肆角整

拒付理由：
验收发现2吨焦炭品质不符合要求。要求退货，其余款项同意支付。

（印章：万达国际股份有限公司 财务专用章）　付款人签章

（印章：中国工商银行北京东城支行 01 业务受理章）

此联是银行给付款人的回单或付款通知

58.11月24日，万达国际支付办公费。（成本费用，出纳）

1100081140　　**北京增值税专用发票**　　№60065906

发票联　　开票日期：20　年11月24日

购买方	名　　称：万达国际股份有限公司 纳税人识别号：91110101893746520P 地址、电话：北京市东城区湖滨南路27号010-87326520 开户行及账号：中国工商银行北京东城支行4100982356487219763	密码区	（略）

货物或应税劳务、服务名称	规格型号	单位	数量	单价	金额	税率	税额
*文具*办公用品		套	38	134.50	5 111.00	13%	664.43
合计					¥5 111.00		¥664.43
价税合计（大写）	⊗伍仟柒佰柒拾伍圆肆角叁分				（小写）¥5 775.43		

销售方	名　　称：北京王府井百货股份有限公司 纳税人识别号：91110105232585606N 地址、电话：北京市东城区王府井大街253号010-65528588 开户行及账号：中国工商银行北京东城支行4100984578697695578	备注	（印章：北京王府井百货股份有限公司 91110105232585606N 发票专用章）

收款人：何平　　复核：　　开票人：李明　　销售方：（章）

第三联：发票联　购买方记账凭证

付款申请书

20　年11月24日

用途及情况	金额											收款单位(人):北京王府井百货股份有限公司
购买办公用品	亿	千	百	十	万	千	百	十	元	角	分	账号:4100984578697695578
					¥	5	7	7	5	4	3	开户行:中国工商银行北京东城支行
金额(大写)合计:伍仟柒佰柒拾伍元肆角叁分												电汇:□ 信汇:□ 汇票:□ 转账:☑ 其他:□

总经理	陈逸舟	财务部门	经理		业务部门	经　理	李　彤
			会计			经办人	张　华

中国工商银行
转账支票存根
30109832
00023328

附加信息

出票日期　　年　月　日

收款人:
金　额:
用　途:

单位主管　　会计

中国工商银行　　转账支票　　30109832
00023328

出票日期（大写）　　年　　月　　日　　付款行名称：中国工商银行北京东城支行
收款人：　　出票人账号：4100982356487219763

付款期限自出票之日起十天

人民币（大写）	亿	千	百	十	万	千	百	十	元	角	分

用途　　密码
上列款项请从　　行号
我账户内支付
出票人签章　　复核　　记账

万达国际股份有限公司 财务专用章

陈舟 印逸

办公用品领用清单

20　　年11月

部门	基本生产车间	机修车间	配电车间	销售部门	管理部门	合计
数量（套）	20	3	2	3	10	38
金额（元）						

59.11月24日，万达国际收到一笔已确认为坏账的应收账款。（往来，出纳）

中国工商银行电子汇划收款回单

20　年11月24日　　流水号：2020103

付款人	全　称	东风股份有限公司	收款人	全　称	万达国际股份有限公司
	账　号	41002356584629876		账　号	4100982356487219763
	开户行	中国工商银行北京建国路支行		开户行	中国工商银行北京东城支行
金额（大写）	叁万元整				¥30 000.00
用途	购货款				

备注：

汇划日期：20　-11-24　　汇划流水号：2020103

汇出行行号：1052231　　原凭证种类：

原凭证号码：　　原凭证金额：30 000.00

汇款人地址：北京市建国路13号

收款人地址：北京市东城区湖滨南路27号

实际收款人账号：4100982356487219763

实际收款人名称：万达国际股份有限公司

（印章：中国工商银行北京东城支行 01 业务专用章）　银行盖章

60.11月25日，万达国际支付新生产线工程款。（非流动资产，出纳）

1100081158　　北京增值税专用发票　　№10063106

发票联　　开票日期：20　年11月25日

购买方	名　称：万达国际股份有限公司 纳税人识别号：91110101893746520P 地址、电话：北京市东城区湖滨南路27号010-87326520 开户行及账号：交通银行北京东城支行6222111098267238716				密码区	（略）	
货物或应税劳务、服务名称	规格型号	单位	数量	单价	金额	税率	税额
*建筑服务*新生产线工程款		台	1		91 743.12	9%	8 256.88
合计					¥91 743.12		¥8 256.88
价税合计（大写）	⊗壹拾万圆整				（小写）¥100 000.00		
销售方	名　称：北京海华工程公司 纳税人识别号：91110102497325815P 地址、电话：北京市海淀区临河路35号010-94683961 开户行及账号：中国工商银行北京海淀支行4100673265428736925				备注	（印章：北京海华工程公司 91110102497325815P 发票专用章）	

收款人：张贺　　复核：　　开票人：李凡　　销售方：（章）

第三联：发票联　购买方记账凭证

付款申请书

20　年11月25日

用途及情况	金额											收款单位(人):北京海华工程公司
支付生产线工程款	亿	千	百	十	万	千	百	十	元	角	分	账号:4100673265428736925
			¥	1	0	0	0	0	0	0	0	开户行:中国工商银行北京海淀支行
金额(大写)合计:壹拾万元整												电汇:☐ 信汇:☐ 汇票:☐ 转账:☑ 其他:☐

总经理	陈逸舟	财务部门	经理		业务部门	经　理	李　彤
			会计			经办人	张　浩

交通银行
转账支票存根
$\frac{GE}{02}$23909823
附加信息

出票日期　　年　月　日

收款人：
金　额：
用　途：
单位主管　　　会计

交通银行　　转账支票　　$\frac{GE}{02}$23909823

出票日期（大写）　　年　月　日　　付款行名称：交通银行北京东城支行
收款人：　　出票人账号：6222111098267238716

本支票付款期限十天

人民币（大写）	亿	千	百	十	万	千	百	十	元	角	分

用途________　　密码________
上列款项请从　　行号________
我账户内支付
出票人签章　（万达国际股份有限公司 财务专用章）（陈逸舟印）　　复核　　记账

61.11月25日，万达国际销售产品H-1铣床，货已发出，款未收。（销售，存货，往来）

1100081140　　**北京增值税专用发票**　　№60972948

此联不作报销、扣税凭证使用　　开票日期：20　年11月25日

购买方	名　　称：北京天鸿机电公司 纳税人识别号：91110101091726538W 地 址 、电 话：北京市东城区华林路76号010-32547698 开户行及账号：中国工商银行北京东城支行4100987265187245319					密码区	（略）
货物或应税劳务、服务名称	规格型号	单位	数量	单价	金额	税率	税额
*机床*H-1铣床		台	10	43 500.00	435 000.00	13%	56 550.00
合计					¥435 000.00		¥56 550.00
价税合计（大写）	⊗肆拾玖万壹仟伍佰伍拾圆整				（小写）¥491 550.00		
销售方	名　　称：万达国际股份有限公司 纳税人识别号：91110101893746520P 地 址 、电 话：北京市东城区湖滨南路27号010-87326520 开户行及账号：中国工商银行北京东城支行4100982356487219763					备注	

收款人：王枚　　复核：　　开票人：张燕　　销售方：（章）

第一联：记账联　销售方记账凭证

出　库　单

出货单位：万达国际股份有限公司　　20　年11月25日　　单号：200035

提货单位或领货部门	北京天鸿机电公司		销售单号		发出仓库	成品仓库
编号	名称及规格	单位	数量 应发	数量 实发	单价	金额
140502	H-1铣床	台	10	10	43 500.00	435 000.00
合　计			10	10		435 000.00

会计联

部门经理：林娟　　会计：　　仓库：李成　　经办人：王辉

62.11月26日，万达国际预收销货款。（销售，往来，出纳）

ICBC 中国工商银行信汇凭证（收账通知）　4

委托日期20　年11月26日

汇款人	全　称	山西机电公司	收款人	全　称	万达国际股份有限公司
	账　号	4100834653219872352		账　号	4100982356487219763
	汇出地点	山西省太原市/县		汇入地点	省北京市/县
汇出行名称		中国工商银行太原黄河分理处	汇入行名称		中国工商银行北京东城支行
金额	人民币（大写）	壹拾伍万柒仟元整		亿千百十万千百十元角分	¥15700000
款项已收入收款人账户			支付密码		
（中国工商银行北京东城支行 01 业务专用章）汇入行签章			附加信息及用途：预付货款 复核：　记账：		

此联是给收款人的收账通知

63.11月26日，万达国际汇出采购款，设立专户进行采购。(出纳)

ICBC 中国工商银行电汇凭证（回单）　1

☑普通　☐加急　　委托日期20　年11月26日

汇款人			收款人		
汇款人	全　称	万达国际股份有限公司	收款人	全　称	万达国际股份有限公司
	账　号	4100982356487219763		账　号	4123098476523423265
	汇出地点	省北京市/县		汇入地点	省上海市/县
汇出行名称		中国工商银行北京东城支行	汇入行名称		中国工商银行上海浦东支行
金额	人民币（大写）	叁万贰仟元整			

亿	千	百	十	万	千	百	十	元	角	分
			¥	3	2	0	0	0	0	0

中国工商银行北京东城支行 01 业务受理章

汇出行签章

支付密码

附加信息及用途：

设立采购专户到上海黄河钢铁公司采购材料

复核：　　记账：

此联是汇出行给汇款人的回单

64.11月26日，万达国际出售固定资产。(非流动资产，出纳，财务成果)

销售协议（简略）

甲方（销售方）：万达国际股份有限公司　　乙方（购买方）：北京清远物资公司

销售对象：基本生产车间卷轧机一台，原价256 000元，预计使用年限10年，已使用4年，已提折旧97 280元，已提固定资产减值准备23 000元。

销售价格：含税价141 250.00元，款项交付资产时付清。

合同生效日：20　年11月26日

甲方：万达国际股份有限公司　　乙方：北京清远物资公司

法定代表人：陈逸舟　　法定代表人：李阳

万达国际股份有限公司 合同专用章　　北京清远物资公司 合同专用章

1100081140　　**北京增值税专用发票**　　№60972949

此联不作报销、扣税凭证使用　　开票日期：20　年11月26日

购买方	名　　称：北京清远物资公司 纳税人识别号：91110108983675141F 地 址 、 电 话：北京市海淀区南京路5号010-35685689 开户行及账号：中国建设银行北京海淀支行4367891265309162538					密码区	（略）
货物或应税劳务、服务名称	规格型号	单位	数量	单价	金额	税率	税额
*机械设备*卷轧机		台	1	125 000.00	125 000.00	13%	16 250.00
合计					￥125 000.00		￥16 250.00
价税合计（大写）	⊗壹拾肆万壹仟贰佰伍拾圆整				（小写）￥141 250.00		
销售方	名　　称：万达国际股份有限公司 纳税人识别号：91110101893746520P 地 址 、 电 话：北京市东城区湖滨南路27号010-87326520 开户行及账号：中国工商银行北京东城支行4100982356487219763					备注	

收款人：王枚　　复核：　　开票人：张燕　　销售方：（章）

第一联：记账联　销售方记账凭证

ICBC 中国工商银行**进账单**（收账通知）　3

20　年11月26日

出票人	全　称	北京清远物资公司	收款人	全　称	万达国际股份有限公司
	账　号	4367891265309162538		账　号	4100982356487219763
	开户银行	中国建设银行北京海淀支行		开户银行	中国工商银行北京东城支行
金额	人民币（大写）	壹拾肆万壹仟贰佰伍拾元整		亿千百十万千百十元角分	￥14125000
票据种类	转账支票	票据张数	1		
票据号码	23910148				
复核　　记账				收款人开户银行签章	中国工商银行北京东城支行 01 业务受理章

此联是收款人开户银行交给收款人的收账通知

65.11 月 27 日，万达国际用银行汇票采购轴承，对方代垫运费，余款已付。（存货，往来）

1100081140　　**山西增值税专用发票**　　№30372152

发票联　　开票日期：20　年11月27日

购买方	名　称：万达国际股份有限公司 纳税人识别号：91110101893746520P 地址、电话：北京市东城区湖滨南路27号010-87326520 开户行及账号：中国工商银行北京东城支行4100982356487219763			密码区	（略）		
货物或应税劳务、服务名称	规格型号	单位	数量	单价	金额	税率	税额
*轴承*Q123轴承		套	400	299.50	119 800.00	13%	15 574.00
合计					￥119 800.00		￥15 574.00
价税合计（大写）	⊗壹拾叁万伍仟叁佰柒拾肆圆整				（小写）￥135 374.00		
销售方	名　称：山西鸿运轴承厂 纳税人识别号：91410105389421762X 地址、电话：山西省太原市小店区198号0351-57818912 开户行及账号：中国工商银行太原小店分理处4100763987698576094			备注	山西鸿运轴承厂 91410105389421762X 发票专用章		

收款人：高洋　　复核：　　开票人：刘翔　　销售方：（章）

第三联：发票联　购买方记账凭证

1100081140　　**山西增值税专用发票**　　№40972023

发票联　　开票日期：20　年11月27日

购买方	名　称：万达国际股份有限公司 纳税人识别号：91110101893746520P 地址、电话：北京市东城区湖滨南路27号010-87326520 开户行及账号：中国工商银行北京东城支行4100982356487219763			密码区	（略）		
货物或应税劳务、服务名称	规格型号	单位	数量	单价	金额	税率	税额
*运输服务*运输费					3 135.78	9%	282.22
合计					￥3 135.78		￥282.22
价税合计（大写）	⊗叁仟肆佰壹拾捌圆整				（小写）￥3 418.00		
销售方	名　称：山西永达货运公司 纳税人识别号：91440105398422396X 地址、电话：山西省太原市小店区黄山路05号0351-23568780 开户行及账号：中国工商银行太原小店支行41001472583692581478			备注	山西永达货运公司 91440105398422396X 发票专用章		

收款人：王刚　　复核：　　开票人：李佳　　销售方：（章）

第三联：发票联　购买方记账凭证

付款期限 壹 月

中国工商银行
银 行 汇 票（解讫通知）　3

GE 02 第005号

出票日期（大写）	贰零 年壹拾壹月贰拾柒日	代理付款行：中国工商银行太原小店分理处	行号：3631
收款人：	山西鸿运轴承厂	账号：	4100763987698576094
出票金额	人民币（大写）	玖万贰仟元整	
实际结算金额	人民币（大写）		千 百 十 万 千 百 十 元 角 分

申请人：万达国际股份有限公司　　账号或住址：4100982356487219763

出票行：中国工商银行北京东城支行　行号：3026

备　注：

代理付款行签章

中国工商银行太原小店分理处 01 业务专用章

复核　经办

密押：	
多余金额	
千 百 十 万 千 百 十 元 角 分	复核　记账

此联代理付款行兑付后随报单寄出票行　由出票行作多余款贷方凭证

ICBC 中国工商银行**电汇凭证**（回单）　1

☑普通　☐加急　　委托日期20　年11月27日

汇款人			收款人		
汇款人	全　称	万达国际股份有限公司	收款人	全　称	山西鸿运轴承厂
	账　号	4100982356487219763		账　号	4100763987698576094
	汇出地点	省北京市/县		汇入地点	山西省太原市/县
汇出行名称		中国工商银行北京东城支行	汇入行名称		中国工商银行太原小店分理处

金额	人民币（大写）	亿	千	百	十	万	千	百	十	元	角	分
	肆万陆仟柒佰玖拾贰元整				¥	4	6	7	9	2	0	0

中国工商银行北京东城支行 01 业务受理章

汇出行签章

支付密码

附加信息及用途：

支付余款

复核：　　记账：

此联汇出行给汇款人的回单

中国工商银行结算收费单

总字第0089号
字第　080号

单位名称万达国际股份有限公司　　账号4100982356487219763　　20　年11月27日

结算种类	邮电费	金额 千	百	十	元	角	分	手续费	金额 千	百	十	元	角	分
汇票（兑）	信（电）　笔							1　笔			5	0	0	0
委托收款	邮（电）　笔							笔						
	笔							笔						
	笔							笔						
	小　计									¥	5	0	0	0
合计金额	大写：伍拾元整									¥	5	0	0	0

上列款项，请从我单位账户支付　陈逸舟　（经手人）签章　付款单位

（印章：万达国际股份有限公司 财务专用章）

会计分类　借：　贷：邮电费收入户　贷：手续费收入户　复核　记账

（印章：中国工商银行北京东城支行 业务受理章 01）

此联作为结算单位付款凭证

66.11月29日，万达国际采购员刘海预借差旅费。（出纳，往来）

借　款　单

20　年11月29日　　　　第　　号

借款部门	采购部	姓名	刘　海	事由	采购材料
借款金额（大写）	零万贰仟零佰零拾零元零角零分　¥2 000.00				
部门负责人签署	江　涛	借款人签字	刘　海	注意事项	一、凡借用公款必须使用本单 二、出差返回后三天内结算
单位领导批示	陈逸舟	财务经理审核意见	林　娟		

中国工商银行
现金支票存根
23097144
00023328
附加信息

出票日期　　年　月　日
收款人：
金　额：
用　途：
单位主管　　会计

中国工商银行　　现金支票　　23097144
00023328

出票日期（大写）　　年　月　日　　付款行名称：中国工商银行北京东城支行
收款人：　　出票人账号：4100982356487219763

付款期限自出票之日起十天

人民币（大写）	亿	千	百	十	万	千	百	十	元	角	分

用途＿＿＿＿　　密码＿＿＿＿
上列款项请从　　行号＿＿＿＿
我账户内支付　　复核　　记账
出票人签章

（印章：万达国际股份有限公司 财务专用章）（印章：陈逸舟印）

67.11 月 29 日，万达国际行政科报销，以现金补足定额。（成本费用，往来，出纳）

1100082140　　北京增值税专用发票　　№1092221536

发票联　　开票日期：20　年11月29日

购买方	名　　称：万达国际股份有限公司 纳税人识别号：91110101893746520P 地址、电话：北京市东城区湖滨南路27号010-87326520 开户行及账号：中国工商银行北京东城支行4100982356487219763				密码区	（略）	
货物或应税劳务、服务名称	规格型号	单位	数量	单价	金额	税率	税额
*餐饮服务*餐饮费					1 300.00	6%	78.00
合计					￥1 300.00		￥78.00
价税合计（大写）	⊗壹仟叁佰柒拾捌圆整				（小写）￥1 378.00		
销售方	名　　称：北京靖江大酒店 纳税人识别号：91110102149236259T 地址、电话：北京市东城区湖滨北路07号010-87335126 开户行及账号：中国工商银行北京东城支行410098235648722563				备注	北京靖江大酒店 91110102149236259T 发票专用章	

第三联：发票联　购买方记账凭证

收款人：张亮　　复核：　　开票人：王丽　　销售方：（章）

报　销　单

填报日期：20　年 11 月 29 日

姓名	李悦	所属部门	行政科	报销形式	现金
				支票号码	
报销项目	金额	报销项目	金额		
业务招待费	1 378.00	现金付讫			
		以上单据共　1　张　金额小计 ￥1 378.00			
总金额（大写）	零拾零万壹仟叁佰柒拾捌元零角零分	预支备用金额	1 500.00	应缴备用金额	

总经理：陈逸舟　财务经理：　部门经理：李杰　会计：　出纳：　报销人：李悦

现金领款条

年　月　日

单位或姓名	
领款事由	
今领到人民币（大写）	￥
备注	

核准：　　　　出纳：

68.11月29日，万达国际收到11月25日的销货款。（销售，往来，出纳）

ICBC 中国工商银行进账单（收账通知） 3

20 年11月29日

出票人	全称	北京天鸿机电公司	收款人	全称	万达国际股份有限公司
	账号	4100987265187245319		账号	4100982356487219763
	开户银行	中国工商银行北京东城支行		开户银行	中国工商银行北京东城支行
金额	人民币（大写）			亿 千 百 十 万 千 百 十 元 角 分	
票据种类	转账支票	票据张数	1		
票据号码	301291				
	复核 记账			收款人开户银行签章	

中国工商银行北京东城支行 01 业务专用章

此联是收款人开户银行交给收款人的收账通知

69.11月30日，结转本期随货出售包装箱成本。（假设一件产品一个包装箱）（存货，成本费用）

领 料 单

领料部门：销售部门

用 途：随货出售 不单独计价 20 年11月30日 第2000036号

材料 编号	名称	规格	单位	数量 请领	实发	成本 单价	总价 百	十	万	千	百	十	元	角	分
130308	包装箱		个												
合计															

会计联

部门经理：王玉 会计： 仓库：李欣 经办人：林文

70.11月30日，万达国际计算结转本期入库材料成本及差异。（存货，成本费用）

微课
材料验收入库会计处理

材料入库清单

金额单位：元

采购日期	入库日期	供货单位	材料名称	实收数量	单价	运杂费	实际成本	计划成本	成本差异
10月26日	11月1日	河南安阳煤矿公司	煤	400吨					
10月27日	11月1日	北京清远物资公司	螺钉	400盒					
11月3日	11月3日	北京市济源木器厂	包装箱	200个					
11月3日	11月5日	汉阳钢铁厂	生铁	100吨					
			圆钢	100吨					
11月6日	11月6日	北京清远物资公司	法兰盘	80个					
			螺钉	40盒					
			工作服	40套					
			耐热手套	40副					
			勾扳手	50个					
10月24日	11月7日	长江钢铁公司	生铁	9吨					
	11月10日			0.5吨					
11月16日	11月20日	山西鸿运轴承厂	标准件	800个					
11月17日	11月20日	万达轴承厂	轴承Q345	1 680套					
11月13日	11月23日	山西焦化股份有限公司	焦炭	48吨					
11月19日	11月29日	深圳长风机电公司	电机X123	320台					
			电机X345	200台					

保管部门主管：翁博瑞　　验收：王军　　缴库：赵山

成本差异率计算表

20　年11月

金额单位：元

类别	月初结存		本月收入		合计		成本差异率
	计划成本	成本差异	计划成本	成本差异	计划成本	成本差异	
原材料							
周转材料							
合计							

会计主管：　　审核：　　制表：

71.11月30日，万达国际计算各部门领用材料。(存货，成本费用)

微课
月末结转领料成本

领料清单（数量）

20　年11月

<table>
<tr><th colspan="2">部门</th><th colspan="3">基本生产车间</th><th colspan="2">辅助生产车间</th><th>销售</th><th>管理</th><th rowspan="2">合计</th></tr>
<tr><th colspan="2">种类</th><th>C-1车床</th><th>H-1铣床</th><th>车间</th><th>机修</th><th>配电</th><th>部门</th><th>部门</th></tr>
<tr><td rowspan="11">原材料</td><td>圆钢</td><td>40</td><td>37</td><td></td><td>5</td><td></td><td>1</td><td></td><td></td></tr>
<tr><td>生铁</td><td>39</td><td>33</td><td></td><td></td><td></td><td></td><td></td><td></td></tr>
<tr><td>焦炭</td><td>40</td><td>36</td><td></td><td></td><td></td><td></td><td></td><td></td></tr>
<tr><td>煤</td><td>88</td><td>83</td><td></td><td></td><td></td><td></td><td></td><td></td></tr>
<tr><td>电机X123</td><td>80</td><td></td><td></td><td></td><td></td><td></td><td></td><td></td></tr>
<tr><td>电机X345</td><td></td><td>75</td><td></td><td></td><td></td><td></td><td></td><td></td></tr>
<tr><td>轴承Q123</td><td>240</td><td></td><td></td><td></td><td></td><td></td><td></td><td></td></tr>
<tr><td>轴承Q345</td><td></td><td>225</td><td></td><td></td><td></td><td></td><td></td><td></td></tr>
<tr><td>润滑油</td><td colspan="2">80</td><td>6</td><td>20</td><td>2</td><td>6</td><td>1</td><td></td></tr>
<tr><td>标准件</td><td>160</td><td>150</td><td></td><td>60</td><td></td><td>8</td><td></td><td></td></tr>
<tr><td>油漆</td><td colspan="2">90</td><td>3</td><td>30</td><td></td><td>6</td><td>5</td><td></td></tr>
<tr><td rowspan="7">周转材料</td><td>专用工具</td><td>80</td><td>75</td><td></td><td>10</td><td>1</td><td>8</td><td></td><td></td></tr>
<tr><td>法兰盘</td><td>160</td><td>150</td><td></td><td></td><td></td><td></td><td></td><td></td></tr>
<tr><td>螺钉</td><td colspan="2">150</td><td>2</td><td>5</td><td></td><td>8</td><td>1</td><td></td></tr>
<tr><td>劳保鞋</td><td></td><td></td><td>30</td><td>2</td><td>1</td><td>2</td><td>5</td><td></td></tr>
<tr><td>耐热手套</td><td></td><td></td><td>30</td><td>2</td><td>1</td><td>2</td><td>5</td><td></td></tr>
<tr><td>工作服</td><td></td><td></td><td>30</td><td>2</td><td>1</td><td>2</td><td>5</td><td></td></tr>
<tr><td>勾扳手</td><td></td><td></td><td>26</td><td>5</td><td>1</td><td>6</td><td>1</td><td></td></tr>
</table>

共同耗用材料分配表

材料：润滑油　　　　年　月　　　　金额单位：元

产品名称	分配标准	分配率	分配金额
合计			

共同耗用材料分配表

材料：油漆　　　　年　月　　　　金额单位：元

产品名称	分配标准	分配率	分配金额
合计			

共同耗用材料分配表

材料：螺钉　　　　年　月　　　　金额单位：元

产品名称	分配标准	分配率	分配金额
合计			

领料汇总表

年　月　　　　单位：元

部门		基本生产车间			辅助生产车间		销售部门	管理部门	合计
种类		C-1车床	H-1铣床	车间	机修	配电			
原材料	圆钢								
	生铁								
	焦炭								
	煤								
	电机X123								
	电机X345								
	轴承Q123								
	轴承Q345								
	润滑油								
	标准件								
	油漆								
	原材料小计								
周转材料	专用工具								
	法兰盘								
	螺钉								
	劳保鞋								
	耐热手套								
	工作服								
	勾扳手								
	周转材料小计								
合计									

领用材料成本差异计算表

年　月　　　　单位：元

用途/种类	原材料		周转材料		合计
	计划成本	成本差异	计划成本	成本差异	
C-1车床					
H-1铣床					
基本车间					
机修车间					
配电车间					
销售部门					
管理部门					
合计					

72.11月30日，万达国际计提本月职工薪酬。（职工薪酬，成本费用）

微课

月末工资费用分配

工资结算汇总表

20　年11月　　　　单位：元

车间/部门		基本工资	奖金	津贴	缺勤扣款	应付工资	代扣款项					实发工资
							养老保险（8%）	失业保险（0.5%）	医疗保险（2%）	住房公积金（12%）	个人所得税	
基本生产车间	工人	105 000	320 000	70 000	10	494 990					6 264.23	
	管理	5 000	8 000	3 600	0	16 600					368.20	
辅助生产车间	机修	7 500	16 000	5 000	0	28 500					133.35	
	配电	4 500	9 600	3 000	20	17 080					79.55	
销售部门		10 000	12 800	7 500	0	30 300					174.93	
管理部门		37 500	64 000	27 000	20	128 480					3 067.96	
合计		169 500	430 400	116 100	50	715 950					10 088.22	

复核：　　　　制表：　　　　记账：

工资费用分配表

年　月　　　　单位：元

产品名称	定额工时	分配率	分配金额
C-1车床			
H-1铣床			
合计			

五险一金、工会经费、职工教育经费计提表

年　月　　　　单位：元

分配对象			应付工资	医疗保险（8%）	失业保险（0.5%）	养老保险（16%）	工伤保险（1%）	生育保险（1.2%）	住房公积金（12%）	工会经费（2%）	职工教育经费（8%）	合　计
部门	对象											
基本生产车间	生产工人	C-1车床										
		H-1铣床										
		小计										
	管理人员											
辅助生产车间	机修											
	配电											
销售部门												
管理部门												
合计												

单位负责人：　　　　制单：

73.11月30日，万达国际支付本月通信费。（成本费用，出纳）

1100010325　　**北京增值税专用发票**　　№10063105

发票联　　开票日期：20　年11月30日

购买方	名　　称：万达国际股份有限公司 纳税人识别号：91110101893746520P 地址、电话：北京市东城区湖滨南路27号010-87326520 开户行及账号：中国工商银行北京东城支行4100982356487219763					密码区	（略）	
货物或应税劳务、服务名称	规格型号	单位	数量	单价	金额	税率	税额	
*电信服务*通信费					6 330.28	9%	569.72	
合计					￥6 330.28		￥569.72	
价税合计（大写）	⊗陆仟玖佰圆整				（小写）￥6 900.00			
销售方	名　　称：中国电信北京东城营业所 纳税人识别号：91110105982725813R 地址、电话：北京市东城区上海路02号010-87312658 开户行及账号：中国工商银行北京东城支行4100982356487114896					备注	中国电信北京东城营业所 91110105982725813R 发票专用章	

收款人：李丽　　复核：　　开票人：张西　　销售方：（章）

第三联：发票联　购买方记账凭证

中国工商银行（　　转账　　）付款通知书

日期20　年11月30日

机构号1368　　交易代码2000123

单位名称	中国电信北京东城营业所
账号	4100982356487114896
摘要	通信费
金额合计	￥6 900.00
金额合计（大写）	陆仟玖佰元整

注：此付款通知书加盖我行业务公章方有效。

流水号2000136　　经办李莉

中国工商银行北京东城支行　01　业务专用章

第二联　回单

通信费分配明细表

20　年11月　　单位：元

部门	基本生产车间	机修车间	配电车间	销售部门	管理部门	合计
金额	350	260	110	2 530	3 080.28	6 330.28

74.11月30日，万达国际支付本月水费。（成本费用，出纳）

1100011510　　　**北京增值税专用发票**　　　№10063585

发票联　　　开票日期：20　年11月30日

购买方	名　　　称：万达国际股份有限公司 纳税人识别号：91110101893746520P 地 址、电 话：北京市东城区湖滨南路27号010-87326520 开户行及账号：中国工商银行北京东城支行4100982356487219763				密码区	（略）	
货物或应税劳务、服务名称	规格型号	单位	数量	单价	金额	税率	税额
*水冰雪*水费		吨	5 116	1.70	8 697.20	9%	282.75
合计					¥8 697.20		¥282.75
价税合计（大写）	⊗玖仟肆佰柒拾玖圆玖角伍分				（小写）¥9 479.95		
销售方	名　　　称：北京市自来水公司 纳税人识别号：91110102149788176Q 地 址、电 话：北京市西城区临河路03号010-94685573 开户行及账号：中国工商银行北京西城支行4100872364519345281				备注	北京市自来水公司 91110102149788176Q 发票专用章	

收款人：李丽娟　　　复核：　　　开票人：张西华　　　销售方：（章）

第三联：发票联　购买方记账凭证

中国工商银行（　转账　）付款通知书

日期20　年11月30日

机构号1368　　　交易代码2000123

单位名称北京市自来水公司	
账号4100872364519345281	
摘要 水费	
	金额合计　¥9 479.95
金额合计（大写）	玖仟肆佰柒拾玖元玖角伍分

注：此付款通知书加盖我行业务公章方有效。

流水号2000137　　　经办李莉

中国工商银行北京东城支行 01 业务专用章

第二联　回单

用水量记录表

20　年11月

部门	基本生产车间	机修车间	配电车间	销售部门	管理部门	合计
用水量（立方米）	3 302	1 160	580	36	38	5 116
金额（元）						

75.11月30日，万达国际支付本月电费。(成本费用，出纳)

1100011236　　**北京增值税专用发票**　　№10063355

发票联　　开票日期：20　年11月30日

购买方	名称：万达国际股份有限公司 纳税人识别号：91110101893746520P 地址、电话：北京市东城区湖滨南路27号010-87326520 开户行及账号：中国工商银行北京东城支行4100982356487219763					密码区	(略)	
货物或应税劳务、服务名称	规格型号	单位	数量	单价	金额	税率	税额	
*发电及供电*电费		度	140 000	0.50	70 000.00	13%	9 100.00	
合计					￥70 000.00		￥9 100.00	
价税合计（大写）	⊗柒万玖仟壹佰圆整				（小写）￥79 100.00			
销售方	名称：北京市电力局 纳税人识别号：91110102153453458A 地址、电话：北京市西城区临河路657号010-67826758 开户行及账号：中国工商银行北京西城支行4100872364519982081					备注	北京市电力局 91110102153453458A 发票专用章	

第三联：发票联　购买方记账凭证

收款人：李娟　　复核：　　开票人：张华　　销售方：（章）

中国工商银行（　　转账　　）付款通知书

日期20　年11月30日

机构号1368　　交易代码2000123

单位名称北京市电力局	
账号4100872364519982081	
摘要 电费	
	金额合计　￥79 100.00
金额合计（大写）	柒万玖仟壹佰元整

第二联　回单

注：此付款通知书加盖我行业务公章方有效。

流水号2000138　　经办李莉

中国工商银行北京东城支行 01 业务专用章

76.11月30日，万达国际计提本月折旧，假设10月固定资产无变化。(非流动资产，成本)

固定资产折旧计算表

20　年11月　　　　单位：元

使用部门	固定资产类别	上月折旧	上月增加固定资产应提折旧额	上月减少固定资产应提折旧额	本月应提折旧额
基本生产车间	房屋及建筑物	32 200			
	生产设备	60 550			
	小计	92 750			
机修车间	房屋及建筑物	1 030			
	生产设备	2 630			
	小计	3 660			
配电车间	房屋及建筑物	2 080			
	生产设备	3 310			
	小计	5 390			
销售部门	房屋及建筑物	1 560			
	办公设备	830			
	小计	2 390			
管理部门	房屋及建筑物	13 520			
	运输工具	12 230			
	小计	25 750			
合计		129 940			

77.11月30日，万达国际分配辅助生产成本。(成本费用)

辅助生产成本分配表（交互分配法）

金额单位：元

分配对象			交互分配		对外分配		合计
辅助生产车间			机修车间	配电车间	机修车间	配电车间	
待分配费用							
劳务数量							
分配率							
机修车间		数量					
		金额					
配电车间		数量					
		金额					
基本生产车间	产品	数量					
		金额					
	车间	数量					
		金额					
销售部门		数量					
		金额					
管理部门		数量					
		金额					
合计							

微课

辅助生产成本分配

用电量统计表

20　年11月　　　　　　　　　　　　　　　　单位：度

部门	基本车间		机修车间	销售部门	管理部门	合计
	产品	车间				
用电量	113 400	3 500	15 850	5 600	1 650	140 000

维修工时统计表

20　年11月　　　　　　　　　　　　　　　　单位：小时

部门	基本生产车间	配电车间	销售部门	管理部门	合计
工时	1 385	230	180	105	1 900

电费分配表

20　年11月　　　　　　　　　　　　　　　　金额单位：元

项目		定额工时	分配率	分配金额
基本生产车间	C-1车床			
	H-1铣床			
合　计				

78.11月30日，万达国际分配制造费用。（成本费用）

微课
制造费用分配

制造费用分配表

20　年11月　　　　　　　　　　　　　　　　金额单位：元

项目	定额工时	分配率	分配金额
C-1车床			
H-1铣床			
合　计			

79.11月30日，万达国际结转本月完工产品成本。（成本费用）

微课
结转完工产品成本

产品成本计算单

20　年11月

产品名称：C-1车床　　完工产量　　在产品产量　　完工程度　　金额单位：元

项目	直接材料	直接人工	外购动力	制造费用	合计
期初在产品成本					
本期生产费用					
费用合计					
约当产量					
分配率					
完工产品成本					
期末在产品成本					

产品成本计算单

20　年11月

产品名称：H-1铣床　　完工产量　　在产品产量　　完工程度　　金额单位：元

项目	直接材料	直接人工	外购动力	制造费用	合计
期初在产品成本					
本期生产费用					
费用合计					
约当产量					
分配率					
完工产品成本					
期末在产品成本					

入　库　单

20　年11月30日　　单号200011

交来单位及部门	基本生产车间	发票号码或生产单号码		验收仓库	成品仓库

编号	名称及规格	单位	数量		实际价格		计划价格		价格差异
			交库	实收	单价	金额	单价	金额	
140501	C-1车床								
140502	H-1铣床								
合　计									

会计联

部门经理：李可　　会计：　　仓库：李成功　　经办人：王光辉

微课
结转本期销售成本

80.11月30日，万达国际结转已销产品成本。（销售，存货，成本费用）

发出产品成本汇总计算表

20　年11月30日　　金额单位：元

产品名称	期初结存产品成本			本月完工产品成本			本月发出产品成本			月末结存产品成本		
	数量	单位成本	总成本	数量	单位成本	总成本	数量	单位成本	总成本	数量	单位成本	总成本
C-1车床												
H-1铣床												

81.11月30日，万达国际计算结转本期应交增值税。（税费）

82.11月30日，万达国际结转公允价值变动。（三一重工公允价值19元/股，英洛华公允价值12元/股，中信银行公允价值7.1元/股，中国船舶公允价值38.2元/股，新城股份公允价值6.6元/股）（投资，财务成果）

微课
金融资产公允价值期末计量

金融资产公允价值计算表

年　月　日　　　　单位：元

名称	调整前账面价值			期末公允价值	公允价值增减变动
	成本	公允价值变动			
		借方	贷方		
合计					

83.11月30日，万达国际计提本期短期借款利息。（筹资，财务成果）

短期借款利息计算表

年　月　　　　金额单位：元

项目	本金余额	年利率	应付月利息
合计			

84.11月30日，万达国际结转本期费用化研发支出。（成本费用）

85.11月30日，万达国际结转损益类账户。（财务成果）

损益类账户结转表

年　月　　　　单位：元

项目	借方金额	贷方金额
主营业务收入		
其他业务收入		
投资收益		
公允价值变动损益		
营业外收入		
主营业务成本		
其他业务成本		
税金及附加		
管理费用		
销售费用		
财务费用		
营业外支出		
资产减值损失		
资产处置损益		
合计		

86.11月30日，万达国际计提并结转本月应交所得税165 000元。(财务成果)

任务三　12月业务核算

一、12月有关账户期初余额

12月有关账户期初余额见表2-1至表2-7。

表2-1　总账账户12月期初余额表

科目名称	借方余额	科目名称	贷方余额
库存现金	3 749.00	短期借款	1 200 000.00
银行存款	82 105 057.84	应付账款	268 000.00
其他货币资金	567 215.00	合同负债	−276 560.00
交易性金融资产	642 000.00	应付职工薪酬	1 073 624.48
应收票据	1 094 740.00	应交税费	−72 068.17
应收账款	1 195 900.00	应付利息	12 100.00
预付账款	−114 866.72	其他应付款	10 200.00
其他应收款	3 500.00	长期借款	12 270 000.00
材料采购	122 935.78	应付债券	1 053 000.00
原材料	1 624 085.50	股本	70 000 000.00
生产成本	104 811.03	资本公积	70 193 550.00
库存商品	1 940 492.91	本年利润	7 745 004.31
周转材料	214 450.00	利润分配	937 700.00
材料成本差异	−14 803.96	盈余公积	1 566 087.00
债权投资	500 000.00	坏账准备	39 823.00
其他权益工具投资	66 000.00	累计折旧	6 169 000.00
长期股权投资	2 706 200.00	固定资产减值准备	647 000.00
固定资产	65 244 558.12	累计摊销	268 000.00
在建工程	5 671 743.12	递延所得税负债	23 000.00
无形资产	1 980 000.00	其他综合收益	14 345.00
长期应收款	1 360 000.00	未实现融资收益	20 000.00
递延所得税资产	12 000.00		
研发支出	125 638.00		
合计	167 155 405.62	合计	167 155 405.62

表2-2 有关明细账户12月期初余额

科目编号	科目名称	借贷方向	金额
100201	银行存款——中国工商银行	借	77 405 383.09
100202	银行存款——交通银行	借	4 699 674.75
100301	其他货币资金——银行汇票存款	平	0.00
100302	其他货币资金——存出投资款	借	535 215.00
100303	其他货币资金——外埠存款（上海黄河钢铁公司）	借	32 000.00
110101	交易性金融资产——成本	借	583 000.00
110102	交易性金融资产——公允价值变动	借	59 000.00
11010101	交易性金融资产——三一重工（成本，4 000股，14.5元/股）	借	58 000.00
11010201	交易性金融资产——三一重工（公允价值变动）	借	18 000.00
11010102	交易性金融资产——英洛华（成本，3 500股，10元/股）	借	35 000.00
11010202	交易性金融资产——英洛华（公允价值变动）	借	7 000.00
11010103	交易性金融资产——中信银行（成本，20 000股，6.7元/股	借	134 000.00
11010203	交易性金融资产——中信银行（公允价值变动）	借	8 000.00
11010104	交易性金融资产——中国船舶（成本，10 000股，35.6元/股）	借	356 000.00
11010204	交易性金融资产——中国船舶（公允价值变动）	借	26 000.00
120101	应收票据——北京天鸿机电公司	借	78 900.00
120102	应收票据——广州市新林机电公司	借	0.00
120103	应收票据——北京重型机械厂	借	1 015 840.00
120201	应收账款——山西吕梁实业有限公司	借	629 000.00
120202	应收账款——北京市贸易公司	借	35 000.00
120203	应收账款——北京机床经销公司	借	473 400.00
120204	应收账款——北京顺大企业集团	平	0.00
120205	应收账款——上海机械厂	借	58 500.00
120206	应收账款——山西机电公司	平	0.00
120207	应收账款——广州市新林机电公司	平	0.00
120208	应收账款——北京天鸿机电公司	平	0.00
120302	预付账款——万达轴承厂	贷	114 866.72
120303	预付账款——深圳长风机电公司	借	0.00
120401	其他应收款——刘海	借	2 000.00
120402	其他应收款——张华	平	0.00
120403	其他应收款——李海	平	0.00

续表

科目编号	科日名称	借贷方向	金额
120404	其他应收款——行政科备用金	借	1 500.00
130101	材料成本差异——原材料	贷	11 472.34
130102	材料成本差异——周转材料	贷	3 331.62
150201	在建工程——锅炉改造工程（慧远工程服务公司）	借	79 000.00
150202	在建工程——新生产线（北京海华工程公司）	借	191 743.12
150203	在建工程——新厂房（北京第二建筑公司）	借	5 401 000.00
160101	无形资产——专利技术（1）（有效年限20年，已使用1年）	借	560 000.00
160102	无形资产——专利技术（2）（有效年限10年，已使用2年）	借	100 000.00
160103	无形资产——专利技术（3）（有效年限6年，已使用1年）	借	120 000.00
160104	无形资产——商标权（有效年限10年，已使用6年 ）	借	20 000.00
160105	无形资产——土地使用权（有效年限70年，已使用10年）	借	1 180 000.00
170101	债权投资——成本（本年初购进同日发行3年期国债，按年计息，下年初付息，到期还本，票面利率5.5%）	借	500 000.00
180101	其他权益工具投资——成本（新城股份，10 000股，5元/股）	借	50 000.00
180102	其他权益工具投资——公允价值变动（新城股份）	借	16 000.00
190101	长期股权投资——成本（金禾集团36%的股权，共同控制）	借	500 000.00
190101	长期股权投资——成本（北京宏达集团公司15%的股权，重大影响）	借	2 000 000.00
190102	长期股权投资——损益调整　（金禾集团）	借	6 200.00
190103	长期股权投资——北京天启机床附件厂（北京天启机床附件厂3%的股权，不具有重大影响）	借	200 000.00
200101	短期借款（7月1日借入1年期借款，年利率6.9%，月末计息）	贷	700 000.00
200102	短期借款（7月1日借入6个月借款，年利率4.86%，月末计息）	贷	500 000.00
220101	应付账款——上海黄河钢铁公司	贷	268 000.00
220601	合同负债——广州新林机电公司	借	433 560.00
220601	合同负债——山西机电公司	贷	157 000.00
230101	应付职工薪酬——工资	贷	715 950.00
230102	应付职工薪酬——社会保险	贷	191 158.65
230103	应付职工薪酬——工会经费	贷	14 319.00
230104	应付职工薪酬——职工教育经费	贷	66 282.83
230105	应付职工薪酬——住房公积金	贷	85 914.00
240101	应交税费——未交增值税	借	237 068.17
240102	应交税费——应交所得税	贷	165 000.00

续表

科目编号	科目名称	借贷方向	金额
250101	应付利息（短期借款10—11月利息）	贷	12 100.00
250201	其他应付款——存入保证金	贷	10 200.00
260101	长期借款（年初借入3年期的一般借款，年利率8.5%，年末计息）	贷	2 270 000.00
260102	长期借款（11月1日借入3年期新厂房建造专用借款，年利率8%）	贷	10 000 000.00
270101	应付债券——债券面值（年初发行，用于新生产线建造）	贷	1 000 000.00
270102	应付债券——利息调整（3年期债券，按年计息，到期还本，年利率7%）	贷	53 000.00
400101	利润分配——未分配利润	贷	937 700.00
400201	盈余公积——法定盈余公积	贷	1 566 087.00

表2-3　“材料采购”明细账户12月期初余额

金额单位：元

编号	材料名称	供货单位	计量单位	结存数量	实际单价	运杂费	结存金额
130207	轴承Q123	山西鸿运轴承厂	套	400	299.5元/套	3 135.78	122 935.78

表2-4　“原材料”明细账户12月期初余额

金额单位：元

材料编号及名称	计量单位	结存数量	计划单价	结存金额
原料及主要材料：				612 300.00
130201　生铁	吨	135.5	2 400.00元/吨	325 200.00
130202　圆钢	吨	99	2 900.00元/吨	287 100.00
燃料：				130 000.00
130203　焦炭	吨	172	500.00元/吨	86 000.00
130204　煤	吨	275	160.00元/吨	44 000.00
外购半成品：				876 746.00
130205　电机X123	台	340	1 500.00元/台	510 000.00
130206　电机X345	台	205	250.00元/台	51 250.00
130207　轴承Q123	套	260	340.00元/套	88 400.00
130208　轴承Q345	套	1 555	140.00元/套	217 700.00
130209　标准件	个	522	18.00元/个	9 396.00
辅助材料：				5 039.50
130210　油漆	千克	366	12.00元/千克	4 392.00
130211　润滑油	千克	185	3.50元/千克	647.50
合计				1 624 085.50

表2-5　“周转材料”明细账户12月期初余额　金额单位：元

材料编号及名称	计量单位	结存数量	计划单价	结存金额
劳动保护品：				1 480.00
130301　工作服	套	23	40.00元/套	920.00
130302　劳保鞋	双	15	28.00元/双	420.00
130303　耐热手套	副	28	5.00元/副	140.00
附件：				35 510.00
130304　勾扳手	个	63	5.00元/个	315.00
130305　法兰盘	个	868	14.00元/个	12 152.00
130306　螺钉	盒	303	17.00元/盒	5 151.00
130307　专用工具	把	426	42.00元/把	17 892.00
包装物：				177 460.00
13030801　包装箱——在库	个	437	380.00元/个	166 060.00
13030802　包装箱——出租	个	20	380.00元/个	7 600.00
13030803　包装箱——出借	个	20	380.00元/个	7 600.00
13030803　包装箱——摊销				−3 800.00
合计				214 450.00

表2-6　“生产成本”明细账户12月期初余额　金额单位：元

编号	成本项目 产品名称	直接材料	直接人工	外购动力	制造费用	合计
300101	C-1车床	26 944.27	11 253.04	1 320.94	2 234.46	41 752.71
300202	H-1铣床	35 255.72	19 129.32	3 376.71	5 296.57	63 058.32
	合计	62 199.99	30 382.36	4 697.65	7 531.03	104 811.03

表2-7　“库存商品”明细账户12月期初余额　金额单位：元

编号	科目名称	数量	单位	单位成本（元/台）	金额
140501	库存商品——C-1车床	97	台	11 521.11	1 116 587.53
140502	库存商品——H-1铣床	85	台	9 693.00	823 905.38
	合计				1 940 492.91

二、12月经济业务

1.12月1日，万达国际销售产品H-1铣床，货已发出，收到银行本票，已入账。（销售，存货，出纳）

1100081140　　**北京增值税专用发票**　　№60972950

此联不作报销、扣税凭证使用　　开票日期：20　年12月01日

购买方	名　　称：北京天鸿机电公司 纳税人识别号：91110101091726538W 地址、电话：北京市东城区华林路76号010-32547698 开户行及账号：中国工商银行北京东城支行4100987265187245319					密码区	（略）	
货物或应税劳务、服务名称	规格型号	单位	数量	单价	金额	税率	税额	
*机床*H-1铣床		台	50	43 500.00	2 175 000.00	13%	282 750.00	
合计					￥2 175 000.00		￥282 750.00	
价税合计（大写）	⊗贰佰肆拾伍万柒仟柒佰伍拾圆整				（小写）￥2 457 750.00			
销售方	名　　称：万达国际股份有限公司 纳税人识别号：91110101893746520P 地址、电话：北京市东城区湖滨南路27号010-87326520 开户行及账号：中国工商银行北京东城支行4100982356487219763					备注		

收款人：王枚　　复核：　　开票人：李玉　　销售方：（章）

第一联：记账联　销售方记账凭证

中国工商银行

本　票　　$2\frac{BH}{03}$90877210

付款期限 2个月

出票日期（大写）　贰零　年壹拾壹月壹拾日

收款人：万达国际股份有限公司		申请人：北京天鸿机电公司
凭票即付	人民币（大写）贰佰肆拾伍万柒仟柒佰伍拾元整	（压数机压印出票金额）
转账 ☑　现金 ☐ 备注： 款已入账	中国工商银行北京东城支行 01 业务专用章 出票行签章	出纳　复核　经办 吴芳玲

此联出票行结清本票时作借方凭证

出　库　单

出货单位：万达国际股份有限公司　　20　年12月01日　　单号：200036

提货单位或领货部门	北京天鸿机电公司		销售单号			发出仓库	成品仓库
编号	名称及规格	单位	数　量			单价	金额
			应发	实发			
140502	H–1铣床	台	50	50		43 500.00	2 175 000.00
合　计			50	50			2 175 000.00

会计联

部门经理：林娟　　会计：　　仓库：李成　　经办人：王辉

ICBC 中国工商银行进账单（收账通知）　3

20　年12月01日

出票人	全　称	北京天鸿机电公司	收款人	全　称	万达国际股份有限公司
	账　号	4100987265187245319		账　号	4100982356487219763
	开户银行	中国工商银行北京东城支行		开户银行	中国工商银行北京东城支行

金额	人民币（大写）	贰佰肆拾伍万柒仟柒佰伍拾元整	亿	千	百	十	万	千	百	十	元	角	分
				¥	2	4	5	7	7	5	0	0	0

票据种类	银行本票	票据张数	1
票据号码	90877210		

复核　　记账

中国工商银行北京东城支行 03 业务专用章

收款人开户银行签章

此联是收款人开户银行交给收款人的收账通知

2.12月1日，万达国际购入股票，划分为交易性金融资产，款项已从专用账户划出。每股股票价格中包含已宣告但尚未发放的现金股利0.50元。（投资，出纳）

兴业证券股份有限公司对账单

客户编号：200010101　姓名：万达国际股份有限公司　对账日期：20　年12月　打印柜员：098

资金信息：

币种　资金余额　可用金额　可取现金　资产总值

流水明细：

日期	币种	业务标志	证券名称	证券代码	发生数量	成交均价	佣金	印花税	其他费用	收付金额	资金余额	备注
12.01	人民币	购入股票	东方股份	110384	20 000	10.50	15.00	0	20.00	-210 035.00		
合计					20 000		15.00	0	20.00	-210 035.00		

（印章：兴业证券股份有限公司 01 业务受理章）

3.12月1日，万达国际支付建造新生产线的工程款。（非流动资产，出纳）

110001158　**北京增值税专用发票**　№10063126

发票联　开票日期：20　年12月01日

购买方	名称：万达国际股份有限公司 纳税人识别号：91110101893746520P 地址、电话：北京市东城区湖滨南路27号010-87326520 开户行及账号：交通银行北京东城支行6222111098267238716				密码区	（略）	
货物或应税劳务、服务名称	规格型号	单位	数量	单价	金额	税率	税额
*建筑服务*新生产线工程款					458 715.60	9%	41 284.40
合计					¥458 715.60		¥41 284.40
价税合计（大写）	⊗伍拾万圆整				（小写）¥500 000.00		
销售方	名称：北京海华工程公司 纳税人识别号：91110102497325815P 地址、电话：北京市海淀区临河路35号010-94683961 开户行及账号：中国工商银行北京海淀支行4100673265428736925				备注	（印章：北京海华工程公司 91110102497325815P 发票专用章）	

收款人：张贺　复核：　开票人：李凡　销售方：（章）

第三联：发票联　购买方记账凭证

付款申请书

20　年12月01日

用途及情况	金额											收款单位（人）：北京海华工程公司
支付新生产线工程款	亿	千	百	十	万	千	百	十	元	角	分	账号：4100673265428736925
			¥	5	0	0	0	0	0	0	0	开户行：中国工商银行北京海淀支行
金额（大写）合计：伍拾万元整												电汇：☐信汇：☐汇票：☐转账：☑其他：☐

总经理	陈逸舟	财务部门	经理		业务部门	经　理	李彤
			会计			经办人	张华

交通银行
转账支票存根
GE 02 23909824
附加信息

出票日期　　年　月　日
收款人：
金　额：
用　途：
单位主管　　　会计

本支票付款期限十天

交通银行　转账支票　GE 02 23909824

出票日期（大写）　　年　月　日　　付款行名称：交通银行北京东城支行
收款人：　　出票人账号：6222111098267238716

人民币（大写）	亿	千	百	十	万	千	百	十	元	角	分

用途________
上列款项请从
我账户内支付
出票人签章

万达国际股份有限公司 财务专用章　陈逸舟印

密码________
行号________
复核　　　记账

4.12月2日，万达国际申请银行汇票采购材料。（出纳）

中国工商银行汇票申请书（存根）

第01984172号

申请日期20　年 12 月 02 日

申请人	万达国际股份有限公司	收款人	河南安阳煤矿公司									
账号或地址	4100982356487219763	账号或地址	4100673265428719827									
用途	采购材料	代理付款行	中国工商银行安阳文峰支行									
汇款金额	人民币（大写）	陆万肆仟叁佰叁拾元整	千	百	十	万	千	百	十	元	角	分
					¥	6	4	3	3	0	0	0

备注：

此联申请人留存

中国工商银行北京东城支行 业务受理章

5.12月2日，万达国际收回上月预收销货款余款。(往来，出纳)

ICBC 中国工商银行进账单（收账通知）　3

20　年12月02日

出票人	全　称	广州市新林机电公司	收款人	全　称	万达国际股份有限公司
	账　号	4100862352987236549		账　号	4100982356487219763
	开户银行	中国工商银行广州花都支行		开户银行	中国工商银行北京东城支行
金额	人民币（大写）		亿千百十万千百十元角分		
票据种类	转账支票	票据张数	1		
票据号码					
复核　记账				收款人开户银行签章	

中国工商银行北京东城支行 03 业务专用章

此联是收款人开户银行交给收款人的收账通知

6.12月3日，万达国际通过希望工程给贫困地区小学捐款。(财务成果，出纳)

公益性单位接受捐赠统一收据

UNIFIED INVOICE OF DONATION FOR PUBLIC WELFARE ORGANIZATION

国财　　20　12　03日 Y M D　　(04)No50789721

捐赠者 Donor	万达国际股份有限公司	
捐赠项目 For Purpose	希望小学建校项目	
捐赠金额(实物价值) Total Amount	大写 In Words	零佰零拾伍万零仟零佰零拾零元零角零分
	小写 In Figures	百十万千百十元角分：¥ 5 0 0 0 0 0 0
货币(实物)种类 Currency(Material Objects)	人民币	
备注 Notes		

接收单位(盖章) Receiver's Seal　　审核王玲 Verified by　　经手人李峰 Handling Person　　支票号30109833 Cheque No

感谢您的慷慨捐赠！Thank you for your generous donation!

希望工程北京办事处 结算财务专用章

第二联 捐赠者 Second Donor

付款申请书

20　年12月03日

用途及情况	金额											收款单位（人）：希望工程北京办事处
支付希望小学建校项目捐款	亿	千	百	十	万	千	百	十	元	角	分	账号：4100283917239812039
				¥	5	0	0	0	0	0	0	开户行：中国工商银行北京海淀支行
金额（大写）合计：伍万元整												电汇：□信汇：□汇票：□转账：☑其他：□

总经理	陈逸舟	财务部门	经理		业务部门	经理	李彤
			会计			经办人	张华

中国工商银行 转账支票存根

30109833
00023328

附加信息

出票日期　　年　月　日

收款人：	
金　额：	
用　途：	

单位主管　　　　会计

中国工商银行　转账支票　　30109833　00023328

出票日期（大写）　　年　　月　　日　　付款行名称：中国工商银行北京东城支行

收款人：　　出票人账号：4100982356487219763

付款期限自出票之日起十天

人民币（大写）	亿	千	百	十	万	千	百	十	元	角	分

用途＿＿＿＿＿　　密码＿＿＿＿＿

上列款项请从　　行号＿＿＿＿＿

我账户内支付

出票人签章　万达国际股份有限公司 财务专用章　陈逸舟印　　复核　　记账

7.12月3日，万达国际支付前欠货款。（往来，出纳）

ICBC 中国工商银行电汇凭证（回单）　　1

☑普通　□加急　　委托日期20　年12月03日

汇款人	全　称	万达国际股份有限公司	收款人	全　称	上海黄河钢铁公司
	账　号	4100982356487219763		账　号	4123098476523487623
	汇出地点	省北京市/县		汇入地点	省上海市/县
汇出行名称		中国工商银行北京东城支行	汇入行名称		中国工商银行上海浦东支行

金额	人民币（大写）	亿	千	百	十	万	千	百	十	元	角	分
	贰拾陆万捌仟元整			¥	2	6	8	0	0	0	0	0

中国工商银行北京东城支行 01 业务受理章

汇出行签章

支付密码

附加信息及用途：

支付货款

复核：　　记账：

此联是汇出行给汇款人的回单

中国工商银行结算收费单

总字第10089号
字第00088号

单位名称万达国际股份有限公司　　账号4100982356487219763　　20　年12月03日

结算种类	邮电费	金额（千百十元角分）	手续费	金额（千百十元角分）
汇票（兑）	信（电）　笔		1　笔	5000
委托收款	邮（电）　笔		笔	
	笔		笔	
	笔		笔	
	小　计			￥5000
合计金额	大写：伍拾元整			￥5000
上列款项，请从我单位账户支付　陈逸舟　（经手人）签章　付款单位	会计分类	借：　贷：邮电费收入户　贷：手续费收入户　复核　记账		

（印章：万达国际股份有限公司 财务专用章；中国工商银行北京东城支行 01 业务受理章）

此联作为结算单位付款凭证

8.12月3日，万达国际销售产品C-1车床，预收销货款扣除代垫运费后收回剩余款项。（销售，往来，出纳）

出　库　单

出货单位：万达国际股份有限公司　　20　年12月03日　　单号：200037

提货单位或领货部门	山西机电公司		销售单号		发出仓库	成品仓库
编号	名称及规格	单位	数量 应发	数量 实发	单价	金额
140501	C-1车床	台	10	10	44 500.00	445 000.00
合　计			10	10		445 000.00

部门经理：林娟　　会计：　　仓库：李成　　经办人：王辉

会计联

1100081140　　北京增值税专用发票　　№60972951

此联不作报销、扣税凭证使用　　开票日期：20　年12月03日

购买方	名　　称：山西机电公司 纳税人识别号：91410105812093428B 地址、电话：山西省太原市小店区67号0351-19055800 开户行及账号：中国工商银行太原黄河分理处4100834653219872352					密码区	（略）
货物或应税劳务、服务名称	规格型号	单位	数量	单价	金额	税率	税额
*机床*C-1车床		台	10	44 500.00	445 000.00	13%	57 850.00
合计					￥445 000.00		￥57 850.00
价税合计（大写）	⊗伍拾万零贰仟捌佰伍拾圆整				（小写）￥502 850.00		
销售方	名　　称：万达国际股份有限公司 纳税人识别号：91110101893746520P 地址、电话：北京市东城区湖滨南路27号010-87326520 开户行及账号：中国工商银行北京东城支行4100982356487219763					备注	

第一联：记账联　销售方记账凭证

收款人：王枚　　复核：　　开票人：李玉　　销售方：（章）

付款申请书

20　年12月03日

用途及情况	金额											收款单位（人）：北京货运公司
支付代垫运费	亿	千	百	十	万	千	百	十	元	角	分	账号：4100982763123987576
						￥	8	0	0	0	0	开户行：中国工商银行北京朝阳支行
金额（大写）合计：捌佰元整												电汇：□信汇：□汇票：□转账：☑其他：□
总经理	陈逸舟	财务部门	经理		业务部门	经　理	李彤					
			会计			经办人	李华					

中国工商银行
转账支票存根
30109834
00023328

附加信息

出票日期　年　月　日

收款人：

金　额：

用　途：

单位主管　会计

中国工商银行　转账支票　30109834 00023328

出票日期（大写）　年　月　日　付款行名称：中国工商银行北京东城支行

收款人：　出票人账号：4100982356487219763

付款期限自出票之日起十天

人民币（大写）		亿	千	百	十	万	千	百	十	元	角	分

用途＿＿＿＿　密码＿＿＿＿

上列款项请从我账户内支付　行号＿＿＿＿

出票人签章　复核　记账

万达国际股份有限公司 财务专用章　陈逸印舟

ICBC 中国工商银行信汇凭证（收账通知）　4

委托日期 20　年 12 月 03 日

汇款人	全　称	山西机电公司	收款人	全　称	万达国际股份有限公司
	账　号	4100834653219872352		账　号	4100982356487219763
	汇出地点	山西省太原市/县		汇入地点	省北京市/县
汇出行名称		中国工商银行太原黄河分理处	汇入行名称		中国工商银行北京东城支行
金额	人民币（大写）		亿 千 百 十 万 千 百 十 元 角 分		
款项已收入收款人账户			支付密码		
中国工商银行北京东城支行 01 业务专用章			附加信息及用途：购货款		
汇入行签章			复核：　记账：		

此联是给收款人的收账通知

9.12 月 4 日，万达国际通过网上银行发放工资，并代扣其他款项。（职工薪酬，往来，出纳）

工资发放汇总表

年 11 月　　单位：元

车间/部门		基本工资	奖金	津贴	缺勤扣款	应付工资	代扣款项					实发工资
							养老保险（8%）	失业保险（0.5%）	医疗保险（2%）	住房积金（12%）	个人所得税	
基本生产车间	工人	105 000	320 000	70 000	10	494 990	39 599.2	2 474.95	9 899.8	59 398.8	6 264.23	377 353.02
	管理	5 000	8 000	3 600	0	16 600	1 328	83	332	1 992	368.20	12 496.80
辅助生产车间	机修	7 500	16 000	5 000	0	28 500	2 280	142.5	570	3 420	133.35	21 954.15
	配电	4 500	9 600	3 000	20	17 080	1 366.4	85.4	341.6	2 049.6	79.55	13 157.45
销售部门		10 000	12 800	7 500	0	30 300	2 424	151.5	606	3 636	174.93	23 307.57
管理部门		37 500	64 000	27 000	20	128 480	10 278.4	642.4	2 569.6	15 417.6	3 067.96	96 504.04
合计		169 500	430 400	116 100	50	715 950	57 276	3 579.75	14 319	85 914	10 088.22	544 773.03

复核：　　制表：　　记账：

10.12 月 4 日，万达国际销售产品 C-1 车床，约定现金折扣条件为“2/10，1/20，n/30”，已办妥托收手续。(销售，往来，出纳)

出库单

出货单位：万达国际股份有限公司　　20　年12月04日　　单号：200038

提货单位或领货部门	广州市新林机电公司		销售单号		发出仓库		成品仓库
编号	名称及规格	单位	数量		单价	金额	
			应发	实发			
140501	C-1 车床	台	15	15	44 500.00	667 500.00	
合　计			15	15		667 500.00	

会计联

部门经理：林娟　　会计：　　仓库：李成　　经办人：王辉

1100081140　　**北京增值税专用发票**　　№60972952

此联不作报销、扣税凭证使用　　开票日期：20　年12月04日

购买方	名　称：广州市新林机电公司 纳税人识别号：94401014239817230Y 地址、电话：广东省广州市花都区萧寒路91号020-27570826 开户行及账号：中国工商银行广州花都支行4100862352987236549					密码区	（略）
货物或应税劳务、服务名称	规格型号	单位	数量	单价	金额	税率	税额
*机床*C-1车床		台	15	44 500.00	667 500.00	13%	86 775.00
合计					￥667 500.00		￥86 775.00
价税合计（大写）	⊗柒拾伍万肆仟贰佰柒拾伍圆整				（小写）￥754 275.00		
销售方	名　称：万达国际股份有限公司 纳税人识别号：91110101893746520P 地址、电话：北京市东城区湖滨南路27号010-87326520 开户行及账号：中国工商银行北京东城支行4100982356487219763					备注	

第一联：记账联　销售方记账凭证

收款人：王枚　　复核：　　开票人：李玉　　销售方：(章)

ICBC 中国工商银行**托收凭证**　（受理回单）　**1**

委托日期20　年12月04日

业务类型	委托收款（□邮划、□电划）　托收承付（□邮划、☑电划）					
付款人 全称	广州市新林机电公司		收款人 全称	万达国际股份有限公司		
付款人 账号	4100862352987236549		收款人 账号	4100982356487219763		
付款人 地址	广东省广州市县	开户行：中国工商银行广州花都支行	收款人 地址	省北京市县	开户行：中国工商银行北京东城支行	
金额 人民币（大写）	柒拾伍万肆仟贰佰柒拾伍元整				¥75427500	
款项内容	货款	托收凭据名称	发票等	附寄单证张数	4	
商品发运情况	已发运	合同名称号码				
备注： 复核　记账	年　月　日	收款人开户银行签章 20　年12月04日				

亿	千	百	十	万	千	百	十	元	角	分
		¥	7	5	4	2	7	5	0	0

中国工商银行北京东城支行 01 业务受理章

此联作收款人开户银行给收款人的受理回单

付款申请书

20　年12月04日

用途及情况	金额	收款单位（人）：北京货运公司
支付本企业负担的运费	亿 千 百 十 万 千 百 十 元 角 分 ¥ 3 3 3 0 0 0	账号：4100982763123987576 开户行：中国工商银行北京朝阳支行
金额（大写）合计：叁仟叁佰叁拾元整		电汇：□信汇：□汇票：□转账：☑其他：□

总经理	陈逸舟	财务部门	经理		业务部门	经理	钱丽
			会计			经办人	张浩

1100011302　　**北京增值税专用发票**　　№10063161

发票联　　开票日期：20　年12月04日

购买方	名称：万达国际股份有限公司 纳税人识别号：91110101893746520P 地址、电话：北京市东城区湖滨南路27号010-87326520 开户行及账号：中国工商银行北京东城支行4100982356487219763	密码区	（略）

货物或应税劳务、服务名称	规格型号	单位	数量	单价	金额	税率	税额
*运输服务*运输费					3 055.05	9%	274.95
合计					￥3 055.05		￥274.95
价税合计（大写）	⊗叁仟叁佰叁拾圆整				（小写）￥3 330.00		

销售方	名称：北京货运公司 纳税人识别号：91110101563612657A 地址、电话：北京市朝阳区小寨路03号010-36528968 开户行及账号：中国工商银行北京朝阳支行4100982763123987576	备注	北京货运公司 91110101563612657A 发票专用章

收款人：张华　　复核：　　开票人：李同　　销售方：（章）

第三联：发票联　购买方记账凭证

中国工商银行 转账支票存根 30109835 00023328
附加信息
出票日期　年　月　日
收款人：
金　额：
用　途：
单位主管　　会计

中国工商银行　转账支票　　30109835 00023328

出票日期（大写）　年　月　日　　付款行名称：中国工商银行北京东城支行

收款人：　　出票人账号：4100982356487219763

付款期限自出票之日起十天

人民币（大写）	亿	千	百	十	万	千	百	十	元	角	分

用途　　密码

上列款项请从　　行号

我账户内支付

出票人签章　万达国际股份有限公司 财务专用章　陈逸印　　复核　　记账

中国工商银行结算收费单

总字第10089号
字第00092号

单位名称万达国际股份有限公司　　账号4100982356487219763　　20　年12月04日

结算种类	邮电费	金额 千	百	十	元	角	分	手续费	金额 千	百	十	元	角	分
汇票（兑）	信（电）　笔							笔						
委托收款	邮（电）　笔							1　笔			5	0	0	0
	笔							笔						
	笔							笔						
	小　计									¥	5	0	0	0
合计金额	大写：伍拾元整									¥	5	0	0	0

上列款项请从我单位账户支付　陈逸舟　（经手人）签章　付款单位（万达国际股份有限公司 财务专用章）

会计分类　借：　贷：邮电费收入户 01　贷：手续费收入户　复核　记账（中国工商银行北京东城支行 业务受理章）

此联作为结算单位付款凭证

11.12月4日，万达国际购买材料圆钢，款项尚未支付。约定付款条件为“2/10，1/20，n/30”（按不含税价款计算）。公司结合销售方折扣政策、自身支付能力和意愿，判断10天内结款的概率为90%，20天内结款的概率为6%，超过20天结款的概率为4%，根据该判断结果形成最佳估计数对采购成本进行会计处理。（存货，往来）

湖北增值税专用发票

3100011361　　发票联　　№10063206

开票日期：20　年12月04日

购买方　名称：万达国际股份有限公司
纳税人识别号：91110101893746520P
地址、电话：北京市东城区湖滨南路27号010-87326520
开户行及账号：中国工商银行北京东城支行4100982356487219763
密码区：（略）

货物或应税劳务、服务名称	规格型号	单位	数量	单价	金额	税率	税额
*黑色金属冶炼压延品*圆钢		吨	28	3 000.00	84 000.00	13%	10 920.00
*运输服务*运输费		吨	28	150.00	4 200.00	9%	378.00
合计					¥88 200.00		¥11 298.00

价税合计（大写）⊗玖万玖仟肆佰玖拾捌圆整　（小写）¥99 498.00

销售方　名称：武汉钢铁厂
纳税人识别号：91120107684952173L
地址、电话：武汉市北江区常宁路48号027-36925869
开户行及账号：中国工商银行武汉北江支行4367598475262253621
备注：（武汉钢铁厂 91120107684952173L 发票专用章）

收款人：王源　复核：　开票人：张玉华　销售方：（章）

第三联：发票联　购买方记账凭证

12.12月5日，万达国际通过银行缴纳税费，收到各有关税金的缴款书收据联。（税费，出纳）

交通银行　BANK OF COMMUNICATIONS　（　北京东城　）**分行电子缴税付款凭证**

转账日期：20　年12月05日　　　　凭证字号：02530517

纳税人全称及纳税人识别号：万达国际股份有限公司91110101893746520P

付款人全称：万达国际股份有限公司

付款人账号：6222111098267238716　　　　征收机关名称：国家税务总局北京市东城区税务局

付款人开户银行：交通银行北京东城支行　　　　收款国库（银行）名称：国家金库北京分库

小写（合计）金额：¥　　　　缴款书交易流水号：20001337

大写（合计）金额：　　　　税票号码：2000367

税（费）种名称	所属日期	实缴金额
增值税	20　1101-20　1130	

交通银行北京东城支行　01　业务专用章

打印时间：20　年12月05日

第二联　作付款回单（无银行收讫章无效）

会计流水号：2000123567　　　　复核：　　　　记账：

交通银行　BANK OF COMMUNICATIONS　（　北京东城　）**分行电子缴税付款凭证**

转账日期：20　年12月05日　　　　凭证字号：02530518

纳税人全称及纳税人识别号：万达国际股份有限公司91110101893746520P

付款人全称：万达国际股份有限公司

付款人账号：6222111098267238716　　　　征收机关名称：国家税务总局北京市东城区税务局

付款人开户银行：交通银行北京东城支行　　　　收款国库（银行）名称：国家金库北京分库

小写（合计）金额：¥　　　　缴款书交易流水号：20001338

大写（合计）金额：　　　　税票号码：2000368

税（费）种名称	所属日期	实缴金额
城市维护建设税	20　1101-20　1130	
教育费附加	20　1101-20　1130	

交通银行北京东城支行　01　业务专用章

打印时间：20　年12月05日

第二联　作付款回单（无银行收讫章无效）

会计流水号：2000123568　　　　复核：　　　　记账：

交通银行（　　北京东城　　）**分行电子缴税付款凭证**

BANK OF COMMUNICATIONS

转账日期：20　年12月05日　　　　凭证字号：02530519

纳税人全称及纳税人识别号：万达国际股份有限公司 91110101893746520P

付款人全称：万达国际股份有限公司

付款人账号：6222111098267238716　　　征收机关名称：国家税务总局北京市东城区税务局

付款人开户银行：交通银行北京东城支行　　　收款国库（银行）名称：国家金库北京分库

小写（合计）金额：¥　　　缴款书交易流水号：20001339

大写（合计）金额：　　　税票号码：2000369

税（费）种名称	所属日期	实缴金额
企业所得税	20　1101-20　1130	
个人所得税	20　1101-20　1130	

交通银行北京东城支行 01 业务专用章

打印时间：20　年12月05日

会计流水号：2000123569　　　复核：　　　记账：

第二联　作付款回单（无银行收讫章无效）

13.12月5日，万达国际一台大型钻床报废，转入清理。申请采用简易计税方式。（非流动资产，出纳，财务成果）

固定资产报废单

20　年12月05日　　　　凭证编号：

固定资产名称及编号	规格型号	单位	数量	购买日期	已计提折旧月数	原始价值	已提折旧	备注
钻床		基本生产车间	1	20　.11	216	87 000.00	80 000.00	
固定资产状况及报废原因	设备正常老化，工作效率低，消耗大于生产，建议报废							
处理意见	使用部门		技术鉴定小组		固定资产管理部门		主管部门审批	
	同意报废		建议报废		同意报废		同意报废	

万达国际股份有限公司 财务专用章

审核：李彤　　　制单：张浩

1100081150 **北京增值税专用发票** №50972960

此联不作报销、扣税凭证使用 开票日期：20 年12月05日

购买方	名 称：北京清远物资公司 纳税人识别号：91110108983675141F 地 址、电 话：北京市海淀区南京路5号010-35685689 开户行及账号：中国建设银行北京海淀支行4367891265309162538					密码区	（略）	
货物或应税劳务、服务名称	规格型号	单位	数量	单价	金额	税率	税额	
*机床*钻床		台	1	5 400.00	5 400.00	3%	162.00	
合计					￥5 400.00		￥162.00	
价税合计（大写）	⊗伍仟伍佰陆拾贰圆整				（小写）￥5 562.00			
销售方	名 称：万达国际股份有限公司 纳税人识别号：91110101893746520P 地 址、电 话：北京市东城区湖滨南路27号010-87326520 开户行及账号：中国工商银行北京东城支行4100982356487219763					备注		

收款人：王枚 复核： 开票人：李玉 销售方：（章）

第一联：记账联 销售方记账凭证

ICBC 中国工商银行**进账单**（收账通知） 3

20 年12月05日

出票人	全 称	北京清远物资公司	收款人	全 称	万达国际股份有限公司
	账 号	4367891265309162538		账 号	4100982356487219763
	开户银行	中国建设银行北京海淀支行		开户银行	中国工商银行北京东城支行
金额	人民币（大写）	伍仟伍佰陆拾贰元整		亿千百十万千百十元角分	￥556200
票据种类	转账支票	票据张数 1			
票据号码	20205193				
	复核 记账			收款人开户银行签章	

中国工商银行高新区支行 转讫

中国工商银行北京东城支行 03 业务专用章

此联是收款人开户银行交给收款人的收账通知

1100062639　　**北京增值税普通发票**　　№10961621

发票联　　开票日期：20　年12月05日

购买方	名　　称：万达国际股份有限公司 纳税人识别号：91110101893746520P 地址、电话：北京市东城区湖滨南路27号010-87326520 开户行及账号：中国工商银行北京东城支行4100982356487219763					密码区	（略）	
货物或应税劳务、服务名称	规格型号	单位	数量	单价	金额	税率	税额	
*物流辅助服务*搬运费					1 941.75	3%	58.25	
合计					￥1 941.75		￥58.25	
价税合计（大写）	⊗贰仟圆整				（小写）￥2 000.00			
销售方	名　　称：北京洪兴搬运公司 纳税人识别号：92110101893723692B 地址、电话：北京市海淀区建国北路23号010-87321251 开户行及账号：中国工商银行北京建国路支行4100982765186890231					备注	北京洪兴搬运公司 92110101893723692B 发票专用章	

收款人：李成　　复核：　　开票人：王和　　销售方：（章）

第二联：发票联　购买方记账凭证

付款申请书

20　年12月05日

用途及情况	金额											收款单位（人）：北京洪兴搬运公司
支付清理费用	亿	千	百	十	万	千	百	十	元	角	分	账号：4100982765186890231
					￥	2	0	0	0	0	0	开户行：中国工商银行北京建国路支行
金额（大写）合计：贰仟元整												电汇：□信汇：□汇票：□转账：☑其他：□

总经理	陈逸舟	财务部门	经理		业务部门	经　理	李彤
			会计			经办人	张华

中国工商银行
转账支票存根
30109836
00023328

附加信息

出票日期　　年　月　日

收款人：
金　额：
用　途：

单位主管　　会计

中国工商银行　　转账支票　　30109836 00023328

出票日期（大写）　　年　　月　　日　　付款行名称：中国工商银行北京东城支行
收款人：　　出票人账号：4100982356487219763

付款期限自出票之日起十天

人民币（大写）	亿	千	百	十	万	千	百	十	元	角	分

用途　　密码
上列款项请从　　行号
我账户内支付
出票人签章　　万达国际股份有限公司 财务专用章　　陈逸舟印　　复核　　记账

14.12月6日，万达国际支付广告费。（销售，成本费用，出纳）

1100011126　　北京增值税专用发票　　№100063226

发票联　　开票日期：20　年12月06日

购买方	名　　称：万达国际股份有限公司 纳税人识别号：91110101893746520P 地址、电话：北京市东城区湖滨南路27号010-87326520 开户行及账号：中国工商银行北京东城支行4100982356487219763				密码区	（略）	
货物或应税劳务、服务名称	规格型号	单位	数量	单价	金额	税率	税额
*广告服务*广告费				3 000.00	3 000.00	6%	180.00
合计					¥3 000.00		¥180.00
价税合计（大写）	⊗叁仟壹佰捌拾圆整				（小写）¥3 180.00		
销售方	名　　称：北京天宇广告有限公司 纳税人识别号：91110103567812478P 地址、电话：北京市东城区海河路12号010-33562589 开户行及账号：中国建设银行北京海淀支行4100981265309871290				备注	北京天宇广告有限公司 91110103567812478P 发票专用章	

收款人：何伟　　复核：　　开票人：王磊　　销售方：（章）

第三联：发票联　购买方记账凭证

付款申请书

20　年12月06日

用途及情况	金额											收款单位（人）：北京天宇广告有限公司
支付广告费	亿	千	百	十	万	千	百	十	元	角	分	账号：4100981265309871290
						¥	3	1	8	0	0	开户行：中国建设银行北京海淀支行
金额（大写）合计：	叁仟壹佰捌拾元整											电汇：☐信汇：☐汇票：☐转账：☑其他：☐

总经理	陈逸舟	财务部门	经理		业务部门	经　理	林娟
			会计			经办人	李华

中国工商银行
转账支票存根
30109837
00023328
附加信息

出票日期　　年　月　日
收款人：
金　额：
用　途：
单位主管　　会计

中国工商银行　　转账支票　　30109837 00023328

出票日期（大写）　　年　　月　　日　　付款行名称：中国工商银行北京东城支行
收款人：　　出票人账号：4100982356487219763

付款期限自出票之日起十天

人民币（大写）	亿	千	百	十	万	千	百	十	元	角	分

用途　　密码
上列款项请从　　行号
我账户内支付
出票人签章　　复核　　记账

万达国际股份有限公司 财务专用章　　陈逸舟印

15.12月7日，万达国际收到上月购入的材料Q123轴承，经验收发现型号不对，经协商对方同意退货。已办理相关手续，但材料款尚未收回。(存货，往来)

开具红字增值税专用发票信息表

填开日期：20　年12月07日

销售方	名　称	山西鸿运轴承厂	购买方	名　称	万达国际股份有限公司
	纳税人识别号	91410105389421762X		纳税人识别号	91110101893746520P

开具红字专用发票内容	货物（劳务服务）名称	数量	单价	金额	税率	税额
	Q123轴承	400	299.50	119 800.00	13%	15 574.00
	合计	—	—	¥119 800.00	—	¥15 574.00

说明：

一、购买方☑

对应蓝字专用发票抵扣增值税销项税额情况：

1.已抵扣☑

2.未抵扣☐

对应蓝字专用发票的代码：＿＿＿＿＿＿　号码：＿＿＿＿＿＿

二、销售方☐

对应蓝字专用发票的代码：＿＿＿＿＿＿　号码：＿＿＿＿＿＿

红字专用发票信息表编号：

1100081140　　**山西增值税专用发票**　　№30373701

发票联　　开票日期：20　年12月07日

购买方	名　　称：万达国际股份有限公司 纳税人识别号：91110101893746520P 地 址、电 话：北京市东城区湖滨南路27号010-87326520 开户行及账号：中国工商银行北京东城支行4100982356487219763	密码区：（略）

货物或应税劳务、服务名称	规格型号	单位	数量	单价	金额	税率	税额
*轴承*Q123轴承		套	-400	299.50	-119 800.00	13%	-15 574.00
合计					¥-119 800.00		¥-15 574.00
价税合计（大写）	⊗（负数）壹拾叁万伍仟叁佰柒拾肆圆整				（小写）¥-135 374.00		

销售方	名　　称：山西鸿运轴承厂 纳税人识别号：91410105389421762X 地 址、电 话：山西省太原市小店区198号0351-57818920 开户行及账号：中国工商银行太原小店分理处4100763987698576094	备注：山西鸿运轴承厂 91410105389421762X 发票专用章

收款人：高洋　复核：　开票人：刘翔　销售方：（章）

第三联：发票联　购买方记账凭证

16.12月7日，万达国际出租仓库。（非流动资产，投资，出纳）

租赁合同（简略）

经董事会决议，将一间不需用的仓库对外出租，转为投资性房地产，采用公允价值计量模式核算。出租资产原值500万元，已提折旧100万元，出租日公允价值600万元。租期2年，按月收取租金，每月租金9 324.00元（含税）。

出租生效日：20　年12月7日

出租方：万达国际股份有限公司　　　　承租方：北京机床经销公司

法定代表人：陈逸舟　　　　法定代表人：林涛

1100081140　　**北京增值税专用发票**　　№60972953

此联不作报销、扣税凭证使用　　开票日期：20　年12月07日

购买方
名　　称：北京机床经销公司
纳税人识别号：91110105767852531Z
地址、电话：北京市朝阳区岳各庄28号010-23547858
开户行及账号：中国工商银行北京朝阳支行4100987265187659023

密码区：（略）

货物或应税劳务、服务名称	规格型号	单位	数量	单价	金额	税率	税额
*经营租赁*仓库租金		间	1	8 554.13	8 554.13	9%	769.87
合计					¥8 554.13		¥769.87

价税合计（大写）⊗玖仟叁佰贰拾肆圆整　　（小写）¥9 324.00

销售方
名　　称：万达国际股份有限公司
纳税人识别号：91110101893746520P
地址、电话：北京市东城区湖滨南路27号010-87326520
开户行及账号：中国工商银行北京东城支行4100982356487219763

备注：

第一联：记账联　销售方记账凭证

收款人：王枚　　复核：　　开票人：李玉　　销售方：（章）

ICBC 中国工商银行进账单（收账通知） 3

20 年12月07日

出票人	全称	北京机床经销公司	收款人	全称	万达国际股份有限公司
	账号	4100987265187659023		账号	4100982356487219763
	开户银行	中国工商银行北京朝阳支行		开户银行	中国工商银行北京东城支行
金额	人民币（大写）	玖仟叁佰贰拾肆元整		亿千百十万千百十元角分	¥ 9 3 2 4 0 0
票据种类	转账支票	票据张数	1		
票据号码	2391012				
复核	记账			中国工商银行北京东城支行 01 业务专用章 收款人开户银行签章	

此联是收款人开户银行交给收款人的收账通知

17.12月7日，万达国际采购员刘海报销差旅费。（往来，成本费用，出纳）

差旅费报销单

20 年12月07日

所属部门	采购部		姓名	刘海	出差天数	自12月03日至12月05日共3天		
出差事由	外出采购材料			借旅支费	日期	11月28日	金额¥2 000.00	
					结算金额：¥1 740.00			
出发 月 日	到达 月 日	起止地点		交通费	住宿费	伙食费	其他	
12 03	12 03	北京—上海		340.00				
12 03	12 05	上海			572.00	254.00		
12 05	12 05	上海—北京		340.00			234.00（补贴）	
合计	零拾零万壹仟柒佰肆拾零元零角零分 ¥1 740.00							

现金收讫

总经理：陈逸舟 财务经理： 部门经理：江涛 会计： 出纳： 报销人：刘海

3100021351　　上海增值税专用发票　　№3062224882

发票联　　开票日期：20 年12月05日

购买方	名称：万达国际股份有限公司 纳税人识别号：91110101893746520P 地址、电话：北京市东城区湖滨南路27号 010-87326520 开户行及账号：中国工商银行北京东城支行 4100982356487219763				密码区	（略）	
货物或应税劳务、服务名称	规格型号	单位	数量	单价	金额	税率	税额
*生活服务*房费		天	3	179.8733	539.62	6%	32.38
*生活服务*餐费		天	3	79.8733	239.62	6%	14.38
合计					￥779.24		￥46.76
价税合计（大写）	⊗捌佰贰拾陆圆整				（小写）￥826.00		
销售方	名称：上海东方大酒店 纳税人识别号：91310102149723691B 地址、电话：上海市浦东区淮海西路03号 021-23513579 开户行及账号：中国工商银行上海淮海支行 410068326542825836				备注	上海东方大酒店 91310102149723691B 发票专用章	

收款人：张娜　　复核：　　开票人：王红　　销售方：（章）

第三联：发票联　购买方记账凭证

收款收据

NO.00490070

20 年12月07日

今收到采购部刘海　　现金收讫

交来：预借差旅费余款

金额（大写）零佰 零拾 零万 零仟 贰佰 陆拾 零元 零角 零分

￥260.00　☑现金　☐支票　☐信用卡　☐其他　收款单位（盖章）万达国际股份有限公司 财务专用章

核准：王玫　　会计：　　记账：　　出纳：　　经手人：

第三联 交财务

18.12月8日，万达国际用银行汇票购煤，不足部分汇款支付。（存货，出纳）

2100011135　　**河南增值税专用发票**　　№20063261

发票联　　开票日期：20　年12月08日

购买方	名称：万达国际股份有限公司 纳税人识别号：91110101893746520P 地址、电话：北京市东城区湖滨南路27号010-87326520 开户行及账号：中国工商银行北京东城支行4100982356487219763					密码区	（略）	
货物或应税劳务、服务名称	规格型号	单位	数量	单价	金额	税率	税额	
*煤炭*煤		吨	280	181.41592	50 796.46	13%	6 603.54	
*运输服务*运费		吨	280	25.00	7 000.00	9%	630.00	
合计					¥57 796.46		¥7 233.54	
价税合计（大写）	⊗陆万伍仟零叁拾圆整				（小写）¥65 030.00			
销售方	名称：河南安阳煤矿公司 纳税人识别号：94102502873210982J 地址、电话：河南省安阳市文峰区滨河路19号0372-63982800 开户行及账号：中国工商银行安阳文峰支行4100673265428719827					备注	河南安阳煤矿公司 94102502873210982J 发票专用章	

收款人：张同　　复核：　　开票人：李克　　销售方：（章）

第三联：发票联　购买方记账凭证

付款期限 壹　月

中国工商银行 **银　行　汇　票**（解讫通知）　3　　$\frac{GE}{02}$ 第010号

出票日期（大写）：贰零　年壹拾贰月零捌日　　代理付款行：中国工商银行安阳文峰支行　行号：

收款人：河南安阳煤矿公司	账号：										
出票金额 人民币（大写）陆万肆仟叁佰叁拾元整											
实际结算金额 人民币（大写）	亿	千	百	十	万	千	百	十	元	角	分

申请人：万达国际股份有限公司　　账号：4100982356487219763

出票行：中国工商银行北京东城支行　行号：

备　注：

代理付款行签章　　中国工商银行安阳文峰支行 01 业务受理章

复核　　经办

密押：										
多余金额										复核　记账
千	百	十	万	千	百	十	元	角	分	

此联代理付款行兑付后随报单寄出票行　由出票行作多余款贷方凭证

ICBC 中国工商银行电汇凭证（回单）　1

☑普通　☐加急　　委托日期20　年12月08日

汇款人	全称	万达国际股份有限公司	收款人	全称	河南安阳煤矿公司
	账号	4100982356487219763		账号	4100673265428719827
	汇出地点	省北京市/县		汇入地点	河南省安阳市/县
汇出行名称		中国工商银行北京东城支行	汇入行名称		中国工商银行安阳文峰支行
金额	人民币（大写）	柒佰元整		亿千百十万千百十元角分	¥70000
			支付密码		
中国工商银行北京东城支行 01 业务受理章		汇出行签章	附加信息及用途：补齐货款		复核：　记账：

此联是汇出行给汇款人的回单

中国工商银行结算收费单

总字第10089号
字第00092号

单位名称万达国际股份有限公司　　账号4100982356487219763　　20　年12月08日

结算种类	邮电费	金额（千百十元角分）	手续费	金额（千百十元角分）
汇票（兑）	信（电）　笔		1　笔	500
委托收款	邮（电）　笔		笔	
	笔		笔	
	笔		笔	
	小　计			¥500
合计金额	大写：伍元整			¥500

上列款项，请从我单位账户支付。（万达国际股份有限公司 财务专用章）

陈逸舟（经手人）签章

付款单位

会计分类　借：

贷：邮电费收入户　　贷：手续费收入户

复核　　记账

（中国工商银行北京东城支行 01 业务受理章）

此联作为结算单位付款凭证

19.12月8日，万达国际用月初外埠存款购买生铁，货款余款退回。（存货，出纳）

3100011380　　上海增值税专用发票　　№30063291

发票联　　开票日期：20　年12月08日

购买方	名　称：万达国际股份有限公司 纳税人识别号：91110101893746520P 地址、电话：北京市东城区湖滨南路27号010-87326520 开户行及账号：中国工商银行北京东城支行4100982356487219763				密码区	（略）	
货物或应税劳务、服务名称	规格型号	单位	数量	单价	金额	税率	税额
*黑色金属冶炼压延品*生铁		吨	10	2 300.00	23 000.00	13%	2 990.00
*运输服务*运输费		吨	10	100.00	1 000.00	9%	90.00
合计					￥24 000.00		￥3 080.00
价税合计（大写）	⊗贰万柒仟零捌拾圆整				（小写）￥27 080.00		
销售方	名　称：上海黄河钢铁公司 纳税人识别号：93101504354762837B 地址、电话：上海市浦东新区胡明路36号021-41972398 开户行及账号：中国工商银行上海浦东支行4123098476523487623				备注	上海黄河钢铁公司 93101504354762837B 发票专用章	

收款人：王丽　　复核：　　开票人：张曼　　销售方：（章）

第三联：发票联　购买方记账凭证

ICBC 中国工商银行信汇凭证（收账通知）　　4

委托日期20　年12月08日

汇款人	全称	上海黄河钢铁公司	收款人	全称	万达国际股份有限公司
	账号	4123098476523487623		账号	4100982356487219763
	汇出地点	省上海市/县		汇入地点	省北京市/县
汇出行名称		中国工商银行上海浦东支行	汇入行名称		中国工商银行北京东城支行
金额	人民币（大写）		亿千百十万千百十元角分		
款项已收入收款人账户		中国工商银行北京东城支行 01 业务专用章	支付密码		
		汇入行签章	附加信息及用途：退回剩余款项		复核：　记账：

此联是给收款人的收账通知

20.12月9日，万达国际支付武汉钢铁厂货款。（往来，出纳）

ICBC 中国工商银行托收凭证　（付款通知）　5

委托日期20　年12月04日　　付款期限20　年12月31日

业务类型	委托收款（□邮划、□电划）　托收承付（□邮划、☑电划）						
付款人	全　称	万达国际股份有限公司		收款人	全　称	武汉钢铁厂	
	账　号	4100982356487219763			账　号	4367598475262253621	
	地　址	省北京市县	开户行：中国工商银行北京东城支行		地　址	湖北省武汉市县	开户行：中国工商银行武汉北江支行
金额	人民币（大写）		亿 千 百 十 万 千 百 十 元 角 分				
款项内容	销货款	托收凭据名称	发票等	附寄单证张数	4		
商品发运情况	已发运	合同名称号码					
备注： 付款人开户银行收到日期 20　年12月09日 复核　记账		付款人开户银行签章 20　年12月09日		付款人注意： 1.根据支付结算办法，上列委托收款（托收承付）款项在付款期限内未提出拒付，即视为同意付款，以此代付款通知。 2.如需提出全部或部分拒付，应在规定期限内，将拒付理由书并附债务证明退交开户银行。			

（印章：中国工商银行北京东城支行 01 业务专用章）

此联是付款人开户银行给付款人按期付款的通知

21.12月10日，万达国际购买劳保鞋等用品，款已支付。（存货，出纳）

1100011501　　**北京增值税专用发票**　　№10063396

发票联　　开票日期：20　年12月10日

购买方	名　　称：万达国际股份有限公司 纳税人识别号：91110101893746520P 地址、电话：北京市东城区湖滨南路27号010-87326520 开户行及账号：中国工商银行北京东城支行4100982356487219763				密码区	（略）		
货物或应税劳务、服务名称	规格型号	单位	数量	单价	金额	税率	税额	
*金属制品*专用工具		把	30	43.00	1 290.00	13%	167.70	
*鞋*劳保鞋		双	55	32.00	1 760.00	13%	228.80	
*皮革毛皮制品*耐热手套		副	50	6.00	300.00	13%	39.00	
*纺织服装皮革产品*工作服		套	60	38.00	2 280.00	13%	296.40	
*石油制品*润滑油		千克	100	3.50	350.00	13%	45.50	
合计					￥5 980.00		￥777.40	
价税合计（大写）	⊗陆仟柒佰伍拾柒圆肆角整				（小写）￥6 757.40			
销售方	名　　称：北京清远物资公司 纳税人识别号：91110108983675141F 地址、电话：北京市海淀区南京路5号010-35685689 开户行及账号：中国建设银行北京海淀支行4367891265309162538				备注			

（印章：北京清远物资公司 91110108983675141F 发票专用章）

收款人：张山　　复核：　　开票人：李和　　销售方：（章）

第三联：发票联　购买方记账凭证

付款申请书

20　年12月10日

用途及情况	金额											收款单位（人）：北京清远物资公司
支付货款	亿	千	百	十	万	千	百	十	元	角	分	账号：4367891265309162538
						¥	6	7	5	7	4	0	开户行：中国建设银行北京海淀支行
金额（大写）合计：陆仟柒佰伍拾柒元肆角整												电汇：☐信汇：☐汇票：☐转账：☑其他：☐

总经理	陈逸舟	财务部门	经理		业务部门	经　理	林娟
			会计			经办人	李华

中国工商银行
转账支票存根
30109838
00023328
附加信息
出票日期　年　月　日
收款人：
金　额：
用　途：
单位主管　会计

中国工商银行　转账支票　30109838 00023328

出票日期（大写）　年　月　日　付款行名称：中国工商银行北京东城支行
收款人：　出票人账号：4100982356487219763

付款期限自出票之日起十天

人民币（大写）	亿	千	百	十	万	千	百	十	元	角	分

用途　密码
上列款项请从　行号
我账户内支付
出票人签章　（印章：万达国际股份有限公司 财务专用章）（印章：陈逸舟印）　复核　记账

22.12月10日，万达国际委托代理销售产品C-1车床，货已发出（用上月库存商品单位成本结转成本）。（销售，出纳，存货）

委托代销协议（简略）

委托方：万达国际股份有限公司　　受托方：北京天鸿机电公司

代销商品：C-1车床

代销方式：受托方收取销售款项的10%作为手续费，自代销收入中扣除。

代销数量：20台

代销价格：43 000元/台

本协议自代销商品发出之日起，即20　年12月10日生效。

委托方：万达国际股份有限公司（印章：万达国际股份有限公司 合同专用章）　　受托方：北京天鸿机电公司（印章：北京天鸿机电公司 合同专用章）

法定代表人：陈逸舟　　法定代表人：王天民

出　库　单

出货单位：万达国际股份有限公司　　　20　年12月10日　　　单号：200039

提货单位或领货部门	北京天鸿机电公司		销售单号		发出仓库		成品仓库
编号	名称及规格	单位	数量		单价	金额
			应发	实发		
140501	C-1 车床	台	20	20	43 000.00	860 000.00
合计			20	20		860 000.00

会计联

部门经理：林娟　　会计：　　仓库：李成　　经办人：王辉

23.12 月 10 日，万达国际收到东方股份有限公司现金股利，转入投资专用账户。(投资，出纳)

ICBC 中国工商银行进账单（收账通知）　3

20　年12月10日

出票人	全　称	东方股份有限公司	收款人	全　称	万达国际股份有限公司
	账　号	40067891265309162581		账　号	41009823564872197 88
	开户银行	中国工商银行北京海淀支行		开户银行	中国工商银行北京东城支行

金额	人民币（大写）	壹万元整	亿	千	百	十	万	千	百	十	元	角	分
						¥	1	0	0	0	0	0	0

票据种类	电子转账	票据张数	
票据号码			

复核　　记账

中国工商银行北京东城支行 03 业务专用章

收款人开户银行签章

此联是收款人开户银行交给收款人的收账通知

24.12月10日，万达国际以一批库存商品C-1车床进行长期股权投资，期末结转成本。（投资，出纳，存货）

投资协议（简略）

甲方（投资方）：万达国际股份有限公司　　乙方（受资方）：天津不锈钢制品公司

根据中华人民共和国相关法律、法规的规定，甲、乙双方本着互惠互利的原则，就甲方以库存商品投资乙方一事，经过友好协商，现达成一致，协议如下：

一、投资事项

甲方向乙方转入库存商品C-1车床15台，该批C-1车床协议价格为44 500元/台；乙方向甲方提供10%的股权。乙方在经济体制上自负盈亏，独立核算，甲方对乙方不具有重大影响。

二、违约责任

甲、乙任何一方的行为造成的损失，由责任方负责。

三、协议的变更和终止

投资行为违反有关法律、法规而依法被终止。

合同生效日20　年12月10日。

甲方：万达国际股份有限公司　　乙方：天津不锈钢制品公司

法定代表人：陈逸舟　　法定代表人：张行

1100081140　　**北京增值税专用发票**　　№60972954

此联不作报销、扣税凭证使用　　开票日期：20　年12月10日

购买方	名称：天津不锈钢制品公司 纳税人识别号：91110114239812237B 地址、电话：天津市秀华区汉江路9号022-27570258 开户行及账号：中国工商银行天津秀华支行4100862352987233691				密码区	（略）	
货物或应税劳务、服务名称	规格型号	单位	数量	单价	金额	税率	税额
*机床*C-1车床		台	15	44 500.00	667 500.00	13%	86 775.00
合计					￥667 500.00		￥86 775.00
价税合计（大写）	⊗柒拾伍万肆仟贰佰柒拾伍圆整				（小写）￥754 275.00		
销售方	名称：万达国际股份有限公司 纳税人识别号：91110101893746520P 地址、电话：北京市东城区湖滨南路27号010-87326520 开户行及账号：中国工商银行北京东城支行4100982356487219763				备注		

第一联：记账联　销售方记账凭证

收款人：王枚　　复核：　　开票人：李玉　　销售方：（章）

出　库　单

出货单位：万达国际股份有限公司　　20　年12月10日　　单号：200040

提货单位或领货部门	天津不锈钢制品公司		销售单号		发出仓库	成品仓库
编号	名称及规格	单位	数量		单价	金额
			应发	实发		
140501	C-1车床	台	15	15	44 500.00	667 500.00
合　计			15	15		667 500.00

会计联

部门经理：林娟　　会计：　　仓库：李成　　经办人：王辉

25.12月10日，万达国际申请办理银行本票。（出纳）

付款申请书

20　年12月10日

用途及情况	金额											收款单位（人）：新华机械厂
申请银行本票采购材料	亿	千	百	十	万	千	百	十	元	角	分	账号：4100981265309870352
				¥	1	0	0	0	0	0	0	开户行：中国建设银行北京海淀支行
金额（大写）合计：壹万元整												电汇：□信汇：□汇票：□转账：□其他：☑

总经理	陈逸舟	财务部门	经理		业务部门	经　理	李彤
			会计			经办人	张华

中国工商银行

本　票

付款期限
2个月

$2\frac{BH}{03}$90877230

出票日期（大写）　贰零　年壹拾贰月壹拾日

收款人：新华机械厂		申请人：万达国际股份有限公司
凭票即付	人民币（大写）壹万元整	（压数机压印出票金额）
转账 ☑	现金 □	
备注：	中国工商银行北京东城支行 01 业务专用章　出票行签章	李娟　出纳　复核　经办

此联出票行结清本票时作借方凭证

26.12月11日，万达国际购买包装箱。（存货，出纳）

1100011569　　**北京增值税专用发票**　　№10063501

发票联　　开票日期：20　年12月11日

购买方	名　　称：万达国际股份有限公司 纳税人识别号：91110101893746520P 地址、电话：北京市东城区湖滨南路27号010-87326520 开户行及账号：中国工商银行北京东城支行4100982356487219763						密码区	（略）
货物或应税劳务、服务名称	规格型号	单位	数量	单价	金额	税率	税额	
*木制品*包装箱		个	70	390.00	27 300.00	13%	3 549.00	
合计					￥27 300.00		￥3 549.00	
价税合计（大写）	⊗叁万零捌佰肆拾玖圆整				（小写）￥30 849.00			
销售方	名　　称：北京市济源木器厂 纳税人识别号：91110102497234516G 地址、电话：北京市西城区临河路15号010-94230189 开户行及账号：中国工商银行北京西城支行41003723523689						备注	北京市济源木器厂 91110102497234516G 发票专用章

收款人：万钢　　复核：　　开票人：林萧　　销售方：（章）

第三联：发票联　购买方记账凭证

付款申请书

20　年12月11日

用途及情况	金额											收款单位（人）：北京市济源木器厂
支付材料款	亿	千	百	十	万	千	百	十	元	角	分	账号：41003723523689
				￥	3	0	8	4	9	0	0	开户行：中国工商银行北京西城支行
金额（大写）合计：叁万零捌佰肆拾玖元整												电汇：□信汇：□汇票：□转账：☑其他：□

总经理	陈逸舟	财务部门	经理		业务部门	经　理	林娟
			会计			经办人	李华

中国工商银行
转账支票存根
30109839
00023328
附加信息
出票日期　年　月　日
收款人：
金　额：
用　途：
单位主管　　会计

中国工商银行　转账支票　30109839 00023328

出票日期（大写）　年　月　日　　付款行名称：中国工商银行北京东城支行
收款人：　　出票人账号：4100982356487219763

付款期限自出票之日起十天

人民币（大写）	亿	千	百	十	万	千	百	十	元	角	分

用途　　密码
上列款项请从　　行号
我账户内支付
出票人签章　万达国际股份有限公司 财务专用章　陈逸印舟　　复核　　记账

27.12月12日，万达国际向银行申请贴现。（往来，出纳）

贴现凭证（收款通知） ④

填写日期20　年12月12日　　　　第　　号

贴现汇票	种类	商业承兑汇票　号码 002255	申请人	名称	万达国际股份有限公司
	出票日	20　年09月10日		账号	4100982356487219763
	到期日	20　年03月10日		开户银行	中国工商银行北京东城支行
汇票承兑人（或银行）	名称	北京天鸿机电公司	账号	4100987265187245319	开户银行：中国工商银行北京东城支行
汇票金额（即贴现金额）	人民币（大写）	柒万捌仟玖佰元整		千百十万千百十元角分	¥78900000
贴现率每月	7.288‰	贴现利息	千百十万千百十元角分	实付贴现金额	千百十万千百十元角分
上述款项已入你单位账号。此致 贴现申请人		银行盖章		备注：	

此联是银行给申请人的收款通知

（印章：万达国际股份有限公司 财务专用章；中国工商银行北京东城支行 01 业务专用章）

ICBC 中国工商银行进账单（收账通知） 3

20　年12月12日

出票人	全称	北京天鸿机电公司	收款人	全称	万达国际股份有限公司
	账号	4100987265187245319		账号	4100982356487219763
	开户银行	中国工商银行北京东城支行		开户银行	中国工商银行北京东城支行
金额	人民币（大写）			亿千百十万千百十元角分	
票据种类	商业承兑汇票	票据张数	1		
票据号码	002255				
复核　记账				收款人开户银行签章	

此联是收款人开户银行交给收款人的收账通知

（印章：中国工商银行北京东城支行 01 业务专用章）

28.12月12日，万达国际收到本月4日托收承付款项。(往来，出纳)

ICBC 中国工商银行托收凭证（汇款依据或收账通知）　4

委托日期20　年12月04日　　付款期限　年　月　日

业务类型	委托收款（□邮划、□电划）　托收承付（□邮划、☑电划）							
付款人	全　称	广州市新林机电公司		收款人	全　称	万达国际股份有限公司		
	账　号	4100862352987236549			账　号	4100982356487219763		
	地　址	广东省广州市/县	开户行：中国工商银行广州花都支行		地　址	省北京市/县	开户行：中国工商银行北京东城支行	
金额	人民币（大写）					亿千百十万千百十元角分		
款项内容	货款	托收凭据名称	发票等		附寄单证张数	4		
商品发运情况	已发运		合同名称号码					
备注： 复核　记账	上列款项已划回收入你方账户内。 （印章：中国工商银行北京东城支行 01 业务专用章） 收款人开户银行签章 20　年12月12日							

此联付款人开户行凭以汇款或收款人开户行作收账通知

29.12月13日，万达国际的一笔应收货款，经确认无法收回，作为坏账处理。(往来，财务成果)

坏账确认通知书

财务处：

上海机械厂一笔应收款58 500.00元，逾期无法收回，经董事会确认后批准作为坏账处理。

万达国际股份有限公司

（印章：万达国际股份有限公司）陈逸舟

20　年12月13日

30.12月13日，万达国际支付本年财产保险费。公司不采用摊销方式，直接计入当期费用。（成本费用，出纳）

1100052583　　**北京增值税专用发票**　　№1092221536

发票联　　开票日期：20　年12月13日

购买方	名　　称：万达国际股份有限公司 纳税人识别号：91110101893746520P 地址、电话：北京市东城区湖滨南路27号010-87326520 开户行及账号：中国工商银行北京东城支行4100982356487219763					密码区	（略）	
货物或应税劳务、服务名称	规格型号	单位	数量	单价	金额	税率	税额	
*金融服务*财产保险费					47 169.81	6%	2 830.19	
合计					￥47 169.81		￥2 830.19	
价税合计（大写）	⊗伍万圆整				（小写）￥50 000.00			
销售方	名　　称：中国人寿保险股份有限公司北京分公司 纳税人识别号：91110105982773445B 地址、电话：北京市东城区朝阳门北大街17号010-58195001 开户行及账号：中国工商银行北京朝阳支行4100892763453098237					备注	中国人寿保险股份有限公司北京分公司 91110105982773445B 发票专用章	

第三联：发票联　购买方记账凭证

收款人：张立　　复核：　　开票人：王丽红　　销售方：（章）

付款申请书

20　年12月13日

用途及情况	金额											收款单位（人）：中国人寿保险股份有限公司北京分公司
支付全年保险费	亿	千	百	十	万	千	百	十	元	角	分	账号：4100892763453098237
				￥	5	0	0	0	0	0	0	开户行：中国工商银行北京朝阳支行
金额（大写）合计：伍万元整												电汇：□信汇：□汇票：□转账：☑其他：□

总经理	陈逸舟	财务部门	经理		业务部门	经　理	李彤
			会计			经办人	张华

中国工商银行
转账支票存根
30109840
00023328
附加信息

出票日期　年　月　日
收款人：
金　额：
用　途：
单位主管　　会计

中国工商银行　　转账支票　　30109840 00023328

出票日期（大写）　年　月　日　　付款行名称：中国工商银行北京东城支行
收款人：　　出票人账号：4100982356487219763

付款期限自出票之日起十天

人民币（大写）	亿	千	百	十	万	千	百	十	元	角	分

用途　　密码
上列款项请从　　行号
我账户内支付
出票人签章　（万达国际股份有限公司 财务专用章）（陈逸舟印）　　复核　　记账

31.12月14日，万达国际转账支付全年报刊费。公司不采用摊销方式，直接计入当期费用。（成本费用，出纳）

付款申请书

20　年12月14日

用途及情况	金额											收款单位（人）：中国邮政北京东城湖滨南路营业所
	亿	千	百	十	万	千	百	十	元	角	分	账号：410089276345092581
支付全年报刊费					¥	5	0	0	0	0	0	开户行：中国工商银行北京东城支行
金额（大写）合计：伍仟元整												电汇：☐信汇：☐汇票：☐转账：☑其他：☐

总经理	陈逸舟	财务部门	经理		业务部门	经　理	李彤
			会计			经办人	张华

北京增值税专用发票

1100011590　　No10063596

发票联　　开票日期：20　年12月14日

购买方	
名　　称：	万达国际股份有限公司
纳税人识别号：	91110101893746520P
地址、电话：	北京市东城区湖滨南路27号010-87326520
开户行及账号：	中国工商银行北京东城支行4100982356487219763
密码区	（略）

货物或应税劳务、服务名称	规格型号	单位	数量	单价	金额	税率	税额
*印刷品*报刊费		份	3		4 587.16	9%	412.84
合计					¥4 587.16		¥412.84
价税合计（大写）	⊗伍仟圆整				（小写）¥5 000.00		

销售方	
名　　称：	中国邮政北京东城湖滨南路营业所
纳税人识别号：	91110105982732651N
地址、电话：	北京市东城区湖滨南路8号010-87322581
开户行及账号：	中国工商银行北京东城支行410089276345092581
备注	中国邮政北京东城湖滨南路营业所 91110105982732651N 发票专用章

收款人：王晴　　复核：　　开票人：张丽　　销售方：（章）

第三联：发票联　购买方记账凭证

中国工商银行　转账支票

中国工商银行
转账支票存根
30109841
00023328

附加信息

出票日期　年　月　日

收款人：
金　额：
用　途：

单位主管　　会计

中国工商银行　转账支票　30109841 00023328

出票日期（大写）　年　月　日　　付款行名称：中国工商银行北京东城支行

收款人：　　出票人账号：4100982356487219763

付款期限自出票之日起十天

人民币（大写）	亿	千	百	十	万	千	百	十	元	角	分

用途＿＿＿＿　　密码＿＿＿＿

上列款项请从　　行号＿＿＿＿

我账户内支付

出票人签章　万达国际股份有限公司 财务专用章　陈逸舟印

复核　　记账

32.12月16日，万达国际购买股票，划分为交易性金融资产，款项通过投资专用账户划拨。（投资，出纳）

兴业证券股份有限公司对账单

客户编号：200010101 姓名：万达国际股份有限公司 对账日期：20 年12月 打印柜员：098

（印章：兴业证券股份有限公司 01 业务受理章）

资金信息：

币种 资金余额 可用金额 可取现金 资产总值

流水明细：

日期	币种	业务标志	证券名称	证券代码	发生数量	成交均价	佣金	印花税	其他费用	收付金额	资金余额	备注
12.16	人民币	购入股票	英洛华	000795	20 000	12.00	15.00	0	20.00	-240 035.00		
合计					20 000		15.00	0	20.00	-240 035.00		

33.12月16日，万达国际支付锅炉改造工程款。该工程已全部完工，交付基本生产车间使用。采用直线法计提折旧。（非流动资产，出纳）

1100082140 **北京增值税专用发票** №1091231536

发票联 开票日期：20 年12月16日

购买方	名 称：万达国际股份有限公司 纳税人识别号：91110101893746520P 地 址、电 话：北京市东城区湖滨南路27号010-87326520 开户行及账号：中国工商银行北京东城支行4100982356487219763	密码区	（略）

货物或应税劳务、服务名称	规格型号	单位	数量	单价	金额	税率	税额
*锅炉及辅助设备*锅炉改造工程款					8 000.00	6%	480.00
合计					￥8 000.00		￥480.00
价税合计（大写）	⊗捌仟肆佰捌拾圆整				（小写）￥8 480.00		

销售方	名 称：慧远工程服务公司 纳税人识别号：91110101893720168N 地 址、电 话：北京市西城区河南路81号010-87323625 开户行及账号：中国建设银行北京西城支行4367982308127349218	备注	（印章：慧远工程服务公司 91110101893720168N 发票专用章）

收款人：李刚 复核： 开票人：郭丽 销售方：（章）

第三联：发票联 购买方记账凭证

付款申请书

20 年12月16日

用途及情况	金额											收款单位（人）：慧远工程服务公司
支付锅炉改造工程款	亿	千	百	十	万	千	百	十	元	角	分	账号：4367982308127349218
						￥	8	4	8	0	0	开户行：中国建设银行北京西城支行
金额（大写）合计：	人民币捌仟肆佰捌拾元整											电汇：☐ 信汇：☐ 汇票：☐ 转账：☑ 其他：☐

总经理	陈逸舟	财务部门	经理		业务部门	经 理	钱丽
			会计			经办人	张华

中国工商银行
转账支票存根
30109842
00023328
附加信息

出票日期　　年　月　日
收款人：
金　额：
用　途：
单位主管　　会计

中国工商银行　转账支票　30109842　00023328
出票日期（大写）　年　月　日　付款行名称：中国工商银行北京东城支行
收款人：　出票人账号：4100982356487219763
付款期限自出票之日起十天
人民币（大写）　亿 千 百 十 万 千 百 十 元 角 分
用途
上列款项请从
我账户内支付
出票人签章　万达国际股份有限公司 财务专用章　陈舟印逸
密码
行号
复核　记账

固定资产验收单

20　年 12 月 16 日　　编号：

名　称	规格型号		来　源	数　量	购（造）价	使用年限	预计残值
锅炉			改造	1	87 000.00	20	5%
安装费	月折旧率		建造单位		交工日期	附件	
	0.42%		慧远工程服务公司		20　年 12 月 14 日		
验收部门	基本生产车间	验收人员	王军辉	管理部门	资产管理处	管理人员	李刚
备注	改造期间已累计支付 79 000 元。						

审核：高林　　制单：王林

34.12 月 18 日，万达国际基本生产车间工人赵铭因违章操作，被处以罚款。（财务成果，出纳）

收　款　收　据　　NO.00490071

20　年 12 月 18 日

今收到 基本生产车间赵铭　　现金收讫

交来：违章操作罚款

金额（大写）　零佰　零拾　零万　零仟　贰佰　捌拾　零元　零角　零分

¥280.00　☑ 现金　☐ 支票　☐ 信用卡　☐ 其他　收款单位（盖章）万达国际股份有限公司 财务专用章

第三联 交财务

核准：钱丽　会计：　记账：　出纳：　经手人：

35.12月20日，万达国际销售产品C-1车床，款项尚未收到。（销售，出纳，往来）

1100081140 **北京增值税专用发票** №60972955

此联不作报销、扣税凭证使用 开票日期：20 年12月20日

购买方	名 称：山西机电公司 纳税人识别号：91410105812093428B 地址、电话：山西省太原市小店区67号0351-29055800 开户行及账号：中国工商银行太原黄河分理处410083465321987 2352	密码区：（略）

货物或应税劳务、服务名称	规格型号	单位	数量	单价	金额	税率	税额
*机床*C-1车床		台	13	44 500.00	578 500.00	13%	75 205.00
合计					￥578 500.00		￥75 205.00
价税合计（大写）	⊗陆拾伍万叁仟柒佰零伍圆整				（小写）￥653 705.00		

销售方	名 称：万达国际股份有限公司 纳税人识别号：91110101893746520P 地址、电话：北京市东城区湖滨南路27号010-87326520 开户行及账号：中国工商银行北京东城支行4100982356487219763	备注

收款人：王枚 复核： 开票人：李玉 销售方：（章）

第一联：记账联 销售方记账凭证

出库单

出货单位：万达国际股份有限公司 20 年12月20日 单号：200041

提货单位或领货部门	山西机电公司	销售单号		发出仓库	成品仓库	
编号	名称及规格	单位	数量 应发	数量 实发	单价	金额
140501	C-1车床	台	13	13	44 500.00	578 500.00
合 计			13	13		578 500.00

部门经理：林娟 会计： 仓库：李成 经办人：王辉

会计联

付款申请书

20 年12月20日

用途及情况	金额	收款单位（人）：北京货运公司
代垫运费	亿 千 百 十 万 千 百 十 元 角 分 ￥2 4 0 0 0 0	账号：4100982763123987576 开户行：中国工商银行北京朝阳支行
金额（大写）合计：贰仟肆佰元整		电汇：□ 信汇：□ 汇票：□ 转账：☑ 其他：□

总经理	陈逸舟	财务部门	经理		业务部门	经 理	李彤
			会计			经办人	张华

中国工商银行
转账支票存根
30109843
00023328

附加信息

出票日期　　年　月　日

收款人:	
金　额:	
用　途:	

单位主管　　会计

中国工商银行　　转账支票　　30109843 00023328

出票日期（大写）　　年　月　日　　付款行名称：中国工商银行北京东城支行
收款人：　　出票人账号：4100982356487219763

付款期限自出票之日起十天

人民币（大写）	亿	千	百	十	万	千	百	十	元	角	分

用途　　密码
上列款项请从　　行号
我账户内支付
出票人签章　　复核　　记账

万达国际股份有限公司 财务专用章　　陈逸舟印

36.12月20日，万达国际支付H-1铣床专利技术研发费用。（非流动资产，出纳）

1100062789　　北京增值税普通发票　　№10961296
发票联　　开票日期：20　年12月20日

购买方	名称：万达国际股份有限公司 纳税人识别号：91110101893746520P 地址、电话：北京市东城区湖滨南路27号010-87326520 开户行及账号：中国工商银行北京东城支行4100982356487219763	密码区	（略）

货物或应税劳务、服务名称	规格型号	单位	数量	单价	金额	税率	税额
*研发和技术服务*开发支出（费用化支出）					3 689.32	3%	110.68
*研发和技术服务*开发支出（资本化支出）					6 990.29	3%	209.71
合计					¥10 679.61		¥320.39
价税合计（大写）	⊗壹万壹仟圆整				（小写）¥11 000.00		

销售方	名称：新奇研发中心 纳税人识别号：91110101893742316U 地址、电话：北京市海淀区建国北路07号010-87323128 开户行及账号：中国工商银行北京海淀支行4367891265309136985	备注	新奇研发中心 91110101893742316U 发票专用章

收款人：李伟　　复核：　　开票人：张翰　　销售方：（章）

第二联：发票联 购买方记账凭证

付款申请书

20　年12月20日

用途及情况	金额											收款单位（人）：新奇研发中心
支付研发费用	亿	千	百	十	万	千	百	十	元	角	分	账号：4367891265309136985
				¥	1	1	0	0	0	0	0	开户行：中国工商银行北京海淀支行
金额（大写）合计：壹万壹仟元整												电汇：□信汇：□汇票：□转账：☑其他：□

总经理	陈逸舟	财务部门	经理		业务部门	经理	李彤
			会计			经办人	张华

中国工商银行
转账支票存根
30109844
00023328

附加信息

出票日期　　年　月　日

收款人：
金　额：
用　途：

单位主管　　会计

中国工商银行　　转账支票　　30109844
00023328

出票日期（大写）　　年　月　日　　付款行名称：中国工商银行北京东城支行
收款人：　　出票人账号：4100982356487219763

付款期限自出票之日起十天

人民币（大写）	亿	千	百	十	万	千	百	十	元	角	分

用途　　密码
上列款项请从　　行号
我账户内支付
出票人签章　　万达国际股份有限公司 财务专用章　　陈逸舟印　　复核　　记账

37.12月20日，万达国际对外投资。（投资，出纳）

投资协议（简略）

甲方（投资方）：万达国际股份有限公司　　　乙方（受资方）：北京顺大企业集团

根据中华人民共和国相关法律、法规的规定，甲、乙双方本着互惠互利的原则，就甲方以货币资金投资乙方一事，经过友好协商，现达成一致协议如下：

一、投资事项

甲方向乙方投入资金人民币陆拾万元整（￥600 000.00），乙方向甲方提供5%的股权。乙方在经济体制上自负盈亏，独立核算，甲方对乙方不具有重大影响。

二、违约责任

甲、乙任何一方的行为造成的损失，由责任方负责。

三、协议的变更和终止

投资行为违反有关法律、法规而依法被终止。

合同自签订日20　年12月20日起生效。

甲方：万达国际股份有限公司　　　乙方：北京顺大企业集团
法定代表人：陈逸舟　　　法定代表人：李和平

ICBC 中国工商银行进账单（回 单） 1

20 年12月20日

出票人	全称	万达国际股份有限公司	收款人	全称	北京顺大企业集团
	账号	4100982356487219763		账号	4100987265187289450
	开户银行	中国工商银行北京东城支行		开户银行	交通银行北京东城支行
金额	人民币（大写）	陆拾万元整		亿千百十万千百十元角分	¥60000000
票据种类	转账支票	票据张数	1		
票据号码					
	复核	记账		开户银行签章	

中国工商银行北京东城支行 01 业务受理章

此联是开户银行交给持（出）票人的回单

38.12月20日，万达国际购进一批热水器，发放福利。（职工薪酬，出纳）

1100011620 北京增值税专用发票 №10063605

发票联 开票日期：20 年12月20日

购买方	名称：万达国际股份有限公司 纳税人识别号：91110101893746520P 地址、电话：北京市东城区湖滨南路27号010-87326520 开户行及账号：中国工商银行北京东城支行4100982356487219763				密码区	（略）	
货物或应税劳务、服务名称	规格型号	单位	数量	单价	金额	税率	税额
*家用清洁电器具*海尔热水器	AX-2018	台	100	1 000.00	100 000.00	13%	13 000.00
合计					¥100 000.00		¥13 000.00
价税合计（大写）	⊗壹拾壹万叁仟圆整				（小写）¥113 000.00		
销售方	名称：北京贸易办公用品店 纳税人识别号：91110108462796354K 地址、电话：北京市东城区江南路12号010-36925825 开户行及账号：中国工商银行北京东城支行4100147258369369258				备注	北京贸易办公用品店 91110108462796354K 发票专用章	

收款人：高阳 复核： 开票人：刘玉 销售方：（章）

第三联：发票联 购买方记账凭证

付款申请书

20　年12月20日

用途及情况	金额											收款单位（人）：北京贸易办公用品店
购买海尔热水器	亿	千	百	十	万	千	百	十	元	角	分	账号：4100147258369369258
			¥	1	1	3	0	0	0	0	0	开户行：中国工商银行北京东城支行
金额（大写）合计：	壹拾壹万叁仟元整											电汇：☐信汇：☐汇票：☐转账：☑其他：☐

总经理	陈逸舟	财务部门	经理		业务部门	经　理	林娟
			会计			经办人	李华

中国工商银行
转账支票存根
30109845
00023328
附加信息
出票日期　年　月　日
收款人：
金　额：
用　途：
单位主管　会计

中国工商银行　转账支票　30109845
00023328
出票日期（大写）　年　月　日　付款行名称：中国工商银行北京东城支行
收款人：　出票人账号：4100982356487219763
付款期限自出票之日起十天

人民币（大写）	亿	千	百	十	万	千	百	十	元	角	分

用途　密码
上列款项请从　行号
我账户内支付
出票人签章　复核　记账

万达国际股份有限公司
财务专用章
陈逸舟印

热水器发放统计表

部门	基本生产车间			辅助生产车间		销售部门	管理部门	合计
	C-1工人	H-1工人	管理人员	机修	配电			
人数	40	30	2	5	3	5	15	100

39.12月20日，万达国际转让专利技术使用权。（非流动资产，出纳）

专利技术使用权转让合同（简略）

甲方：万达国际股份有限公司　　乙方：实达股份有限公司

甲、乙双方本着互惠互利的原则，经协商一致，对专利技术使用权达成如下协议：

一、转让使用权的专利名称：自动化专利技术

二、专利技术使用权转让的价款

经双方协商一致，此项自动化专利技术的使用权转让费共伍万叁仟元整（￥53 000.00）。使用期限两年，一次性收费，不提供后续服务。

三、专利资料

甲方应出示的专利资料包括国家知识产权局实用新型专利证书、国家知识产权局专利收费收据（最近期），以及国家知识产权局通知书等。

合同自签订日20　年12月20日起生效。

甲方：万达国际股份有限公司（万达国际股份有限公司 合同专用章）　　乙方：实达股份有限公司（实达股份有限公司 合同专用章）

法定代表人：陈逸舟　　法定代表人：陈伟华

1100081140　　**北京增值税专用发票**　　№60972956

此联不作报销、扣税凭证使用　　开票日期：20　年12月20日

购买方	名　　称：实达股份有限公司 纳税人识别号：91110102345612674B 地 址 、电 话：北京市东城区中关村485号010-46859274 开户行及账号：中国工商银行北京东城支行4100852476532340552				密码区	（略）		
货物或应税劳务、服务名称	规格型号	单位	数量	单价	金额	税率	税额	
*无形资产*自动化专利			1	50 000.00	50 000.00	6%	3 000.00	
合计					￥50 000.00		￥3 000.00	
价税合计（大写）	⊗伍万叁仟圆整				（小写）￥53 000.00			
销售方	名　　称：万达国际股份有限公司 纳税人识别号：91110101893746520P 地 址 、电 话：北京市东城区湖滨南路27号010-87326520 开户行及账号：中国工商银行北京东城支行4100982356487219763				备注			

第一联：记账联　销售方记账凭证

收款人：王枚　　复核：　　开票人：李玉　　销售方：（章）

ICBC 中国工商银行进账单（收账通知）　3

20　年12月20日

出票人	全　　称	实达股份有限公司	收款人	全　　称	万达国际股份有限公司
	账　　号	4100852476532340552		账　　号	4100982356487219763
	开户银行	中国工商银行北京东城支行		开户银行	中国工商银行北京东城支行
金额	人民币（大写）	伍万叁仟元整		亿千百十万千百十元角分	¥5300000
票据种类	转账支票	票据张数	1		
票据号码	022563				
复核　　记账				收款人开户银行签章	

此联是收款人开户银行交给收款人的收账通知

中国工商银行北京东城支行 03 业务专用章

40.12月20日，万达国际支付上月代扣及应交款项。（职工薪酬，出纳）

住房公积金汇（补）缴书　№200001203

20　年12月20日　附：缴存变更清册　页

缴款单位	单位名称	万达国际股份有限公司		收款单位	单位名称	北京住房公积金中心	
	单位账号	4100982356487219763			公积金账号	1150236586305	
	开户银行	中国工商银行北京东城支行			开户银行	中国工商银行北京海淀支行	
缴款类型	☑汇缴　□补缴			补缴原因			
缴款人数	100	缴款时间	20　年11月至20　年11月			月数	1
缴款方式	□现金　☑转账					百十万千百十元角分	
金额(大写)	人民币						
上次汇缴		本次增加汇缴		本次减少汇缴		本次汇(补)缴	
人数	金额	人数	金额	人数	金额	人数	金额

上述款项已划转至市住房公积金管理中心住房公积金存款户内。(银行盖章)

复核：李欣　　经办：张伟　　20　年12月20日

第一联：缴款单位开户行给缴款单位的回单

中国工商银行北京东城支行 01 业务受理章

交通银行 BANK OF COMMUNICATIONS　（　北京东城　）分行电子缴税付款凭证

转账日期：20　年12月20日　　凭证字号：02530689

纳税人全称及纳税人识别号：万达国际股份有限公司91110101893746520P

付款人全称：万达国际股份有限公司

付款人账号：6222111098267238716　　征收机关名称：国家税务总局北京市东城区税务局

付款人开户银行：交通银行北京东城支行　　收款国库（银行）名称：国家金库北京分库

小写（合计）金额：¥　　缴款书交易流水号：20001316

大写（合计）金额：　　税票号码：2000558

税（费）种名称	所属日期	实缴金额
社会保险费(单位)	20　1101—20　1130	
社会保险费(个人)	20　1101—20　1130	

（印章：交通银行北京东城支行 01 业务专用章）

打印时间：20　年12月20日

会计流水号：2000123659　　复核：　　记账：

第二联 作付款回单（无银行收讫章无效）

---

① 工会专用结算凭证（行政拨交工会经费缴款书）

缴费日期20　年12月20日

付款单位				收款单位				金额
全称	万达国际股份有限公司				(1)	全称	万达国际股份有限公司工会委员会	金额
账户	6222111098267238716				比例60%	账户	6100982356487219766	万 千 百 十 元 角 分
开户银行	交通银行北京东城支行					开户银行	交通银行北京东城支行	
所属月份	11	职工人数	100		(2)	全称	北京市东城区工会委员会	金额
上月职工工资总额		按2%计应缴经费			比例40%	账号	4001020111022918	万 千 百 十 元 角 分
迟交天数		按1%计应缴滞纳金				开户银行	北京银行东城支行	
合计金额（大写）								十 万 千 百 十 元 角 分
缴款单位盖章（万达国际股份有限公司 财务专用章）		工会委员会盖章（北京市东城区工会委员会 财务专用章）20　年12月20日			银行盖章（交通银行北京东城支行 02 业务受理章）20　年12月20日			

此联交缴款单位作回单

交通银行
BANK OF COMMUNICATIONS
（　　北京东城　　）分行电子缴税付款凭证

转账日期：20　年12月20日　　　　凭证字号：02530689

纳税人全称及纳税人识别号：万达国际股份有限公司91110101893746520P
付款人全称：万达国际股份有限公司
付款人账号：6222111098267238716　　　征收机关名称：国家税务总局北京市东城区税务局
付款人开户银行：交通银行北京东城支行　　收款国库（银行）名称：国家金库北京分库
小写（合计）金额：¥　　　　缴款书交易流水号：20001336
大写（合计）金额：　　　　税票号码：2000568

税（费）种名称	所属日期	实缴金额
工会经费	20　1101—20　1130	

（印章：交通银行北京东城支行 01 业务专用章）

打印时间：20　年12月20日

第二联　作付款回单（无银行收讫章无效）

会计流水号：2000123669　　复核：　　记账：

付款申请书

20　年12月20日

<table>
<tr><td>用途及情况</td><td colspan="11">金额</td><td>收款单位（人）：万达国际股份有限公司工会委员会</td></tr>
<tr><td rowspan="2">拔付工会经费</td><td>亿</td><td>千</td><td>百</td><td>十</td><td>万</td><td>千</td><td>百</td><td>十</td><td>元</td><td>角</td><td>分</td><td>账号：6100982356487219766</td></tr>
<tr><td></td><td></td><td></td><td></td><td></td><td></td><td></td><td></td><td></td><td></td><td></td><td>开户行：交通银行北京东城支行</td></tr>
<tr><td>金额（大写）合计：</td><td colspan="11"></td><td>电汇：☐信汇：☐汇票：☐转账：☑其他：☐</td></tr>
</table>

总经理	陈逸舟	财务部门	经理		业务部门	经　理	林娟
			会计			经办人	李华

交通银行
转账支票存根
$\frac{GE}{02}$23909825
附加信息

出票日期　　年　月　日
收款人：
金　额：
用　途：
单位主管　　会计

交通银行　　转账支票　　$\frac{GE}{02}$23909825

出票日期（大写）　　年　月　日　　付款行名称：交通银行北京东城支行
收款人：　　出票人账号：6222111098267238716

本支票付款期限十天

人民币（大写）	亿	千	百	十	万	千	百	十	元	角	分

用途＿＿＿＿　　密码＿＿＿＿
上列款项请从　　行号＿＿＿＿
我账户内支付
出票人签章（印章：万达国际股份有限公司 财务专用章；陈逸舟印）　　复核　　记账

41.12月21日，万达国际提取现金备用。（出纳）

提现申请单

20　年12月21日

收款单位	万达国际股份有限公司		
地址	北京市东城区湖滨南路27号	联系电话	010-87326520
收款人开户行	中国工商银行北京东城支行	开户账号	4100982356487219763
内容	备用		
大写	玖仟元整	（小写）¥9 000.00	

审批：陈逸舟　　审核：　　经办人：张华

中国工商银行
现金支票存根
23097145
00023328
附加信息
出票日期　年　月　日
收款人：
金　额：
用　途：
单位主管　　会计

中国工商银行　现金支票　23097145　00023328

出票日期（大写）　年　月　日　付款行名称：中国工商银行北京东城支行
收款人：　出票人账号：4100982356487219763

付款期限自出票之日起十天

人民币（大写）	亿	千	百	十	万	千	百	十	元	角	分

用途　　密码
上列款项请从　　行号
我账户内支付
出票人签章　　复核　　记账

万达国际股份有限公司 财务专用章　陈逸舟印

42.12月21日，万达国际出售三一重工股份有限公司股票，款已入账。（投资，出纳）

兴业证券股份有限公司对账单

客户编号：200010101　姓名：万达国际股份有限公司　对账日期：20　年12月　打印柜员：098

资金信息：

币种　资金余额　可用金额　可取现金　资产总值

兴业证券股份有限公司 01 业务受理章

流水明细：

日期	币种	业务标志	证券名称	证券代码	发生数量	成交均价	佣金	印花税	其他费用	收付金额	资金余额	备注
12.21	人民币	出售股票	三一重工	600031	4 000	16.00	15.00	64.00	20.00	63 901.00		
合计					4 000		15.00	64.00	20.00	63 901.00		

43.12月22日，万达国际成功申请到了H-1铣床专利权，并支付相关费用。结转无形资产成本。（非流动资产，出纳）

11000811620　　**北京增值税专用发票**　　№003732589

发票联　　开票日期：20　年12月22日

购买方	名　　称：万达国际股份有限公司 纳税人识别号：91110101893746520P 地址、电话：北京市东城区湖滨南路27号010-87326520 开户行及账号：中国工商银行北京东城支行4100982356487219763						密码区	（略）
货物或应税劳务、服务名称	规格型号	单位	数量	单价	金额	税率	税额	
*专利*H-1铣床改进专利认证费		项	1	26 415.09	26 415.09	6%	1 584.91	
合计					￥26 415.09		￥1 584.91	
价税合计（大写）	⊗贰万捌仟圆整				（小写）￥28 000.00			
销售方	名　　称：北京市专利局 纳税人识别号：91110108562743758Y 地址、电话：北京市海淀区知春路23号010-82356390 开户行及账号：交通银行北京海淀支行6222091762389128712						备注	北京市专利局 91110108562743758Y 发票专用章

收款人：王烨　　复核：　　开票人：张宇　　销售方：（章）

第三联：发票联　购买方记账凭证

付款申请书

20　年12月22日

用途及情况	金额											收款单位（人）：北京市专利局
支付H-1铣床改进专利认证费	亿	千	百	十	万	千	百	十	元	角	分	账号：6222091762389128712
				￥	2	8	0	0	0	0	0	开户行：交通银行北京海淀支行
金额（大写）合计：贰万捌仟元整												电汇：□信汇：□汇票：□转账：☑其他：□

总经理	陈逸舟	财务部门	经理		业务部门	经　理	李彤
			会计			经办人	张华

中国工商银行
转账支票存根
30109846
00023328

附加信息
出票日期　年　月　日
收款人：
金　额：
用　途：
单位主管　　会计

中国工商银行　转账支票　30109846 00023328

出票日期（大写）　年　月　日　　付款行名称：中国工商银行北京东城支行
收款人：　　出票人账号：4100982356487219763

付款期限自出票之日起十天

人民币（大写）	亿	千	百	十	万	千	百	十	元	角	分

用途　　密码
上列款项请从　　行号
我账户内支付
出票人签章　　复核　　记账

万达国际股份有限公司 财务专用章　　陈逸印舟

专利验收单

财务处：

本公司委托新奇研发中心研发的H-1铣床专利技术已完成，验收合格，已成功申请专利。现交付基本生产车间使用，有效期限5年，无残值，按直线法摊销。

万达国际股份有限公司资产管理处

20 年12月22日

44.12月22日，万达国际收到北京机床经销公司前欠货款。(往来，出纳)

ICBC 中国工商银行进账单（收账通知） 3

20 年12月22日

出票人	全称	北京机床经销公司	收款人	全称	万达国际股份有限公司
	账号	4100987265187659023		账号	4100982356487219763
	开户银行	中国工商银行北京朝阳支行		开户银行	中国工商银行北京东城支行
金额	人民币（大写）	陆万伍仟元整		亿千百十万千百十元角分	¥6500000
票据种类	转账支票	票据张数	1		
票据号码					
复核	记账			收款人开户银行签章	中国工商银行北京东城支行 01 业务专用章

此联是收款人开户银行交给收款人的收账通知

45.12月23日，万达国际行政科报销业务招待费，其余备用金收回。(往来，成本费用，出纳)

1100052167 北京增值税专用发票 №1092221236

发票联 开票日期：20 年12月22日

购买方	名称：万达国际股份有限公司 纳税人识别号：91110101893746520P 地址、电话：北京市东城区湖滨南路27号010-87326520 开户行及账号：中国工商银行北京东城支行4100982356487219763				密码区	（略）	
货物或应税劳务、服务名称	规格型号	单位	数量	单价	金额	税率	税额
*生活服务*餐饮费					1 132.08	6%	67.92
合计					¥1 132.08		¥67.92
价税合计（大写）	⊗壹仟贰佰圆整				（小写）¥1 200.00		
销售方	名称：牡丹商务酒店 纳税人识别号：91110105982733571N 地址、电话：北京市东城区湖滨南路75号010-87323578 开户行及账号：中国工商银行北京东城支行4100892763453025869				备注	牡丹商务酒店 91110105982733571N 发票专用章	

收款人：王伟 复核： 开票人：陆红 销售方：（章）

第三联：发票联 购买方记账凭证

报 销 单

填报日期：20　年12月23日

姓名	李悦	所属部门	行政科	报销形式	现金
				支票号码	

报销项目	金额	报销项目	金额
业务招待费	1 200.00	现金收讫	
		以上单据共 1 张　金额小计	¥1 200.00

总金额（大写）	零拾零万壹仟贰佰零拾零元零角零分	预支备用金额	1 500.00	应缴备用金额	300.00

总经理：陈逸舟　财务经理：　部门经理：李杰　会计：　出纳：　报销人：李悦

收 款 收 据

NO.00490072

20　年12月23日

今收到 行政科李悦

交来：归还剩余备用金

金额（大写）零佰　零拾　零万　零仟　叁佰　零拾　零元　零角　零分

¥300.00　☑ 现金　☐ 支票　☐ 信用卡　☐ 其他　收款单位（盖章）

现金收讫

万达国际股份有限公司 财务专用章

第三联 交财务

核准：李彤　会计：　记账：　出纳：　经手人：

46.12月23日，万达国际发放基本生产车间C-1车床生产工人困难补助。（职工薪酬，出纳）

职工困难补助批准书

财务处：

经调查，我公司基本生产车间工人李明提交的家庭困难情况属实，其申请的职工困难补助壹万元整（¥10 000.00）准予发放，请财务处办理。

万达国际股份有限公司行政部

20　年12月23日

现金领款条

年　月　日

单位或姓名	
领款事由	
今领到人民币（大写）	¥
备注	

核准：　　　　　　　　　　出纳：

47.12月24日，万达国际出借全新包装箱，收取押金。（销售，出纳）

出　库　单

出货单位：万达国际股份有限公司　　20　年12月24日　　单号：200042

提货单位或领货部门	北京东方公司		销售单号			发出仓库	材料仓库
编号	名称及规格	单位	数量			单价	金额
			应发		实发		
13030801	包装箱	个	20		20	380.00	7 600.00
合　计			20		20		7 600.00

会计联

部门经理：林娟　　会计：　　仓库：邢芳　　经办人：王辉

收　款　收　据　　NO.00490073

20　年12月24日

今收到北京东方公司

交来：包装物押金

金额（大写）零佰　零拾　零万　叁仟　零佰　零拾　零元　零角　零分

¥3 000.00　☐现金　☑支票　☐信用卡　☐其他　收款单位（盖章）

银行收讫

万达国际股份有限公司 财务专用章

第三联　交财务

核准：李彤　　会计：　　记账：　　出纳：　　经手人：

ICBC 中国工商银行进账单（收账通知）　3

20　年12月24日

出票人	全称	北京东方公司	收款人	全称	万达国际股份有限公司
	账号	4100987265187659405		账号	4100982356487219763
	开户银行	中国工商银行北京朝阳支行		开户银行	中国工商银行北京东城支行
金额	人民币（大写）	叁仟元整		亿千百十万千百十元角分	¥300000
票据种类	转账支票	票据张数	1		
票据号码					
复核　记账			中国工商银行北京东城支行 01 业务专用章　收款人开户银行签章		

此联是收款人开户银行交给收款人的收账通知

48.12月24日，万达国际销售产品H-1铣床，款项已收。（销售，出纳）

1100081140　**北京增值税专用发票**　№60972957

此联不作报销、扣税凭证使用　开票日期：20　年12月24日

购买方	名称：北京顺大企业集团 纳税人识别号：91110101120821773L 地址、电话：北京市东城区翠微路13号010-24725836 开户行及账号：交通银行北京东城支行4100987265187289450			密码区	（略）		
货物或应税劳务、服务名称	规格型号	单位	数量	单价	金额	税率	税额
*机床*H-1铣床		台	10	4 3875.00	438 750.00	13%	57 037.50
合计					¥438 750.00		¥57 037.50
价税合计（大写）	⊗肆拾玖万伍仟柒佰捌拾柒圆伍角整				（小写）¥495 787.50		
销售方	名称：万达国际股份有限公司 纳税人识别号：91110101893746520P 地址、电话：北京市东城区湖滨南路27号010-87326520 开户行及账号：中国工商银行北京东城支行4100982356487219763			备注			

收款人：王玫　复核：　开票人：李玉　销售方：（章）

第一联：记账联　销售方记账凭证

ICBC 中国工商银行**进账单**（收账通知） 3

20 年12月24日

出票人	全称	北京顺大企业集团	收款人	全称	万达国际股份有限公司
	账号	4100987265187289450		账号	4100982356487219763
	开户银行	交通银行北京东城支行		开户银行	中国工商银行北京东城支行
金额	人民币（大写）	肆拾玖万伍仟柒佰捌拾柒元伍角整		亿千百十万千百十元角分	¥49578750
票据种类	转账支票	票据张数	1		
票据号码					
复核 记账				收款人开户银行签章	

中国工商银行北京东城支行 01 业务专用章

此联是收款人开户银行交给收款人的收账通知

出库单

出货单位：万达国际股份有限公司　　20 年12月24日　　单号：200043

提货单位或领货部门	北京顺大企业集团		销售单号		发出仓库	成品仓库
编号	名称及规格	单位	数量 应发	数量 实发	单价	金额
140502	H-1铣床	台	10	10	43 875.00	438 750.00
合计			10	10		438 750.00

部门经理：林娟　　会计：　　仓库：李成　　经办人：王辉

会计联

49.12月25日，万达国际销售圆钢，款项已收，用上月差异率（-0.70%）结转。（销售，出纳）

北京增值税专用发票

1100081140　　№60972958

此联不作报销、扣税凭证使用　　开票日期：20　年12月25日

购买方	名　　称：北京天启机床附件公司 纳税人识别号：91110102164360401N 地址、电话：北京市西城区临河路53号010-87326520 开户行及账号：中国工商银行北京西城支行4100872364519981092				密码区	（略）	
货物或应税劳务、服务名称	规格型号	单位	数量	单价	金额	税率	税额
*黑色金属冶炼压延品*圆钢		吨	3	3 449.483333	10 348.45	13%	1 345.30
合计					￥10 348.45		￥1 345.30
价税合计（大写）	⊗壹万壹仟陆佰玖拾叁圆柒角伍分				（小写）￥11 693.75		
销售方	名　　称：万达国际股份有限公司 纳税人识别号：91110101893746520P 地址、电话：北京市东城区湖滨南路27号010-87326520 开户行及账号：中国工商银行北京东城支行4100982356487219763				备注		

收款人：王玫　　复核：　　开票人：李玉　　销售方：（章）

第一联：记账联　销售方记账凭证

ICBC 中国工商银行进账单（收账通知）　3

20　年12月25日

出票人	全　称	北京天启机床附件公司	收款人	全　称	万达国际股份有限公司
	账　号	4100872364519981092		账　号	4100982356487219763
	开户银行	中国工商银行北京西城支行		开户银行	中国工商银行北京东城支行
金额	人民币（大写）	壹万壹仟陆佰玖拾叁圆柒角伍分		亿千百十万千百十元角分	￥1169375
票据种类	转账支票	票据张数	1		
票据号码					
	复核　记账			中国工商银行北京东城支行 01 业务专用章 收款人开户银行签章	

此联是收款人开户银行交给收款人的收账通知

领　料　单

领料部门：销售部门

用　　途：出售　　　　20　年12月25日　　　　第2000037号

材料			单位	数量		成本	
编号	名称	规格		请领	实发	单价	总价
130202	圆钢		吨	3	3	2 900.00	8 700 00
合计							￥8 700 00

会计联

部门经理：林云　　会计：　　仓库：李欣　　经办人：林文

50.12月25日，万达国际出售股票，款项已收。（投资，财务成果，出纳）

兴业证券股份有限公司对账单

客户编号：200010101　　姓名：万达国际股份有限公司　　对账日期：20　年12月　　打印柜员：098

资金信息：

币种　　资金余额　　可用金额　　可取现金　　资产总值

流水明细：

日期	币种	业务标志	证券名称	证券代码	发生数量	成交均价	佣金	印花税	其他费用	收付金额	资金余额	备注
12.25	人民币	出售股票	英洛华	000795	23 500	14.50	15.00	340.75	20.00	340 374.25		
合计					23 500		15.00	340.75	20.00	340 374.25		

（印章：兴业证券股份有限公司 01 业务受理章）

51.12月27日，万达国际销售产品H-1铣床，收到本票已入账。（销售，出纳）

北京增值税专用发票

1100081140　　№60972959

此联不作报销、扣税凭证使用　　开票日期：20　年12月27日

购买方	名　　称：北京机床经销公司 纳税人识别号：91110105767852531Z 地 址 、电 话：北京市朝阳区岳各庄28号010-23547858 开户行及账号：中国工商银行北京朝阳支行4100987265187659023					密码区	（略）
货物或应税劳务、服务名称	规格型号	单位	数量	单价	金额	税率	税额
*机床*H-1铣床		台	20	43 500.00	870 000.00	13%	113 100.00
合计					￥870 000.00		￥113 100.00
价税合计（大写）	⊗玖拾捌万叁仟壹佰圆整				（小写）￥983 100.00		
销售方	名　　称：万达国际股份有限公司 纳税人识别号：91110101893746520P 地 址 、电 话：北京市东城区湖滨南路27号010-87326520 开户行及账号：中国工商银行北京东城支行4100982356487219763					备注	

第一联：记账联　销售方记账凭证

收款人：王玫　　复核：　　开票人：李玉　　销售方：（章）

中国工商银行

本　票

付款期限
贰个月

$2\frac{BH}{03}$90877255

出票日期（大写）　贰零　年壹拾贰月贰拾日

收款人：万达国际股份有限公司		申请人：北京机床经销公司	
凭票即付	人民币（大写）	玖拾捌万叁仟壹佰元整	（压数机压印出票金额）
转账 ☑	现金		
备注：		中国工商银行北京东城支行 01 业务受理章 出票行签章	出纳　复核　经办 吴芳玲

此联出票行结清本票时作借方凭证

ICBC 中国工商银行进账单（收账通知）　3

20　年12月27日

出票人	全　称	北京机床经销公司	收款人	全　称	万达国际股份有限公司
	账　号	4100987265187659023		账　号	4100982356487219763
	开户银行	中国工商银行北京朝阳支行		开户银行	中国工商银行北京东城支行

金额	人民币（大写）	亿	千	百	十	万	千	百	十	元	角	分
	玖拾捌万叁仟壹佰元整			¥	9	8	3	1	0	0	0	0

票据种类	银行本票	票据张数	1	
票据号码				
复核　记账				中国工商银行北京东城支行 03 业务专用章 收款人开户银行签章

此联是收款人开户银行交给收款人的收账通知

出 库 单

出货单位：万达国际股份有限公司　　20 年12月27日　　单号：200044

提货单位或领货部门	北京机床经销公司		销售单号			发出仓库	成品仓库
编号	名称及规格	单位	数量			单价	金额
			应发	实发			
140502	H-1铣床	台	20	20		43 500.00	870 000.00
合计			20	20			870 000.00

会计联

部门经理：林娟　　会计：　　仓库：李成　　经办人：王辉

52.12月28日，万达国际归还短期借款本息。（筹资，出纳）

ICBC 中国工商银行还款凭证

收款日期 20 年12月28日　　序号：

还款人	万达国际股份有限公司	贷款人	中国工商银行北京东城支行
存款账号	4100982356487219763	贷款账号	4129736492743621937
本息合计币种（大写）	伍拾万零陆仟零柒拾伍元整	亿千百十万千百十元角分	¥ 5 0 6 0 7 5 0 0

收回 20 年 07 月 01 日发放， 20 年 12 月 31 日到期的贷款

本金：¥500 000.00 利息：¥6 075.00

该笔贷款尚欠本金：¥0.00 利息：¥0.00

上述还贷款项我行已收妥

（银行业务公章）

中国工商银行北京东城支行 01 业务受理章

第一联 债务还贷回单

制票：赵赫　　复核：郑平

53.12月28日，万达国际建造厂房，支付工程款。（非流动资产，出纳）

1100081140 **北京增值税专用发票** №1092224430

发票联 开票日期：20 年12月28日

购买方	名称：万达国际股份有限公司 纳税人识别号：91110101893746520P 地址、电话：北京市东城区湖滨南路27号010-87326520 开户行及账号：交通银行北京东城支行6222111098267238716				密码区	（略）	
货物或应税劳务、服务名称	规格型号	单位	数量	单价	金额	税率	税额
*建筑服务*新厂房建设费					600 000.00	9%	54 000.00
合计					¥600 000.00		¥54 000.00
价税合计（大写）	⊗陆拾伍万肆仟圆整				（小写）¥654 000.00		
销售方	名称：北京第二建筑公司 纳税人识别号：91110102149736925N 地址、电话：北京市西城区临河路21号010-94682583 开户行及账号：中国建设银行北京西城支行4100683265428725836				备注	北京第二建筑公司 91110102149736925N 发票专用章	

收款人：王冰 复核： 开票人：李宇 销售方：（章）

第三联：发票联 购买方记账凭证

付款申请书

20 年12月28日

用途及情况	金额											收款单位（人）：北京第二建筑公司
支付新厂房建设费	亿	千	百	十	万	千	百	十	元	角	分	账号：4100683265428725836
			¥	6	5	4	0	0	0	0	0	开户行：中国建设银行北京西城支行
金额（大写）合计：	陆拾伍万肆仟元整											电汇：☐ 信汇：☐ 汇票：☐ 转账：☑ 其他：☐

总经理	陈逸舟	财务部门	经理		业务部门	经理	林娟
			会计			经办人	李华

交通银行 转账支票存根

GE 02 23909826

附加信息

出票日期 年 月 日

收款人：

金额：

用途：

单位主管 会计

交通银行 转账支票 GE 02 23909826

出票日期（大写） 年 月 日 付款行名称：交通银行北京东城支行

收款人： 出票人账号：6222111098267238716

人民币（大写）	亿	千	百	十	万	千	百	十	元	角	分

本支票付款期限十天

用途________ 密码________

上列款项请从 行号________

我账户内支付

出票人签章 万达国际股份有限公司 财务专用章 陈逸舟印 复核 记账

54.12月30日，万达国际收到代销清单（略）和代销款项。（销售，出纳）

1100081140 **北京增值税专用发票** №60972960

此联不作报销、扣税凭证使用 开票日期：20 年12月30日

购买方	名　　称：北京天鸿机电公司 纳税人识别号：91110101091726538W 地 址 、电 话：北京市东城区华林路76号010-32547698 开户行及账号：中国工商银行北京东城支行4100987265187245319	密码区	（略）	

货物或应税劳务、服务名称	规格型号	单位	数量	单价	金额	税率	税额
*机床*C-1车床		台	20	43 000.00	860 000.00	13%	111 800.00
合计					￥860 000.00		￥111 800.00
价税合计（大写）	⊗玖拾柒万壹仟捌佰圆整				（小写）￥971 800.00		

销售方	名　　称：万达国际股份有限公司 纳税人识别号：91110101893746520P 地 址 、电 话：北京市东城区湖滨南路27号010-87326520 开户行及账号：中国工商银行北京东城支行4100982356487219763	备注	

收款人：王枚 复核： 开票人：李玉 销售方：（章）

第一联：记账联 销售方记账凭证

ICBC 中国工商银行**进账单**（收账通知） 3

20 年12月30日

出票人	全　　称	北京天鸿机电公司	收款人	全　　称	万达国际股份有限公司
	账　　号	4100987265187245319		账　　号	4100982356487219763
	开户银行	中国工商银行北京东城支行		开户银行	中国工商银行北京东城支行
金额	人民币（大写）			亿千百十万千百十元角分	
票据种类	转账支票	票据张数	1		
票据号码					
复核 记账				收款人开户银行签章	

中国工商银行北京东城支行 01 业务专用章

此联是收款人开户银行交给收款人的收账通知

55.12月31日，万达国际收到中国工商银行付款通知，支付本月电话费。（成本费用，出纳）

1100011810　　北京增值税专用发票　　№10063785

发票联　　开票日期：20　年12月31日

购买方	名　　称：万达国际股份有限公司 纳税人识别号：91110101893746520P 地址、电话：北京市东城区湖滨南路27号010-87326520 开户行及账号：中国工商银行北京东城支行4100982356487219763				密码区	（略）	
货物或应税劳务、服务名称	规格型号	单位	数量	单价	金额	税率	税额
*电信服务*电话费					5 688.07	9%	511.93
合计					¥5 688.07		¥511.93
价税合计（大写）	⊗陆仟贰佰圆整				（小写）¥6 200.00		
销售方	名　　称：中国电信北京东城营业所 纳税人识别号：91110105982725813R 地址、电话：北京市东城区上海路02号010-87312658 开户行及账号：中国工商银行北京东城支行4100982356487114896				备注		

收款人：李丽　　复核：　　开票人：张西　　销售方：（章）

第三联：发票联　购买方记账凭证

（印章：中国电信北京东城营业所 91110105982725813R 发票专用章）

中国工商银行（　转账　）付款通知书

日期20　年12月31日

机构号1368　　交易代码2000123

单位名称中国电信北京东城营业所	
账号4100982356487114896	
摘要 电话费	
	金额合计　¥6 200.00
金额合计（大写）陆仟贰佰元整	

注：此付款通知书加盖我行业务公章方有效。

流水号2000150　　经办李莉

第二联　回单

（印章：中国工商银行北京东城支行 01 业务专用章）

电话费分配明细表

20　年12月

单位：元

部门	基本生产车间	机修车间	配电车间	销售部门	管理部门	合计
金额	*350*	*225*	*110*	*2 037.07*	*2 966*	*5 688.07*

56.12月31日，万达国际支付本月水费。（成本费用，出纳）

1100011596　　**北京增值税专用发票**　　№10063665

发票联　　开票日期：20　年12月31日

购买方	名　　称：万达国际股份有限公司 纳税人识别号：91110101893746520P 地址、电话：北京市东城区湖滨南路27号010-87326520 开户行及账号：中国工商银行北京东城支行4100982356487219763				密码区	（略）	
货物或应税劳务、服务名称	规格型号	单位	数量	单价	金额	税率	税额
*水冰雪*水费		吨	3 090	1.70	5 253.00	9%	472.77
合计					￥5 253.00		￥472.77
价税合计（大写）	⊗伍仟柒佰贰拾伍圆柒角柒分				（小写）￥5 725.77		
销售方	名　　称：北京市自来水公司 纳税人识别号：91110102149788176Q 地址、电话：北京市西城区临河路03号010-94685573 开户行及账号：中国工商银行北京西城支行4100872364519345281				备注	北京市自来水公司 91110102149788176Q 发票专用章	

收款人：李丽娟　　复核：　　开票人：张西华　　销售方：（章）

第三联：发票联　购买方记账凭证

中国工商银行（　　转账　　）付款通知书

日期20　年12月31日

机构号1368　　交易代码2000123

单位名称北京市自来水公司		
账号4100872364519345281		
摘要 水费		
	金额合计	￥5 725.77
金额合计（大写）	伍仟柒佰贰拾伍元柒角柒分	

注：此付款通知书加盖我行业务公章方有效。

流水号2000151　　经办李莉

（印章：中国工商银行北京东城支行 01 业务专用章）

第二联　回单

用水量记录表

20　年12月

部门	基本生产车间	机修车间	配电车间	销售部门	管理部门	合计
用水量（立方米）	2 007	620	390	35	38	3 090
金额（元）						

57.12月31日，万达国际支付本月电费。(成本费用，出纳)

1100011336　　**北京增值税专用发票**　　№10063390

发票联　　开票日期：20　年12月31日

购买方	名　称：万达国际股份有限公司 纳税人识别号：91110101893746520P 地址、电话：北京市东城区湖滨南路27号010-87326520 开户行及账号：中国工商银行北京东城支行4100982356487219763				密码区	(略)	
货物或应税劳务、服务名称	规格型号	单位	数量	单价	金额	税率	税额
*发电及供电*电费		度	106 000	0.50	53 000.00	13%	6 890.00
合计					¥53 000.00		¥6 890.00
价税合计（大写）	⊗伍万玖仟捌佰玖拾圆整				（小写）¥59 890.00		
销售方	名　称：北京市电力局 纳税人识别号：91110102153453458A 地址、电话：北京市西城区临河路657号010-67826758 开户行及账号：中国工商银行北京西城支行4100872364519982081				备注	北京市电力局 91110102153453458A 发票专用章	

收款人：李娟　　复核：　　开票人：张华　　销售方：(章)

第三联：发票联　购买方记账凭证

中国工商银行（　转账　）付款通知书

日期20　年12月31日

机构号1368　　交易代码2000123

单位名称北京市电力局	
账号4100872364519982081	
摘要 电费	
	金额合计 ¥59 890.00
金额合计（大写）	伍万玖仟捌佰玖拾元整

注：此付款通知书加盖我行业务公章方有效。

流水号2000152　　经办李莉

（章：中国工商银行北京西城支行 01 业务专用章）

第二联　回单

58.12月31日，万达国际计提本月固定资产折旧。11月固定资产增加及减少业务见11月相关业务。（成本费用，非流动资产）

微课
12月末计提折旧会计处理

固定资产折旧计算表

20　年12月　　　　单位：元

使用部门	固定资产类别	上月折旧	上月增加固定资产应提折旧额	上月减少固定资产应提折旧额	本月应提折旧额
基本生产车间	房屋及建筑物				
	生产设备				
	小计				
机修车间	房屋及建筑物				
	生产设备				
	小计				
配电车间	房屋及建筑物				
	生产设备				
	小计				
销售部门	房屋及建筑物				
	办公设备				
	小计				
管理部门	房屋及建筑物				
	运输工具				
	小计				
合计					

59.12月31日，万达国际摊销本年无形资产（均采用直线法摊销）。（成本费用，非流动资产）

无形资产摊销表

20　年　　　　金额单位：元

项目	原值	使用年限	摊销额
合计			

60.12月31日，万达国际结转本月入库材料成本及差异。（成本费用，存货）

材料入库清单

金额单位:元

采购日期	入库日期	供货单位	材料名称	实收数量	单价	运杂费	实际成本	计划成本	成本差异
12月10日	12月10日	北京清远物资公司	专用工具	30把					
			劳保鞋	55双					
			耐热手套	50副					
			工作服	60套					
			润滑油	100千克					
12月8日	12月11日	上海黄河钢铁公司	生铁	10吨					
12月4日	12月12日	武汉钢铁厂	圆钢	28吨					

保管部门主管：翁博瑞　　验收：王军　　缴库：赵山

成本差异率计算表

20　年12月　　金额单位：元

类别	月初结存		本月收入		合计		成本差异率
	计划成本	成本差异	计划成本	成本差异	计划成本	成本差异	
原材料							
周转材料							
合计							

会计主管：　　审核：　　制表：

61.12月31日，计算各部门领用材料。（成本费用，存货）

领料清单（数量）

20　年12月

<table>
<tr><td colspan="2">部门</td><td colspan="3">基本生产车间</td><td colspan="2">辅助生产车间</td><td rowspan="2">销售部门</td><td rowspan="2">管理部门</td><td rowspan="2">合 计</td></tr>
<tr><td colspan="2">种类</td><td>C-1车床</td><td>H-1铣床</td><td>车间</td><td>机修</td><td>配电</td></tr>
<tr><td rowspan="11">原材料</td><td>圆钢</td><td>27</td><td>25</td><td></td><td>2</td><td>1</td><td></td><td></td><td></td></tr>
<tr><td>生铁</td><td>26</td><td>23</td><td></td><td></td><td></td><td></td><td></td><td></td></tr>
<tr><td>焦炭</td><td>27</td><td>22</td><td></td><td></td><td></td><td></td><td></td><td></td></tr>
<tr><td>煤</td><td>76</td><td>70</td><td></td><td></td><td></td><td></td><td></td><td></td></tr>
<tr><td>电机X123</td><td>55</td><td></td><td></td><td></td><td></td><td></td><td></td><td></td></tr>
<tr><td>电机X345</td><td></td><td>50</td><td></td><td></td><td></td><td></td><td></td><td></td></tr>
<tr><td>轴承Q123</td><td>165</td><td></td><td></td><td></td><td></td><td></td><td></td><td></td></tr>
<tr><td>轴承Q345</td><td></td><td>150</td><td></td><td></td><td></td><td></td><td></td><td></td></tr>
<tr><td>润滑油</td><td colspan="2">70</td><td>3</td><td>15</td><td>2</td><td>3</td><td>1</td><td></td></tr>
<tr><td>标准件</td><td>110</td><td>100</td><td></td><td>40</td><td></td><td></td><td></td><td></td></tr>
<tr><td>油漆</td><td colspan="2">50</td><td>3</td><td>20</td><td></td><td>3</td><td>2</td><td></td></tr>
<tr><td rowspan="7">周转材料</td><td>专用工具</td><td>55</td><td>50</td><td></td><td>10</td><td>1</td><td>6</td><td></td><td></td></tr>
<tr><td>法兰盘</td><td>110</td><td>100</td><td></td><td></td><td></td><td></td><td></td><td></td></tr>
<tr><td>螺钉</td><td colspan="2">110</td><td>2</td><td>5</td><td></td><td>6</td><td>1</td><td></td></tr>
<tr><td>劳保鞋</td><td></td><td></td><td>17</td><td>1</td><td>1</td><td>1</td><td>5</td><td></td></tr>
<tr><td>耐热手套</td><td></td><td></td><td>17</td><td>1</td><td>1</td><td>1</td><td>5</td><td></td></tr>
<tr><td>工作服</td><td></td><td></td><td>17</td><td>1</td><td>1</td><td>1</td><td>5</td><td></td></tr>
<tr><td>勾扳手</td><td></td><td></td><td>15</td><td>2</td><td>1</td><td>2</td><td>1</td><td></td></tr>
</table>

共同耗用材料分配表

材料：润滑油　　　　年　月　　　　金额单位：元

产品名称	分配标准	分配率	分配金额
C-1车床			
H-1铣床			
合计			

共同耗用材料分配表

材料：油漆　　　　年　月　　　　金额单位：元

产品名称	分配标准	分配率	分配金额
C-1车床			
H-1铣床			
合计			

共同耗用材料分配表

材料：螺钉　　　　年　月　　　　金额单位：元

产品名称	分配标准	分配率	分配金额
C-1车床			
H-1铣床			
合计			

领料汇总表

年　月　　　　单位：元

部门		基本生产车间			辅助生产车间		销售部门	管理部门	合计
种类		C-1车床	H-1铣床	车间	机修	配电			
原材料	圆钢								
	生铁								
	焦炭								
	煤								
	电机X123								
	电机X345								
	轴承Q123								
	轴承Q345								
	润滑油								
	标准件								
	油漆								
	原材料小计								
周转材料	专用工具								
	法兰盘								
	螺钉								
	劳保鞋								
	耐热手套								
	工作服								
	勾扳手								
	周转材料小计								
合计									

领用材料成本差异计算表

年　月　　　　单位：元

用途/种类	原材料		周转材料		合计
	计划成本	成本差异	计划成本	成本差异	
C-1车床					
H-1铣床					
基本车间					
机修车间					
配电车间					
销售部门					
管理部门					
合计					

62.12月31日，万达国际结转本月随货出售包装物成本。假设一件产品一个包装箱。（销售，存货）

领　料　单

领料部门：销售部门

用　　途：随货出售　不单独计价　　　20　年12月31日　　　第2000039号

材料			单位	数量		成本										
						单价	总价									
编号	名称	规格		请领	实发		百	十	万	千	百	十	元	角	分	
130308	包装箱		个													会
																计
																联
合计																

部门经理：林云　　会计：　　仓库：李欣　　经办人：林文

63.12月31日，万达国际计提职工薪酬。（职工薪酬，成本费用）

工资结算汇总表

20　年12月　　　　单位：元

车间/部门		基本工资	奖金	津贴	缺勤扣款	应付工资	代扣款项					实发工资
							养老保险（8%）	失业保险（0.5%）	医疗保险（2%）	住房公积金（12%）	个人所得税	
基本生产车间	工人	105 000	220 000	70 000	50	394 950					1 773.35	
	管理	5 000	5 500	3 600	0	14 100					175.70	
辅助生产车间	机修	7 500	11 100	5 000	0	23 600					20.16	
	配电	4 500	6 600	3 000	0	14 100					10.71	
销售部门		10 000	8 800	7 500	30	26 270					81.84	
管理部门		37 500	44 000	27 000	10	108 490					1 528.73	
合计						581 510					3 590.49	

复核：　　　　制表：　　　　记账：

五险一金、工会经费、职工教育经费计提表

20　年12月　　　　单位：元

分配对象			应付工资	医疗保险（8%）	失业保险（0.5%）	养老保险（16%）	工伤保险（1%）	生育保险（1.2%）	住房公积金（12%）	工会经费（2%）	职工教育经费（8%）	合计
部门	对象											
基本生产车间	生产工人	C-1车床										
		H-1铣床										
		小计										
	管理人员											
辅助生产车间	机修											
	配电											
销售部门												
管理部门												
合计												

单位负责人：　　　　制单：

工资费用分配表

20　年12月　　　　金额单位：元

产品名称	定额工时	分配率	分配金额
C-1车床			
H-1铣床			
合计			

64.12月31日，万达国际分配辅助生产成本。（成本费用）

辅助生产成本分配表（交互分配法）

金额单位：元

分配对象			交互分配		对外分配		合计
辅助生产车间			机修车间	配电车间	机修车间	配电车间	
待分配费用							
劳务数量							
分配率							
机修车间		数量					
		金额					
配电车间		数量					
		金额					
基本生产车间	产品	数量					
		金额					
	车间	数量					
		金额					
销售部门		数量					
		金额					
管理部门		数量					
		金额					
合计							

用电量统计表

20　年12月　　　　单位：度

部门	基本生产车间		机修车间	销售部门	管理部门	合计
	产品	车间				
用电量	78 980	3 500	16 070	5 800	1 650	106 000

维修工时统计表

20　年12月　　　　单位：小时

部门	基本生产车间	配电车间	销售部门	管理部门	合计
工时	980	160	120	90	1 350

电费分配表

20　年12月　　　　金额单位：元

项目		定额工时	分配率	分配金额
基本生产车间	C-1车床			
	H-1铣床			
合　　计				

65.12月31日，万达国际分配制造费用。（成本费用）

制造费用分配表

20　年12月　　　　金额单位：元

项目	定额工时	分配率	分配金额
C-1车床			
H-1铣床			
合　计			

66.12月31日，万达国际结转本月完工产品成本。（成本费用）

产品成本计算单

20　年12月

产品名称：C-1车床　　完工产量:　　在产品产量:　　完工程度:　　金额单位：元

项目	直接材料	直接人工	外购动力	制造费用	合计
期初在产品成本					
本期生产费用					
费用合计					
约当产量					
分配率					
完工产品成本					
期末在产品成本					

产品成本计算单

20　年12月

产品名称：H-1铣床　　完工产量：　　在产品产量:　　完工程度:　　金额单位：元

项目	直接材料	直接人工	外购动力	制造费用	合计
期初在产品成本					
本期生产费用					
费用合计					
约当产量					
分配率					
完工产品成本					
期末在产品成本					

入　库　单

20　年12月31日　　单号200012

交来单位及部门	基本生产车间	发票号码或生产单号码		验收仓库	成品仓库				
编号	名称及规格	单位	数量		实际价格		计划价格		价格差异
			交库	实收	单价	金额	单价	金额	
140501	C-1车床								
140502	H-1铣床								
合　计									

会计联

部门经理：李可　　会计：　　仓库：李成功　　经办人：王光辉

67.12月31日，万达国际采用全月一次加权平均法，结转各产品销售成本。（存货，销售，成本费用）

发出产品成本汇总计算表

20　年12月31日　　金额单位：元

产品名称	期初结存产品成本			本月完工产品成本			本月发出产品成本			月末结存产品成本		
	数量	单位成本	总成本	数量	单位成本	总成本	数量	单位成本	总成本	数量	单位成本	总成本
C-1车床												
H-1铣床												

68.12月31日，万达国际对财产进行清查。（存货，财务成果）

财产清查报告

20　年12月31日　　　　金额单位：元

类别	名称规格	单位	单价	账面数量	实物数量	盘盈		盘亏		原因
						数量	金额	数量	金额	
130306	螺钉	盒	17.00		170					待查
合计										

69.12月31日，万达国际对财产清查进行处理。（成本费用，财务成果）

财产清查结果处理通知

财务部：

20　年12月31日，经查实确认，螺钉盘亏是由于管理不善造成的，现经批准作为管理费用处理。

万达国际股份有限公司资产管理处

20　年12月31日

70.12月31日，万达国际确认、计提本期坏账准备（坏账准备率5%）。（往来，财务成果）

微课
年末计提坏账准备

坏账准备计算提取表

20　年12月31日　　　　单位：元

项目	金　额
“坏账准备”年初余额	
加：本年收回已核销坏账	
减：木年转销坏账准备	
其中：债务重组转销	
发生坏账转销	
“坏账准备”月末调整前余额	
本年应提取坏账准备应收款项余额	
其中：应收账款余额	
“坏账准备”年末余额	
本年应提取坏账准备	

71.12月31日，万达国际计算本期转让金融商品应交增值税，并结转本月未交增值税。（税费）

72.12月31日，万达国际计提本月应交税金及附加。（税费，财务成果）

税金及附加计算表

年　月　　　　　　　　　　　　　　　　　　　金额单位：元

项目	计税依据	税率	税额
城市维护建设税			
教育费附加			
合计			

73.12月31日，万达国际收到被投资单位分配的利润。（投资，财务成果）

利润分配通知

根据投资协议规定，万达国际股份有限公司对我公司的投资比例为3%，不具有重大影响。今年向万达国际股份有限公司分配利润40 000.00元。

北京天启机床附件公司

20　年12月31日

（印章：北京天启机床附件公司）

ICBC 中国工商银行进账单（收账通知）　3

20　年12月31日

<table>
<tr><td rowspan="3">出票人</td><td>全　称</td><td>北京天启机床附件公司</td><td rowspan="3">收款人</td><td>全　称</td><td>万达国际股份有限公司</td></tr>
<tr><td>账　号</td><td>4100872364519981092</td><td>账　号</td><td>4100982356487219763</td></tr>
<tr><td>开户银行</td><td>中国工商银行北京西城支行</td><td>开户银行</td><td>中国工商银行北京东城支行</td></tr>
<tr><td>金额</td><td>人民币（大写）</td><td colspan="2">肆万元整</td><td colspan="2">亿 千 百 十 万 千 百 十 元 角 分
¥ 4 0 0 0 0 0 0</td></tr>
<tr><td>票据种类</td><td>转账支票</td><td>票据张数</td><td>1</td><td colspan="2" rowspan="3">（印章：中国工商银行北京东城支行 01 业务专用章）
收款人开户银行签章</td></tr>
<tr><td>票据号码</td><td colspan="3"></td></tr>
<tr><td colspan="4">复核　　记账</td></tr>
</table>

此联是收款人开户银行交给收款人的收账通知

74.12月31日，万达国际调整投资性房地产公允价值。（投资，财务成果）

> **通　知**
>
> 财务部：
>
> 我公司原有已出租给北京机床经销公司的仓库，据房产评估中心评估，其公允价值为650万元，请按公允价值进行调整。
>
> 万达国际股份有限公司资产管理处
>
> 20　年12月31日

75.12月31日，万达国际固定资产贬值，计提减值准备。（财务成果，非流动资产）

> **通　知**
>
> 财务部：
>
> 因为技术发展，我公司拥有的一批机器设备发生贬值。根据专家预测并经减值测试，董事会决议本期计提固定资产减值准备30 000元。
>
> 万达国际股份有限公司董事会
>
> 20　年12月31日

76.12月31日，万达国际计提年初发行3年期债券的利息，实际利率为5%。（财务成果，筹资）

公司债券溢（折）价摊销表

单位：元

日 期	期初摊余成本	应计利息	利息收入	摊销额	期末摊余成本
合 计					

微课

应付债券利息调整摊销

77.12月31日，万达国际接到被投资单位通知，按权益法确认投资收益。（投资，财务成果）

通 知（简略）
万达国际股份有限公司：
根据投资协议的规定，万达国际股份有限公司对我公司的投资比例为36%，属于共同控制。我公司全年实现净利润55万元。
金禾集团
20 年12月31日

78.12月31日，万达国际调整持有的有价证券年末公允价值。其中：东方股份公允价值13.4元/股；中信银行公允价值8.5元/股；中国船舶公允价值35.8元/股；新城股份公允价值7.5元/股。（投资，财务成果）

金融资产公允价值计算表

20 年12月31日 单位：元

名称	调整前账面价值			期末公允价值	公允价值增减变动
	成本	公允价值变动			
		借方	贷方		
合计					

79.12月31日，万达国际计提年初购进国债的利息。（投资，财务成果）

80.12月31日，万达国际接到银行通知，收取第四季度活期存款利息。（筹资，财务成果）

银行（工商银行）计付存款利息清单（收款通知）

20　年12月31日

单位名称：万达国际股份有限公司					
结算账号：4100982356487219763			存款账号：4100982356487219763		
编号	计息类型	计息起讫日期	计息积数	利率	利息金额
NP20000856	活期	20　.10.01–20　.12.31	5 000 000.00	0.032%	1 600.00
摘要：				金额合计	¥1 600.00
金额合计（大写）壹仟陆佰元整					

中国工商银行北京东城支行　★　业务专用章

复核　李兰　　　记账

81.12月31日，万达国际支付第四季度短期借款利息。（筹资，财务成果）

中国工商银行利息凭证

户名：万达国际股份有限公司　　20　年12月31日　　账号：4100982356487219763

起息日	结息日	天数	积数										利率	利息									
			千	百	十	万	千	百	十	元	角	分		千	百	十	万	千	百	十	元	角	分
20　.10.01	20　.12.31	90			7	0	0	0	0	0	0	0	6.90%					1	2	0	7	5	0	0
本　金	¥700 000.00												利息合计			¥	1	2	0	7	5	0	0
本息合计	¥712 075.00																						

中国工商银行北京东城支行　02　业务专用章

（银行盖章）

第三联　回单联

82.12月31日，万达国际计提本年长期借款利息。专用借款未用款项收益忽略不计。（筹资，财务成果）

长期借款利息计算表

20　年　　　　　　　　　　　　　　　　　　　　金额单位：元

项目	本金余额	年利率	应付利息
合计			

83.12月31日，万达国际结转本期费用化研发支出。（成本费用）

84.12月31日，万达国际结转损益类账户到“本年利润”账户。（财务成果）

损益类账户结转表

20　年12月　　　　　　　　　　　　　　　　　　　　单位：元

项目	借方金额	贷方金额
主营业务收入		
其他业务收入		
投资收益		
公允价值变动损益		
营业外收入		
主营业务成本		
其他业务成本		
税金及附加		
管理费用		
销售费用		
财务费用		
营业外支出		
资产减值损失		
合计		

85.12月31日，万达国际对利润总额进行调整，计提所得税费用，确认递延所得税资产和递延所得税负债。（财务成果）

微课

计提所得税费用

企业所得税计算表

金额单位：元

税前会计利润	
加：永久性差异	
应纳税暂时性差异	
可抵扣暂时性差异	
应纳税所得额	
所得税税率	
本期应交所得税	
减：递延所得税资产本期借方发生额	
加：递延所得税负债本期贷方发生额	
本期所得税费用	

注：

（1）本企业全年计税工资6 889 950元，实际应付职工薪酬总额8 231 520元；

（2）除企业使用加速折旧法外，固定资产折旧无差异；

（3）1—12月实际支付业务招待费19 800元，税法核定全年金额18 000元。

86.12月31日，万达国际结转所得税费用到“本年利润”账户。（财务成果）

87.12月31日，万达国际将“本年利润”账户余额（连同期初余额）结转到“利润分配——未分配利润”账户。（财务成果）

88.12月31日，万达国际年末按净利润的10%提取法定盈余公积，按净利润的5%提取任意盈余公积，按净利润的30%向投资者分配股利。（财务成果）

关于向投资者分配股利的决议（简略）

20　年12月31日，公司召开股东大会，研究有关分配股利的事项。经股东大会研究决定，本年度向投资者分配现金股利，总额为全年净利润的30%。

万达国际股份有限公司

20　年12月31日

利润分配表

20　年12月31日　　　　金额单位：元

项目	计提依据	计提基数	计提比例	金额
法定盈余公积				
任意盈余公积				
应付现金股利				
合计				

89.12月31日，万达国际结转利润分配各明细账户，年终结账。(财务成果)

微课索引

为了便于学生自主学习，我们针对重点难点制作了19个微课，并以二维码的形式添加在本教材中，用手机扫描二维码即可直接观看，括号内标注了二维码的具体页码。

［1］会计岗位综合实训简介（p.3）
［2］可变对价——现金折扣会计核算（p.113）
［3］购进安装机床会计处理（p.141）
［4］支付代扣款项会计处理（p.141）
［5］购进生铁短缺会计处理（p.155）
［6］职工伙食补贴会计处理（p.163）
［7］分期收款销售会计核算（p.185）
［8］材料验收入库会计核算（p.233）
［9］月末结转领料成本（p.235）
［10］月末工资费用分配（p.239）
［11］辅助生产成本分配（p.247）
［12］制造费用分配（p.249）
［13］结转完工产品成本（p.249）
［14］结转本期销售成本（p.251）
［15］金融资产公允价值期末计量（p.251）
［16］12月末计提折旧会计处理（p.385）
［17］年末计提坏账准备（p.403）
［18］应付债券利息调整摊销（p.407）
［19］计提所得税费用（p.415）